LEBENSFÜLLE – EXPERIMENTELLE ERPROBUNGEN
EINES THEOLOGISCHEN LEITBEGRIFFS

QUAESTIONES DISPUTATAE

Begründet von
KARL RAHNER UND HEINRICH SCHLIER

Herausgegeben von
JOHANNA RAHNER UND THOMAS SÖDING

QD 315

LEBENSFÜLLE – EXPERIMENTELLE ERPROBUNGEN
EINES THEOLOGISCHEN LEITBEGRIFFS

Internationaler Marken- und Titelschutz: Editiones Herder, Basel

LEBENSFÜLLE – EXPERIMENTELLE ERPROBUNGEN EINES THEOLOGISCHEN LEITBEGRIFFS

Herausgegeben von
Astrid Heidemann

FREIBURG · BASEL · WIEN

MIX
Papier aus verantwor-
tungsvollen Quellen
FSC® C083411

© Verlag Herder GmbH, Freiburg im Breisgau 2021
Alle Rechte vorbehalten
www.herder.de
Umschlaggestaltung: Verlag Herder
Satz: SatzWeise, Bad Wünnenberg
Herstellung: CPI books GmbH, Leck
Printed in Germany
ISBN Print 978-3-451-02315-6
ISBN E-Book (PDF) 978-3-451-82315-2

Inhalt

Einleitung 9

Hinführung

Vom Empfangen der Fülle.
Einführung in das Projekt ‚Lebensfülle' von Ralf Miggelbrink 21
Ulrike Link-Wieczorek

Biblisch-theologische Perspektiven

„Geben und übriglassen" (2 Kön 4,43) –
„Lebensfülle" in alttestamentlicher Perspektive 39
Kathrin Gies

Jesuanische Lebensfülle: frühjüdischer Kontext und
christliche Entfaltung 55
Markus Tiwald

Philosophie- und theologiegeschichtliche Perspektiven

Die Wiederentdeckung der gnostisch-patristischen Kategorie der
Lebensfülle – Gott als Pleroma und Zoe bei Origenes und Ralf
Miggelbrink 73
Christian Hengstermann

Baruch de Spinoza – Lebensfülle im Erkenntnisprozess 98
Katharina Sternberg

„Lebensfülle" im Licht der Ideenlehre Johann Friedrich Herbarts . . 121
Rainer Bolle

Systematisch-theologische Perspektiven

Dramatik der Lebensfülle. Ralf Miggelbrink im Gespräch mit
René Girard und der Innsbrucker Dramatischen Theologie 141
Józef Niwiadomski

„Der Kelch des Heiligen Geistes ist identisch mit dem Kelch Christi."
Karl Rahners Mystagogie in „Über die Erfahrung der Gnade" und
Ralf Miggelbrinks Konzept der „Lebensfülle" 160
Roman A. Siebenrock

Der Geist macht lebendig. Pleromatische Theologie aus dem
Glaubensbekenntnis 173
Astrid Heidemann

„Lebensfülle" – Ermöglichung und Herausforderung einer Theologie
als Lebenswissenschaft 190
Michael Quisinsky

„(Lebens-)Fülle" bei Ralf Miggelbrink und Charles Taylor 221
Veronika Hoffmann

„Fülle des Lebens" (Joh 10,10) als hermeneutischer Schlüsselbegriff
christlicher Existenz 233
Ralf Miggelbrink

Praktisch-theologische und interkulturelle Perspektiven

Flüchtlingskrise und Supererogation 255
Kathrin Stepanow

Abundance of Life and Igbo Spirituality 265
Henry Okeke

Autor*innenverzeichnis 279

Einleitung

Lebensfülle – ein klangvoller Begriff, wie aus der Werbung. Wer möchte nicht „das Leben in Fülle" haben? Im Johannesevangelium benennt Jesus „Leben in Fülle" *(zoé ... perissòn)* als Kern seiner Sendung (Joh 10,10). Durch die adverbiale Bestimmung „*perissón*" wird die Bedeutung über den Bildrahmen hinaus eschatologisch geweitet und zugleich rätselhaft: Was heißt „Leben in Fülle"? Was daran soll verheißungsvoll sein? Gehört es sinnvollerweise zum Menschsein, unersättlich zu sein? Führt der aus der US-amerikanischen Geschichte bekannte *myth of plenty* nicht gerade in alle Aporien des Kapitalismus mit seinen sozialen und ökologischen Folgekosten in noch nicht abschätzbarer Höhe? Auch der Begriff des Lebens (*zoé*) stellt sich im theologischen Kontext als ambivalent heraus, ist seine allgemeine Verwendung doch spezifisch naturwissenschaftlich geprägt. Die gegenwärtige gesellschaftliche Diskussion ist vom Eindruck universeller Mangelbedrohung des Lebens dominiert, von ökonomischen und evolutionären Betrachtungen des Lebens. Doch ungeachtet dieser Ambivalenzen wird „Lebensfülle" als Formel in christlich-kirchlicher Sprache seit Längerem verwendet. Hat die Metapher „Lebensfülle" auch einen rational-theologisch verantwortbaren Sinn oder ist sie nur eine schöne Floskel für unbestimmte Sehnsüchte?

Dieser Tagungsband dokumentiert wissenschaftliche Beiträge, die vom 21.–23. 03. 2019 auf dem Symposium „Lebensfülle – experimentelle Erprobung eines theologischen Leitbegriffs" in Essen gehalten wurden. Die Thematik der Lebensfülle hat eine bedeutende Funktion in der paulinischen Theologie, wird in der patristischen Theologie vielfältig verwendet, spielt aber ab den großen systematischen Umstrukturierungen der mittelalterlichen Scholastik kaum noch eine Rolle. Im Kontext der gegenwärtigen kontinentalen katholischen Theologie sind die Begriffe *plérōma* und Lebensfülle nur wenig präsent; etwas anders sieht es mit dem allgemeineren Begriff „Fülle" aus. Viele Theologinnen und Theologen sind sich jedoch in der Kritik an einer am Mangel orientierten Gesellschaft, Wirtschaft und individuellen Lebensgestaltung einig. Als Begriffe für die christliche Hoffnung auf Erfüllung und Überwindung des Mangels fungieren hierbei unterschiedliche, wie z. B. Freiheit, Hoffnung, Erlösung und Vollendung, deren potenzieller innerer Bezug zum *pléroma*-Begriff sichtbar gemacht werden kann, so dass sich als christlicher Gegenentwurf zu einer Mangelorientierung eine Theologie der Lebensfülle formulieren ließe.

2009 erschien die Monographie „Lebensfülle. Für die Wiederentdeckung einer theologischen Kategorie" (QD 235) von Ralf Miggelbrink als Plädoyer für eine Neuadaption der Metapher „Lebensfülle" als zentrale Kategorie einer präsentisch-eschatologisch orientierten, öffentlich hörbaren Theologie, zugleich die bislang vielleicht umfangreichste Auseinandersetzung mit dem Begriff aus theologisch-wissenschaftlicher Sicht. Die Beiträge dieses Bandes knüpfen an diese Überlegungen zur Entwicklung einer „Theologie der Lebensfülle" an. Sie analysieren und evaluieren den Begriff bzw. die Metapher Lebensfülle hinsichtlich seiner theologischen Tragfähigkeit und Relevanz aus exegetischer, philosophie- und theologiegeschichtlicher, systematisch- und praktisch-theologischer Perspektive und stellen sich der Frage, welche Anschlussmöglichkeiten eine an Lebensfülle orientierte Theologie im gegenwärtigen gesellschaftlichen Diskurs bietet. Das Konzept einer „Theologie der Lebensfülle" wird dadurch auf eine breitere theologische Argumentationsbasis gestellt, vielfältige Anschlussperspektiven werden aufgezeigt.

In das Programm einer Theologie der Lebensfülle führt *Ulrike Link-Wieczorek* ein, indem sie mit Albert Ritschl und Ralf Miggelbrink zwei Theologen spannungsvoll miteinander ins Gespräch bringt: hier den evangelischen Offenbarungstheologen, der vorrangig die Diskrepanz zwischen dem realen Angesicht der Welt und der göttlichen Verheißung betont, von daher einen Kausalzusammenhang zwischen Gott und Welt ablehnt, der Gott und Welt, eventuell auch Geist und Körper, als klar getrennt denkt und das Heil nicht aus dieser Welt heraus, sondern prophetisch-eschatologisch von außen auf sie zukommen sieht – dort den katholischen Theologen der Lebensfülle, dem das verheißene Heil mitten in der Leiblichkeit dieser Welt aufscheint – wenn Menschen die gottgegebene Fülle des Lebens anzunehmen lernen, statt sich ihr mangelobsessiv zu widersetzen. Ist Gottes Verheißung für den Menschen gewissermaßen inkarnatorisch in diese Welt hineingelegt oder tritt sie prophetisch und weltverändernd an den Menschen heran? Beide theologischen Konzepte vermögen einander kritische Korrekturanstöße zu geben. In der weisheitlichen Theologie, im Verständnis von Theologie als Lebens-Haltung, kommen Ritschl und Miggelbrink wieder überein.

Alttestamentliche Entsprechungen zu „Lebensfülle" bringt *Kathrin Gies* zur Sprache. Während die hebräische Bibel keine direkte Entsprechung zu „Lebensfülle" kennt, bringt sie das mit diesem Begriff Gemeinte mit Parallelbegriffen wie *ḥajjim, nefeš, beraka* oder *šalom* zum Ausdruck, die in ihrer biblischen Bedeutungsbreite vorgestellt werden. Auf der narrativen Ebene stellt Kathrin Gies exemplarisch die Elischa-Erzählung 2 Kön 4,42–44 vor, die auch als Blaupause für neutestamentliche Brotvermehrungserzählungen fungiert. Die Logik des Mangels und der Konkurrenz – es ist zu wenig Nahrung und sie ist nur für einen, den Gottesmann – überwindet Elischa durch seine entgegengesetzte Logik der Fülle, für die er sich auf göttliche Offenbarung beruft: Gott will Leben in Fülle für alle Menschen, so die Überzeugung der Erzählung und mit ihr beider Testamente der Bibel, die uns dazu einladen, „Leben nicht unter der Leitidee des Mangels, sondern der geschenkten und schenkenden Fülle als dem Prinzip des Lebens überhaupt zu interpretieren".

Markus Tiwald kontextualisiert die „Jesuanische Lebensfülle" in den eschatologischen Vorstellungen des Judentums zur Zeit Jesu. Gemäß der Prämisse der frühjüdischen Eschatologie steht die Zeitenwende mit dem Satanssturz und dem Anbruch der Königsherrschaft Gottes unmittelbar bevor, wodurch gemäß der Urzeit-Endzeit-Analogie die prälapsarisch-paradiesische Unversehrtheit restituiert werden soll. Abweichend vom Täufer Johannes sieht Jesus die Macht Satans als bereits gebrochen und sich selbst als ermächtigt, dem Gottesvolk die Restitution der endzeitlichen Heiligkeit und Unversehrtheit bereits als gegenwärtig zuzusprechen. Aus diesen unterschiedlichen Annahmen resultieren Unterschiede in der Botschaft, den Wirkorten und den Verhaltensweisen Jesu und des Täufers. Im Vergleich zum Täufer ersetzt Jesus die Verkündigung des Feuergerichts durch die Verkündigung des Anbruchs der Königsherrschaft Gottes, wobei speziell seine Mahlpraxis die Freude über die Königsherrschaft Gottes ausdrückt. Zwischen die Gerichtsankündigung und das Kommen des Menschensohnes schiebt Jesus sein eigenes Wirken als letztes, alles überbietendes Gnadenangebot Gottes.

Jesus stellt die Vorstellung der Qumrangemeinde, vor dem Kommen Gottes müsse alle kultische Unreinheit ausgetilgt werden, auf den Kopf, indem er ein Konzept „offensiver", ja „ansteckender" Reinheit und proaktiver Heiligkeit vertritt. Alle Unreinheit wird in die reinmachende Dynamik der anbrechenden Königsherrschaft Gottes inkludiert und dadurch rein. Folglich sucht Jesus die Gemeinschaft und die auch physische Berührung mit Sündern, Aussätzigen und Kranken. Das letzte Abendmahl wird als logische Weiterführung dieser Überzeugung verständlich. Heutige kirchliche Praxis tut gut daran, sich neu ein Beispiel an dem von Jesus gesetzten Impuls einer proaktiven Heiligkeit und offensiven Reinheit zu nehmen.

Auf die Spur eines gnostisch-patristischen Verständnisses von Lebensfülle begibt sich *Christian Hengstermann*, der das origeneische Verständnis Gottes als Pleroma und Zoe in den Blick nimmt. Er erblickt in der christlichen Philosophie des Origenes das Paradigma der Lebensfülle, das sich als antignostische Metaphysik der Freiheit darstellt. Menschliche Freiheit als Angleichung an Gott steht dabei den antik-gnostischen wie den modernen Determinismen gleichermaßen gegenüber. Mit dem Johannesprolog begründet Origenes einen Vorrang des Lebens vor dem Licht der Erleuchtung. Seiner platonischen Soteriologie zufolge schenkt der Sohn den Vernunftwesen das natürliche wie das übernatürliche Leben und bietet durch sein Heilswirken Gewähr für das universale Gelingen menschlicher Freiheit, in der auch die göttliche Freiheit ihre Erfüllung findet.

Katharina Sternberg erschließt die monistische Philosophie und gnostische Weisheitslehre Baruch de Spinozas. Völlig jenseits aller ökonomischen Betrachtungsweisen wird „Lebensfülle" mit Spinoza verständlich als Lebenserfüllung durch Erkenntnis, durch Einblick in die Weltzusammenhänge, die sich durch intuitive Erkenntnis *(scientia intuitiva)* erschließt und geistige Liebe zu Gott sowie Benevolenz allem Sein gegenüber zur Folge hat.

Ausgehend von der Überzeugung, dass die zumindest teilweise Abkehr von der Mangelorientierung eine Möglichkeitsbedingung menschlicher Gesellschaft ist, stellt *Rainer Bolle* Johann Friedrich Herbart als universalen Denker der heute getrennten Wissenschaftsbereiche Psychologie, Pädagogik und Philosophie vor. Herbart zufolge werden sinnliche Eindrücke zu Vorstellungen, welche die Seele prägen. Der Mensch verfügt über die Freiheit, auf die Prägung der eigenen Vorstellungwelt Einfluss nehmen zu können, was herausragende Aufgabe der Pädagogik ist. Hierzu zählt die bewusste Bildung des Gesichtskreises mit dem eigenen Standort als Mittelpunkt. Nun ist die Ausbildung des Gesichtskreises, die sich in der Regel gemäß den gesellschaftlichen Normierungen der jeweiligen Zeit vollzieht, eine ambivalente Angelegenheit, weil alles, was sich außerhalb von ihm befindet, der Wahrnehmung des Subjekts entgeht. Von hier ausgehend entfaltet Bolle seine zentrale These: Die Bildung eines gleichschwebend vielseitig interessierten Gedankenkreises, die sich an Herbarts Praktischer Philosophie und ihren fünf praktischen Ideen orientiert, kann als Herbarts Beitrag zum Konzept der „Lebensfülle" verstanden werden.

Den Roman „The Railway Man" von E. Lomax nimmt *Józef Niewiadomski* zum Anlass, mimetische Theorie und Fülletheologie über die Protagonisten René Girard, Raymund Schwager und Ralf Miggelbrink zueinander in Beziehung zu setzen. In dem Roman gelingt es einem schwer von der japanischen Kriegsgefangenschaft traumatisierten Soldaten dank der Hilfe seiner Frau, die Niewiadomski für Lebensfülle stehen lässt, den Tätern zu vergeben und wieder selbst zu leben. Der Ermöglichungsgrund der Fülletheologie besteht Niewiadomski zufolge darin, dass Jesus durch seine Hingabe an den Vater die binäre Täter-Opfer-Dynamik mimetischer Rivalitäten durch Bezugnahme auf den transzendenten Dritten aufsprengt und transformiert und diese Transformation lebensfeindlicher Rivalität aufgrund der Wirksamkeit des Heiligen Geistes in den „freien Aneignungsgestalten" in unserem Alltag innergeschichtlich präsent bleibt. In der Innenperspektive folgt das Kreuzesopfer somit nicht dem Sündenbockmechanismus, dessen Aufdeckung doch nicht zu dessen innergeschichtlicher Überwindung führt. Auch hier spielt die Dimension der Leiblichkeit in all ihrer Ambivalenz eine bedeutende Rolle. Das Kreuz ist die Gott aufgezwungene „Vermittlungsgestalt des Pleroma unter der Herrschaft seiner Zurückweisung" (Miggelbrink).

Gehört zur Erfahrung möglicher Fülle die Bereitschaft, alles zu lassen, auch sich selbst? Dieser Frage nach dem Verhältnis von Lebensfülle und Selbstentäußerung geht *Roman Siebenrock* nach und kommt mit Karl Rahner zu dem Schluss, dass Gnade in radikaler Selbsthingabe erfahren wird. Von dort schließt Siebenrock bei weitgehender Zustimmung zur Lebensfülle-Theologie Miggelbrinks die kritische Rückfrage an diesen an, ob er über dem Lobpreis der Lebensfülle und der Taborerfahrung nicht zu wenig das Leid, den schmerzhaften Gang nach Jerusalem, berücksichtigt habe. Siebenrock schlägt vor, von der Fülle als Möglichkeit im konkreten Leben und als Verheißung und Hoffnung zu sprechen.

Pleromatische Theologie aus der Pneumatologie heraus zu entwickeln ist das Anliegen von *Astrid Heidemann*. Den Ausgangspunkt ihrer Überlegungen bilden die Pneumaaussagen des Konstantinopolitanums, die den Heiligen Geist als Lebensspender bezeugen – eine materialdogmatisch marginalisierte Aussage des Glaubensbekenntnisses. Heidemann spürt Zusammenhängen von Leben, Heil und Erlösung speziell mit Bezug auf den Geist Gottes in biblischen Schriften und frühchristlicher Theologie nach, in denen sie das weitgehend unverwirklichte Potenzial einer pleromatischen Pneumatologie erkennt. Hinsichtlich des Verhältnisses Jesu Christi zum Pneuma erfolgt mit Bezugnahme auf Jörg Frey ein neue Akzente bringender Abgleich der Inkarnationsaussage in Joh 1,14 mit Aussagen zur Geistbegabung Jesu. Neuere pneumatologische Entwürfe, welche die Verbindung von Geist und Leben akzentuieren, werden als für eine „theologische Allianz" mit Ralf Miggelbrinks Lebensfülle-Theologie geeignet angesehen.

Den Möglichkeiten und Herausforderungen einer Theologie als Lebenswissenschaft widmet sich *Michael Quisinsky*. Statt Lebenswissenschaft exklusiv naturwissenschaftlich zu verstehen, untersucht Quisinsky den gegenwärtigen Gebrauch des Begriffs „Lebenswissenschaft" in der Theologie und identifiziert mit dem Begriff der Lebensfülle eine Begründungsmöglichkeit für das Verständnis der Theologie als Lebenswissenschaft. Er fragt nach Inhalt und Struktur der im Rahmen einer von der Lebensfülle ausgehenden Theologie als (praktische) Lebenswissenschaft generierten Erkenntnis und stellt fest, dass eine solche Theologie im katholischen Sinn zu einer Dynamik der wechselseitigen Ent-Grenzung von Glaube und Wissen, Kirche und Leben führt, zu einer ekstatischen Liebe im Rahnerschen Sinn. Christliches Leben und Denken stellt sich mittels einer Theologie als Lebenswissenschaft in den Dienst des Lebens, wobei Universalität als Horizont des je Konkreten in Erscheinung tritt. Unter verschiedenen relational-ontologischen Denkformen, die auf ihre Tragfähigkeit für eine solche Theologie hin befragt werden, tritt Karlheinz Ruhstorfers Programm einer „neuen heilsgeschichtlichen Metaphysik" als besonders aussichtsreich hervor.

Das Ziel, Charles Taylor und Ralf Miggelbrink in ein fruchtbares Gespräch miteinander zu bringen, verfolgt *Veronika Hoffmann*. Sie stellt fest, dass in Taylors monumentalem Werk „Ein säkulares Zeitalter" „Fülle" als ein Begriff fungiert, der geeignet ist, über verschiedene Formen von Glauben und Nichtglauben hinaus die Grundsehnsucht des Menschen in den Blick zu nehmen, ohne Nichtglaubenden ein verkapptes religiöses Motiv zu unterstellen. Fülle wird nach diesem vom menschlichen Erleben ausgehenden Ansatz als universale anthropologische Richtungsangabe verständlich, die in der Transzendenz verortet sein kann, aber nicht muss. Taylor nennt allerdings zwei Kriterien für eine nichttriviale Orientierung des Menschen auf Fülle bzw. Selbstverwirklichung hin: Demnach sind Formen von Selbstverwirklichung nichttrivial, die sich auf Wertvorstellungen und Ziele beziehen, die ihren Horizont außerhalb unserer selbst haben und die die konstitutive Bedeutung der Bindung an andere berücksichtigen. Diese beiden Außenverankerungen verhindern, dass sich die Suche nach der Fülle in sich selbst verkrümmt. Ein christliches Verständnis der Fülle muss Hoffmann zufolge zudem die „Leere" integrieren, beziehungsweise, mit Taylor und Ricœur gesprochen, zu einer entsagenden Dezentrierung des Selbst auffordern, die aufgrund der *Agape* Gottes zur Bejahung des Selbst und der Fülle zurückführt.

Ralf Miggelbrink stellt seine Theologie der Lebensfülle als ein biblisch inspiriertes dynamisch-eschatologisches Daseinskonzept vor, das einen präsentisch in der Welt wirksamen Gott bezeugt und eine heilsame Alternative zu der gesellschaftlich vorherrschenden Orientierung an der Ökonomie des Mangels darstellt. Mit erkenntnistheoretischen Ausführungen und Kritik an freiheitstheologischen Ansätzen verteidigt er seinen Ansatz gegen die Kritik, auf einem vorneuzeitlichen Freiheitsverständnis aufzubauen. Die Möglichkeit, zwischenmenschliche Beziehungen und zwischenmenschliches Handeln im Bild von wechselseitiger Gabe statt von Kauf und Bezahlung zu beschreiben, weist auf, dass es Alternativen zur gesellschaftlich dominanten Deutung des Lebens unter dem Mangelparadigma gibt. In der Subjekt-Perspektive zeigt sich zudem, dass die mangelorientierte evolutionistisch-ökonomische Rechnung im Blick auf die Endlichkeit des menschlichen Lebens kein Sinnpotenzial zu stiften vermag. Fülle und Mangel werden verständlich als Orientierungen, die sich aus der Selbstsetzung des endlichen Subjekts ergeben, wobei die biblische Perspektive zur Selbstsetzung des Menschen und zur Deutung des Lebens in der Logik der sich verschenkenden Güte und Fülle Gottes auffordert.

Kathrin Stepanow nimmt die ethischen Konsequenzen einer Theologie der Lebensfülle in den Blick und charakterisiert die Aufrufe zur Solidarität mit Flüchtlingen durch Papst Franziskus als supererogatorisch. Die Voraussetzung für den Sollensüberschuss supererogatorischen Handelns erblickt sie im Vertrauen auf die eschatologische Durchsetzungskraft der von Gott verheißenen Fülle. Die Welt, in der wir uns befinden, birgt nach dieser Überzeugung die Möglichkeit in sich, den göttlichen Sollensintentionen entsprechend eine Welt zu werden, die von universaler Benevolenz aller Geschöpfe füreinander durchdrungen ist.

Mit der Bedeutung der Lebensfülle für die Spiritualität und die sozialen Normen der Igbo (Nigeria) befasst sich *Henry Okeke*. In der traditionellen Vorstellungswelt dieser Volksgruppe bilden Gesellschaft, Moral und Religion eine Einheit. Der Mensch, der aus Seele und Körper, Geist und Nicht-Geist besteht, kann mit der sichtbaren wie mit der unsichtbaren, göttlichen Sphäre kommunizieren und wird daher als Zentrum der Schöpfung angesehen. Die Igbo sehen das Leben als höchsten Wert an und verstehen es vorrangig gemeinschaftlich und sozial. Individualismus wird verabscheut; die Gruppe und die Verwandtschaft zählen mehr als der Einzelne. Der Status eines Familienoberhauptes bemisst sich wesentlich an seiner Familie; wer kinderlos stirbt, hat sein Lebensziel nicht erfüllt. Dieses patriarchalische System kommt hier und da mit dem Christentum in Konflikt, zum Beispiel, wenn eine kinderlose Ehe den Ehemann unter Druck setzt, eine weitere Ehe einzugehen.

Die Fülle der Beiträge zeigt die fundamentale Bedeutung von „Leben" und „Lebensfülle" besonders für die christliche Theologie auf. Es zeichnet sich ab, dass die Rede von der Lebensfülle tragfähig für eine Reorganisation der gegenwärtigen theologischen Hermeneutik und darüber hinaus geeignet ist, das Gesamt der christlichen Erzählung so auf den Punkt bringen, dass diese heilvoll in die gegenwärtige Situation der Menschheit hineinwirken kann.

Danksagung

Das Symposium konnte nur stattfinden durch die Hilfe zahlreicher Personen, wie auch dieser Band ohne Mitwirkung von vielerlei Seiten nicht hätte erscheinen können. An dieser Stelle sei ein besonderer Dank gerichtet an Kathrin Stepanow, die das Symposium mit mir zusammen tatkräftig organisiert hat. Sodann an Ralf Miggelbrink, auf dessen Theologie der Lebensfülle das Symposium aufbaut und der die Planungen stets begleitet hat. Viviane Pawlak, Alexander Fuhrherr, Isabel Werner, Helena Grote, Marion Liebers, Pia Gmajner und Natalie Schödel sei herzlich gedankt für organisatorische Hilfe bei der Durchführung des Symposiums und bei schier nicht enden wollenden Korrekturlese- und Formatierungstätigkeiten während der Fertigstellung des Tagungsbandes. Ulrike Link-Wieczorek und Markus Tiwald haben durch ihre frühen Beitragszusagen und ihre Bestärkung dazu beigetragen, dass die Idee des Symposiums umgesetzt wurde. Allen, die Vorträge gehalten und Beiträge geschrieben haben, sei ebenso gedankt wie allen weiteren, nicht namentlich erwähnten Personen, die ihren Anteil an diesem Projekt hatten.

Wuppertal, im Juni 2020   Astrid Heidemann

Hinführung

Vom Empfangen der Fülle

Einführung in das Projekt ‚Lebensfülle' von Ralf Miggelbrink

Ulrike Link-Wieczorek

„Wie oft erleben Sie Situationen, in denen Sie das Gefühl haben, dass Gott oder etwas Göttliches Ihnen etwas sagen oder zeigen will?" „Wie oft erleben Sie Situationen, in denen Sie das Gefühl haben, dass Gott oder etwas Göttliches in Ihr Leben eingreift?" So lauten die beiden Fragen, mit denen der Bertelsmann Religionsmonitor im Jahr 2008 die „Intensität religiöser Du-Erfahrungen" ermitteln wollte.[1] Ich habe sie mir archiviert in meinem PC, weil ich sie als *Fragen* als ein Zeichen sehe für die Sehnsucht nach einer nicht-abstrakten Theologie – wer weiß, vielleicht sogar schon bei den Bertelsmann-Soziolog(inn)en ... Nach einer Theologie, die etwas mit dem tatsächlich erzählbaren individuellen Leben zu tun hat, in dem Gott eine klare Rolle spielt.

Im Ergebnis der Studie wiesen 51 Prozent der Befragten eine, wie es heißt, „niedrige Intensität" aus. Das heißt, die Hälfte der Befragten hatte so gut wie nie das Gefühl, dass Gott in ihr Leben eingreift. Von dieser Hälfte der Befragten waren 81 Prozent, die allermeisten also, „konfessionslos", das heißt wohl, sich keiner Religion zugehörig fühlend.

Ich finde diese Ergebnisse eigentlich erstaunlich. Immerhin bleibt die andere Hälfte offenbar empfänglich für die merkwürdige Frage. Merkwürdig, weil doch eigentlich skeptisch stimmend: Lässt sich Gotteserfahrung wirklich in dieser Weise direkt empirisch als Niederschlag im „Gefühl" messen? Hätte ich diese Fragen beantworten sollen, so hätte ich vielleicht auch Material für die Kolumne der niedrigen Gotteserfahrungsintensität liefern müssen. Nicht ohne Grund

---

[1] S. *Huber/C. Klein*, Kurzbericht zu ersten Ergebnissen des Religionsmonitor der Bertelsmann Stiftung, S. 19, publiziert im Internet unter www.bertelsmann-stiftung.de/bst/de/media/xcms_bst_dms_23407_23408_2.pdf. Vgl. S. *Huber*, Der Religiositäts-Struktur-Test (RST): Systematik und operationale Konstrukte, in: W. *Gräb*, L. *Charbonnier* (Hrsg.), Individualisierung – Spiritualität – Religion, Münster 2008, 137–171, 156 f.

sprechen wir offenbar theologisch häufig von „Glaube", wenn nicht theologisch Geschulte von „Erfahrung" sprechen. Allerdings gerät bekanntlich auch der Glaubensbegriff auf die Bahn des Missverständnisses, wenn er als Gegenpol zum Begriff des Wissens im Sinne eines Für-wahr-Haltens von empirischen Absonderlichkeiten verstanden wird. In theologischer Sicht ist der Bezug von Glaube und Erfahrung komplexer als es Anforderungen an eine empirische Mess- und Beobachtbarkeit erlauben.[2]

Man kann diese freilich zehn Jahre alten Umfrageergebnisse auch als eine Dokumentation einer spirituellen Not interpretieren: Der Not, dass Menschen Gott in ihrem Leben „spüren" wollen, aber die allermeisten nicht wissen, wie das geht. Ich beginne meinen Beitrag mit diesen Beobachtungen, weil das Buch „Lebensfülle" von Ralf Miggelbrink offenbar genau an dieser Stelle seine Gelehrsamkeit und intellektuelle Kreativität einbringen will: Wie geht das, an Gott glauben?

---

[2] Vgl. E. Jüngels vielzitierte Formulierung, Erfahrung sei „Erfahrung mit der Erfahrung", in: *E. Jüngel*, Gott als Geheimnis der Welt, Tübingen ⁸2010, 40 inkl. des Hinweises auf G. *Ebeling*, Die Klage über das Erfahrungsdefizit in der Theologie als Frage nach ihrer Sache, in: Wort und Glaube III: Beiträge zur Fundamentaltheologie, Soteriologie und Ekklesiologie, Tübingen 1975, 3–27. Als jüngeres Werk zu dieser Frage – jetzt mit interreligiöser Perspektive – vgl. die in Essen entstandene Dissertationsschrift von *A. Heidemann*, Religiöse Erfahrung als theologische Kategorie. Grenzgänge zwischen Zen und christlicher Theologie, Paderborn 2013. Im Deutschen Ökumenischen Studienausschuss (DÖSTA) wurde das Thema in multikonfessioneller christlicher Breite behandelt, indem in einer Studie die verschiedenen christlichen konfessionellen Traditionen gemeinsam ihre spezifischen Schatztruhen öffneten, um die verschiedenen Praktiken der Pflege der Glaubens-Erfahrungs-Dispositionen zu zeigen. Wer Augen hat zu sehen, wird darin einen komplexeren Erfahrungsbegriff wahrnehmen können als der in empirischen Studien gängige, wie er auch den Argumentationen des Neuen Atheismus zugrunde liegt, auf den die DÖSTA-Studie reagieren wollte. Vgl. *U. Link-Wieczorek/U. Swarat* (Hrsg.), Die Frage nach Gott heute. Ökumenische Impulse zum Gespräch mit dem „Neuen Atheismus" (Beihefte zur Ökumenischen Rundschau 111), Leipzig 2017, bzw. die Kurzfassung, die nur die Studie selbst enthält: *Dies.* (Hrsg.), Die Frage nach Gott heute. Neue ökumenische Zugänge zu klassischen Denktraditionen, Leipzig 2019.

1. Wider eine leiblose Theologie

Ralf Miggelbrink tut das mit fein geschliffenem theologischen Chirurgenbesteck. Er ringt mit der katholischen dogmatischen Tradition. Er wünscht, dass sie weniger in den Himmel wachsen wolle, sich weniger platonisch leiblos orientiere, sondern ihr eigenes Credo und ihre aristotelischen Traditionselemente noch ernster nehmen könnte und deutlich machte, dass Gott im irdischen Leben auffindbar ist. Nicht nur theoretisch auffindbar, sondern das eigene Leben prägend auffindbar. Im ganzen vollen irdischen Leben und nicht nur in einer individuellen frommen Innerlichkeit. Im irdischen sozialen Leben, mit anderen Menschen, Tieren und Pflanzen, mit Landschaften und einer Ahnung von Vollkommenheit in sich tragender Leiblichkeit, die immer eine soziale ist. Hier ist Gott, weiß Ralf Miggelbrink. Und dass das so ist, weiß er sowohl aus der Bibel wie aus der theologischen Tradition. Das Zauberwort dafür ist: Fülle, pleroma.

Die Leitmetapher der Fülle, die nicht geizt mit lebenstragender Dynamik, zielt nicht auf Isolation und Exklusion, sondern auf communio und gegenseitiger Anteilhabe. Dass das Kennzeichen eines glücklichen Lebens sind, kann man sowohl aus der Bibel als auch aus den Erfahrungen des gelingenden Lebens wissen, die sich im Menschenleben machen lassen. Diese Erfahrungen aber müssten komplexer beschrieben werden als es die eingangs zitierten Fragen der Bertelsmann-Stiftung nahelegen wollen, die von Gottes eben geradezu kausalmechanischem Eingreifen in das Menschenleben ausgehen. In Ralf Miggelbrinks Konzept greifen göttliche Möglichkeitsbedingung und menschliches deutendes Gestalten des Lebens ineinander. Vielleicht ist das menschliche Gestalten sogar vornehmlich eine Art von aktiver spiritueller Wahrnehmung, einer theologischen Deutung des eigenen Lebens und darum sowohl Empfangen als auch Hingabe in die erkannte oder erahnte göttliche Möglichkeitsbedingung.

2. Kein Gott der Ordnung?

Ich selbst habe in dieser theologischen Intention stets auch eine meinem eigenen Denken verwandte Suchbewegung gesehen. Heimlich habe ich sie auch immer verbunden mit den Anregungen, die ich von meinem theologischen Lehrer Dietrich Ritschl empfangen habe. Der hat einmal auf dem Düsseldorfer Kirchentag 1985 einen vielbeachteten Vortrag gehalten unter dem Titel: Auf der Suche nach dem verlorenen Gott.[3] Kein Geringerer als Jürgen Moltmann hat später die überarbeitete Version dieses Vortrags – jetzt mit dem Obertitel: Gott wohnt in der Zeit – in einer Festschrift zu seinem 60. Geburtstag erhalten.[4]

Ritschl klagt in seinem Vortrag darüber, dass seine und seiner Kinder Generation Gott „verloren" habe. Sie habe ihn verloren, weil sie zu lange zum einen begrifflich und zum anderen räumlich über Gott gedacht habe. Beide Zugänge, so ergänze ich jetzt, wollen einen rational fixierten Gott erfassen, einen fest definierten. Dieser Gott hat es mit Ordnung und Kausalzusammenhängen zu tun – und da wären wir schon bei der eingangs zitierten Sehnsucht des Bertelsmann Religionsmonitors. Ritschl sieht im Gott der Ordnung, der alles kausal bestimmenden Wirklichkeit, einen Gott, der ihm und auch den Jüngeren verlorengegangen ist oder gerade verloren geht. Als nebenberuflicher Psychotherapeut wusste er von der Zerbrechlichkeit der Ordnung und vor allem des Vertrauens in sie. Kriege, Naturkatastrophen und zwischenmenschliche Desaster bohren mit spitzen Nadeln in die Identifikation von Gott und Ordnung. Ritschl liebte den Gedanken des späten Isaak Newton: Vielleicht ist nicht die Ordnung das Normale, nicht das Gesunde, sondern das Kranke. „Vielleicht ist die Unordnung das Normale. Vielleicht sind glückliche Kinder die Ausnahme; glückliche Ehen sind es sicher, und sehen Sie doch die Menschen auf der Straße und auf dem Bahnhof an: glückliche Gesichter gewiss auch. Sind nicht viele unserer Mitmenschen irgendwie schon ‚tot': keine Veränderung mehr, keine neuen Gedanken über sich und über andere? Das ist vielleicht das Normale. Schrecklich, aber ich will es jetzt denken: vielleicht sind die Abstumpfung und Fantasielosigkeit die Norm, Hass die Norm und Friede die Ausnahme. Wer weiß?"[5] Gott sollte nicht als der Garant

---

[3] D. *Ritschl*, Auf der Suche nach dem verlorenen Gott, in: Deutscher Evangelischer Kirchentag Düsseldorf 1985, Dokumente, hrsg. im Auftrag des Deutschen Evangelischen Kirchentags von *K. von Bonn*, Stuttgart 1985, 228–236.
[4] D. *Ritschl*, Gott wohnt in der Zeit. Auf der Suche nach dem verlorenen Gott, in: H. *Deuser* u. a. (Hrsg.), Gottes Zukunft – Zukunft der Welt, FS für Jürgen Moltmann zu 60. Geburtstag, München 1986, 250–261.
[5] Ebd., 253.

einer Ordnung gedacht werden, die so wenig selbstverständlich und so wenig lebenstragend ist. Schon unter Tieren und Pflanzen geht es leidvoll lebenszerstörend zu – von der Unfähigkeit der Menschen, mit ihren natürlichen und der Lebensordnung gezollten Trennungen fertig zu werden, einmal ganz zu schweigen. Diese Ordnung kann nicht der Ort Gottes sein. Vielmehr, so geht es bei Ritschl weiter, sollten wir lernen zu denken, dass Gott in der Zeit wohne und wir mit ihm auf eine neue Ordnung zugehen, „wo wilde Tiere und Lämmer miteinander spielen und Wasser und Feuer keine Feinde mehr sind."[6] Gott wohnt in der Zeit, heißt es dann im zweiten Teil des Vortrages, er ist nicht der General auf dem Hügel, der alles bestimmt was passiert. Vielmehr ist Gott der Begleiter des kleinen Volkes Israel, das er durch und aus der Wüste führt und in dessen Geschichte wir eingeladen sind, hineinzuschlüpfen und in dieser Perspektive unser eigenes Leben wahrzunehmen. Das Lieblings-Gottesbild wäre dann Gott als Mutterleib, der die Welt als Embryo mit sich trägt, während er in die neue Schöpfung hin unterwegs ist.

Nicht alles hier ist genauso wie Ralf Miggelbrink es denkt. Dazu kommen wir noch. Ich möchte jetzt erst einmal auf die dennoch gemeinsame Intention aufmerksam machen: das Interesse an der Frage nach der Gegenwart Gottes verbunden mit dem Abschied vom kausalmechanisch gedachten Eingreifen Gottes in die Welt – vom Generals-Modell, wie Ritschl es kritisch nannte, oder von Gott als allesbestimmender Wirklichkeit, wie es Rudolf Bultmann gern dachte. „Ich sage [...] bei Beerdigungen," so sagte Ritschl 1985 in Düsseldorf auf dem Kirchentag, „... schon lange nicht mehr: ‚Gott hat unseren Bruder / unsere Schwester von uns abberufen ...' – weil ich es von Herzen nicht mehr glaube. Zu viele Menschen schon habe ich beerdigt, von denen ich – vom Evangelium her geurteilt – sagen muss: die sind gegen Gottes Willen gestorben oder vom Auto getötet worden!"[7]

Die Bemerkung über die Beerdigungsrede hat Ritschl in der Diskussion des Kirchentagsvortrags spezifizieren müssen: Es reichte nicht, auf die Geschichte hinzuweisen, dass auch Jesus beim Anblick seines toten Freundes Lazarus weinte (übrigens auch ein Text aus dem Johannesevangelium [Joh 11,35], aus dem Ralf Miggelbrink sein

---

[6] Ebd., 254.
[7] D. *Ritschl*, Auf der Suche nach dem verlorenen Gott (s. Anm. 3), 231.

Fülle-Stichwort herausschält). Es reichte nicht, damit zu begründen, dass Gott auch den Tod des vom Auto überfahrenen 20jährigen Philipp nicht gewollt habe. Wissen Gläubige das nicht auch, und trotzdem sagen sie, sie nähmen den Tod dieses Menschen aus „Gottes Hand"? Hier sind wir jetzt ganz und gar bei Ralf Miggelbrinks Blick auf die Lebensfülle: Was meint er denn, wenn er vom „Empfangen" der Gabe Gottes spricht, die ja nicht in einem reinen Wellness-Leben besteht? Wenn er uns ermutigt, uns ruhig etwas mehr im Nehmen zu üben – anzunehmen?

3. In der Dynamik der Pneumatologie

Ich möchte mich jetzt auf die Antwort auf diese Frage herantasten und dabei erst noch weiter einen Umweg über Dietrich Ritschl gehen.

Ritschl hat ähnlich wie Ralf Miggelbrink für die Rede von der Gegenwart Gottes die Pneumatologie stark machen wollen. Letztlich hat er damit einen Bildwechsel im Reden vom Handeln Gottes vorgeschlagen: Gott handelt in der Welt dadurch, dass er uns Interpretationen, Perspektiven gibt, und nicht, indem er kausalmechanisch Ereignisse verursacht. In diesem Sinne hat er die Lehre von der Vorsehung von der Schöpfungslehre in die Pneumatologie verpflanzt[8] – und das scheint mir bei Ralf Miggelbrink gar nicht so viel anders zu sein. Was heißt denn „Gott behüte dich", hat Ritschl gefragt und dabei all die skeptischen Theodizee-gesättigten Erfahrungen von Gebrochenheit mitgedacht. Er schlägt vor – ich sag es mal in meinen Worten –, es als ein gemeinsames erfüllungsgewisses Bittgebet zu verstehen: Möge Gott dich begleiten in seinem erneuernden Geist, auf dass Du ihn in seiner stärkenden und tröstenden Gegenwart ernst nehmen kannst. Gott ist der Herr, aber anders als durch souveräne Geschichts-Beherrschung. Was kann das heißen im Angesicht des Todes von Phillip? „Es kann ja gemeint sein: ‚In diesem Tod

---

[8] D. *Ritschl*, Anmerkungen zur Providentia-Lehre, oder: was heißt: ‚Gott behüte Dich'?, in: *W. Brändle/R. Stolina* (Hrsg.), Geist und Kirche, FS für Eckhart Lessing, Frankfurt a.M. 1995, 209–229; erweiterte Fassung: *D. Ritschl*, Sinn und Grenzen der theologischen Kategorie der Vorsehung, in: *ders.*, Bildersprache und Argumente. Theologische Aufsätze, Neukirchen 2008, 195–212.

selber ist kein Sinn, aber wir nehmen jetzt den Auftrag zur neuen Sinnfindung aus der Hand Gottes', d.h. es muss nicht gemeint sein: ‚Gott hat Philipps Tod gewollt', wovon die unvermeidliche Kurzform – vor der man aus traditioneller Scheu zurückschreckt – heißt: ‚Gott hat Philipp getötet.'"[9]

Die Pneumatologie wird bei Ritschl zu einer Art Gegenwind der vordergründigen Lebenserfahrung. Er weht aus dem Evangelium heraus, prophetisch kritisch oder tröstend aufbauend. Er kommt aus dem Land der neuen Schöpfung.

Ritschl selbst hätte es freilich nicht so poetisch ausgedrückt. Er hätte nicht gewollt, dass die Rede von Gottes Geist klingt wie ein schöner Traum, in den die noch Glaubenden sich zurückziehen können aus der rauen Wirklichkeit. Er hat gewusst, dass man ihm Fideismus vorwerfen könnte mit diesem Konzept, und darum hat er immer wieder Phasen gehabt, in denen er darüber nachgedacht hat, wie der Geist Gottes in seinem Wirken plausibel erscheint auch für diejenigen, die nicht in die „Story Gottes" hineingeschlüpft sind. Darum hat er immer wieder herausgeschaut aus der nach oben hin offenen Röhre der biblischen Weltsicht, wie er sie uns im Grundkurs an die Tafel gemalt hat, herausgeschaut wie alle Menschen seit der Aufklärung, die herausschauend aus der christlichen Röhre außerhalb von ihr andere Gruppen in anderen Röhren wahrnehmen.[10] Zu ihnen wollte er schon von Gottes Behütung herüberrufen können, mindestens sich verständigen über das, was sie jeweils dachten über die Wirklichkeit. Er hat auch nicht nachgelassen, Kollegen zu hören, die eine Entsprechung der Rationalität Gottes und der Rationalität der Welt zu denken versuchten – sein Lehrer Tom Torrance zum Beispiel oder sein Doktorand und späterer Kollege Wolfgang Achtner, auch an Gespräche mit Theo Schneider zu diesem Thema erinnere ich mich.[11] Aber Ritschl hat das nie entfaltet. Vielleicht, weil er fürchtete, dass eine *analogia entis* dem Gegenwind den Schwung nehmen könnte. Vielleicht, weil er um seine prophetische Kraft

---

[9] *D. Ritschl*, Gott wohnt in der Zeit (s. Anm. 4), 255. Hier wird auch die Frage angedeutet, ob nicht die direkt Betroffenen steiler interpretieren dürfen, was schließlich in die Frage mündet: „Wer darf sagen: hier ist das Gericht Gottes?"
[10] *D. Ritschl/M. Hailer*, Grundkurs christliche Theologie. Diesseits und jenseits der Worte, Neukirchen 2. Auflage 2006, 237.
[11] *D. Ritschl*, Zur Logik der Theologie. Kurze Darstellung der Zusammenhänge theologischer Grundgedanken, München 1984, 270.

fürchtete. Vielleicht, weil die neue Schöpfung nicht neu genug erscheinen könnte. Vielleicht auch, weil zu schnell zu viel über Gott gesagt werden könnte und die Gefahr der Begrifflichkeit drohte. Wir kennen alle diese möglichen Gründe aus dem ökumenischen Dialog und aus dem interkonfessionellen theologischen Gespräch.

Mir scheint nun, dass auch Ralf Miggelbrink mit dem Problem der konzeptionellen Verbindung von Gott und Welt ringt. Man könnte sein Konzept als die Negativfolie – „negativ" nicht wertend, sondern gleichsam physikalisch gemeint – zur Theologie Dietrich Ritschls verstehen. Wo Ritschl den Gegenwind spüren will, will Ralf Miggelbrink die Spuren Gottes in der Schöpfung, in der Lebenserfahrung von uns allen, erkennen können, und zwar nicht nur als Gegenwind.

Bei Ralf Miggelbrink ist der Gegenwind etwas anderes: Gegenwind ist die *menschliche* Verzerrung der gottgegebenen Fülle des Lebens. Denn die Fülle ist ja eigentlich immer schon da, sie muss allerdings in menschlicher Lebensgestaltung wahrgenommen und manifestiert werden. Wenn das nicht geschieht, hat die „Mangelobsession" das Sagen. Damit ist nicht ein konsumverzichtender Minimalismus gemeint, in dem Menschen in 40 Quadratmeter großen Holzhäusern auf Rädern wohnen wollen und einen Lebensstil der Konzentration auf das Wesentliche üben. Das wäre vielleicht eher ein Leben in Fülle, jedenfalls zielt es darauf hin. Leben in Fülle ist ein Leben im Zusammenhang mit anderen Leben, den Blick nicht auf den eigenen Nabel bzw. die eigenen (Konsum)Güter hin gekrümmt, sondern geradewegs auf den Anderen gerichtet, fürsorglich, unterstützend, aber auch Hilfe annehmend, Freude und Leid teilend, die Schönheit von Pflanzen und Landschaften genießend, Vitalität der Tierwelt bestaunend oder last but not least im sich querstellenden Einsatz für das Lebensgut aller gegen mangelobsessive Dynamiken. Menschen, die in kleinen Häusern auf Rädern wohnen, tun das ja gerade darum, damit sie den Blick und das Herz frei haben für das, was Fülle enthält. Denn Lebensfülle ist Intersubjektivität und nur darin aufgehende Individualität. Der Christ oder die Christin weiß es eigentlich und kann es anderen zeigen: Weil Gott selbst sich inkarnierend kenotisch in die Endlichkeit der Welt hineinbegeben hat und ständig begibt, darum können wir das Wesen der Schöpfung und die Quelle des Glücks in dieser intersubjektiven Bezogenheit erkennen, wenn wir nur richtig hinschauen und uns nicht vom

Selbstbehauptungswahn blenden lassen. Sowohl biblische Narrationen als auch gewisse Konzepte der Trinität, also das christliche Gottesbild selbst, weisen darauf hin.[12]

4. Von Mangelobzession und Selbstzurücknahme

Hingegen hat die Mangelobzession, die Ralf Miggelbrink meint, den rücksichtslosen oder auch verzweifelten Kampf um Güter, aber auch um Ruhm und Anerkennung im Auge: den Konkurrenzkampf. Nicht immer passt das ökonomische Bild vom knappen Gut. Jedenfalls nicht automatisch etwa bei der Anerkennung, um die, wie wir gut wissen, an der Universität oft ohne Visier und Bandagen gekämpft wird. Aber es ist klar, was gemeint ist. Sagen wir's mit Miggelbrink: Gemeint sind „… die modernen mangelfixierten Weltbilder", die in christlicher Perspektive „als häretische Weltbilder (deutbar)" sind und die „als solche nämlich, […] einerseits ursprünglich von der judaeo-christlichen Aufwertung des Individuums abhängen, deren Protagonisten sich aber von der ethischen Motiviertheit der biblischen Idee des Individuums losgesagt haben, um das Individuum als letztlich zwar sinnlose, praktisch dafür allerdings umso selbstbehauptungsgierigere Größe zu denken."[13] Gegen diese „selbstbehauptungsgierige Größe" setzt Michael Welker in seiner Pneumatologie bekanntlich die Rede von der freien Selbstzurücknahme des Menschen in der Erfahrung des Heiligen Geistes, der aus dem „Resonanzbereich" des Gekreuzigten lebt und auf Befreiung und Wohlsein der Anderen in jeweils konkreter Differenziertheit aus ist.[14] Ralf Miggelbrink ist zwar skeptisch, ob man diesen Heiligen Geist wirklich als Gottes Geist „selbstlos" nennen sollte, wie Welker als Abgrenzung zu Aristoteles und Hegel vorschlägt, und wittert hier die Gefahr des Relativismus.[15] Freilich versucht Welker den eigentlich auch zu vermeiden, allerdings nicht im metaphysischen Konzept, sondern

---

[12] Zur schnellen Orientierung siehe *U. Link-Wieczorek*, Rez. Miggelbrink, Ralf, Lebensfülle. Für die Wiederentdeckung einer theologischen Kategorie, Freiburg 2009, in: Theologische Revue 107 (2011), 63–64.
[13] *R. Miggelbrink*, Lebensfülle. Für die Wiederentdeckung einer theologischen Kategorie (Quaestiones disputatae 235), Freiburg i. Br. 2009, 248.
[14] *M. Welker*, Gottes Geist. Theologie des Heiligen Geistes, Neukirchen 1992.
[15] *R. Miggelbrink*, Lebensfülle (s. Anm. 13), 33.

biblisch, und heraus kommt ein stärker befreiungstheologischer Akzent in der Rede von der Selbstzurücknahme.[16] Hier wäre noch eine ausführlichere Diskussion mit Miggelbrinks Pneumatologie denkbar, geleitet von der Frage, ob nicht die befreiungstheologische Orientierung ein unheilsrealistischer Mittelweg zwischen dem Entweder – Oder der Bilder von Gottes (notwendigem) Einsatz für die Wahrheit und der kreuzestheologisch gedeuteten Hingabe als „Durchleidung des Widerspruchs", des Widerspruchs eben gegen „‚Gottlosigkeit und Ungerechtigkeit der Menschen' (Röm 1,18)"[17] wäre. Die Annahme des Widerspruchs im realen Leben hätte mit einem solchen Akzent, der die biblische Würdigung der Gerechtigkeit Gottes ernst nimmt, einen weniger passiven, auf Duldung eingerichteten Beigeschmack.

5. Gott als Gegenwind?

Dietrich Ritschl hätte, wie schon erwähnt, von Gott als Gegenwind gesprochen.[18] Ralf Miggelbrink scheint in diesem Buch Gegenwind vornehmlich von menschlicher Seite sehen zu wollen und sagt: Die Mangelobzession ist der Gegenwind gegen Gottes Lebensfülle. Beide sagen, dass Leben konkret in der Gott-Perspektive wahrgenommen, gestaltet und immer wieder neu geformt werden muss. Dass das geht, ermöglicht Gottes Dynamik im Geist, die nicht kausalmechanisch wirkt, sondern im je biographisch sich entwickelnden Umfeld auf eine Art von Lebenssteigerung hin drängt zu einer Gemeinschaft, die sich von Gottes Lebensfülle getragen weiß. Nicht kausalmechanisch heißt dann auch: Gottes Geist wirkt im Mitmachen des Menschen. Ralf Miggelbrink beschreibt das Mitmachen vornehmlich als ein Annehmen und sich hingeben in die Lebensfülle-Möglichkeiten, die das konkrete Leben je eröffnet. Wie eben schon angedeutet, drängt sich der Leserin dabei der Gedanke auf, das solle doch sicher

---

[16] In diese Richtung weisend versteht Welker die alttestamentlichen Geistbezüge, vgl. *M. Welker*, Gottes Geist (s. Anm. 14), 58–173. Sie müssen unbedingt in die christologische Pneumatologie eingetragen werden, so dass Pfingsten ein befreiendes Wirken Gottes bedeutet; vgl. ebd., 174–258.
[17] *R. Miggelbrink*, Lebensfülle (s. Anm. 13), 225.
[18] *D. Ritschl*, Gott wiedererkennen, in: *ders.*, Bildersprache und Argumente (s. Anm. 8), 3–74, hier 68–74: Gott als Gegenwind.

nicht heißen, dass der Mensch, der sein Leben als Gott-gegeben empfängt, passiv und tatenlos dahinlebt. Das wäre ja dann doch eine Haltung der Askese, der „Abtötung des Fleisches", wie sie Ralf Miggelbrink zufolge in katholischer Mariologie zu einer „privilegientheoretischen Betonung der radikalen Ausnahme" führe. Gerade der Ansatz bei der Inkarnation will ja eine weniger fleischlose Weltabgewandtheit propagieren. Man wird sich also wohl vorstellen dürfen, dass man durchaus recht aktiv sein kann, wenn man sein Leben als Gabe Gottes empfängt. Aktiv auf ganz unterschiedliche Weise, von fröhlich tanzend und feiernd bis widerständig oder traurig und in der Hoffnung ausharrend. Ralf Miggelbrink sagt das tatsächlich, und zwar mit Bonhoeffer: Solches Empfangen ist „Widerstand und Ergebung".[19] In diesem durch Gottes Geist ermöglichten Modus des Empfangens gestaltet der glaubende Mensch sein konkretes Leben. In der Dynamik des Geistes Gottes wirkt solches Empfangen. Es umhüllt das eigene Leben wie eine Luft zum Atmen und geht mit in der Zeit. Es muss nicht extra aufgesucht werden im Raum und verwirklicht sich auch nicht als eine bestimmte, ein für alle Mal festgelegte Ordnung, um noch einmal Dietrich Ritschls Bild zu zitieren. Aber es hat schon eine bestimmte Dynamik, dieses Empfangen. Es ist kein tötender Konkurrenzkampf, sondern ein beständiges Aufbrechen, Suchen und Finden von Gottes intersubjektiver Lebensfülle, die eigentlich immer schon da ist und doch je konkret und höchst verschieden verwirklicht werden will. Insofern sind wir stets empfangend mit Gott in seinem Geist unterwegs. Im Geist, das heißt: noch unterwegs, Gottes Fülle als Vielfalt, intersubjektiver Bezogenheit und konkreter Leiblichkeit realisierend. So ist Gottes Geist.

6. Von der Lebendigkeit des Geistes

Der Heilige Geist ist also alles andere als langweilig. Ralf Miggelbrink will ihn auch nicht leiblos abstrakt denken. Er entdeckt den katholischen Theologen des 19. Jahrhunderts Matthias Scheeben neu, der den Heiligen Geist als die Dynamik Gottes versteht, in der innerweltlich Verschiedenes ermöglicht wird nach dem Muster von Zeugen

---

[19] R. *Miggelbrink*, Lebensfülle (s. Anm. 13), 219–221.

und Gebären.[20] Dass Gott an dieser lebendigen Verschiedenheit, die er in und mit der Schöpfung zustande bringt, als Schöpfer und Erlöser nicht kaputt geht, das sagt Ralf Miggelbrink mit dem Wort „Einheit". Die Einheit Gottes ist, dass er nicht kaputt geht, sondern dass er Gott bleibt und die lebenserfüllende Intersubjektivität nicht zerfließt ins belanglose Nichts. Aber diese Einheit Gottes ist eben auch nicht so langweilig wie dieses Wort klingt: Sie entfaltet sich in geschöpflicher Diversität echten Lebens, und zwar so, dass sie sich hier als einender Ursprung in der Unterschiedenheit ahnen lässt und *dadurch* authentische Bezogenheit möglich wird. Scheebens Metaphorik von Zeugen und Gebären gefällt Ralf Miggelbrink darum so gut, weil sie eine natürliche Analogie liefert für die Entstehung von Anderem, das nur als Anderes entstehen kann und dennoch Bezogenheit auf einen Ursprung denken lässt. Dieser Geist von Zeugen und Gebären, der sich in der Schöpfung manifestiert und schon als Gottes innerstes Wesen gedacht werden darf, ist in der Tat ein sehr viel leiblicherer Geist als der, den ich im theologischen Nachdenken mit Dietrich Ritschl kennengelernt habe. Ritschl hat ganz im Unterschied zu diesem Vorschlag von Ralf Miggelbrink nahezu bis zu seinem letzten Atemzug darüber nachgedacht, ob es nicht ein sinnvoller Gedanke sei, Körper und Geist klar zu trennen und Gottes Handeln als ein geistiges Handeln und eben nicht ein körperlich-kausalmechanisches zu verstehen. Gott gibt uns in seinem Geist die Perspektiven, die es ermöglichen, das Leben als Geschenk wahrzunehmen und zu würdigen, hätte er vielleicht gesagt.[21] Seine Stärke ist die Deutung, auf die hin gestaltet werden kann. Bei Ralf Miggelbrink ist die Stärke des Geistes auch Deute-Kraft, aber es ist eine Deutung durch Erkennen, die sozusagen auf sich selbst hinweist, auf die Gabe der Fülle des Lebens durch Gott in aller mannigfaltigen Diversität des endlichen Lebens.

---

[20] Vgl. ebd., 239–246. Jürgen Werbick, der Scheebens Ansatz in einem Lexikonartikel zur Trinitätslehre erwähnt, weist darauf hin, dass hier die Geschlechterrollen des 19. Jahrhunderts Pate stehen, ohne freilich damit verbundene eventuelle theologische Konsequenzen zu nennen; vgl. J. *Werbick*, Art. Trinitätslehre, 1. Geschichte, ostkirchliche und römisch-katholische Tradition, in: E. *Fahlbusch* u. a. (Hrsg.), Evangelisches Kirchenlexikon, Göttingen ³1996, 967–974, 972.
[21] Vgl. *D. Ritschl*, Sinn und Grenzen der theologischen Kategorie der Vorsehung (s. Anm. 8), 212.

7. Weisheitliche Theologie?

Zum Schluss möchte ich noch einen Gedanken anbieten, in dem mir Ritschl und Miggelbrink (und viele andere mehr) doch noch wieder zusammengebunden werden können: Da haben wir die Theologie der Lebensfülle *auf der einen Seite*. Sie sieht Gott nicht als General auf dem Hügel, sondern als lebenserschließende Dynamik im Prozess des Lebens sowie als die Kraft, die Mensch (und Tier und Pflanzen?) sich auf den Anderen zu beziehen drängt und die irgendwie schon weiß, dass es nicht gut ist, gekrümmt nur auf den eigenen Nabel zu schauen. Und da haben wir *auf der anderen Seite* die Theologie, die aus dem Hineinschlüpfen in die Story Gottes lebt und seiner lebensfördernden Begleitung gewiss ist. Nun meine ich: beide Ansätze können wir eigentlich als intendierte weisheitliche Theologie verstehen. Dietrich Ritschl hat uns diesen Begriff oft angeboten, wenn er deutlich machen wollte, dass der Sinn der Theologie noch nicht in der begrifflichen Klärungsarbeit allein liegt. Er verstand darunter eine Theologie, die sich – ähnlich wie die Medizin – nicht allein als Wissenschaft versteht, sondern die ihre wissenschaftliche Reflexion eingebunden sieht in einen lebenspraktischen Kontext, der durch die theologische Reflexion in seiner Komplexität erkennbar wird. Man könnte sagen, dass darin der Sinn von Theologie einschließlich ihrer wissenschaftlichen Anteile besteht.[22]

Darauf sind schon andere gekommen, implizit. Im Jahr 2006 fand ein Lehrgespräch zwischen EKD und Anglikanern, der Church of England also, im Rahmen der Meissner Erklärung zu dem Thema „Theologie als Lebensweisheit" statt.[23] Wen wundert es, dass Dietrich Ritschl hier den Eröffnungsvortrag hielt zum Thema „After the Model of the Rabbis? The Wisdom of God and the Offer of Wisdom for Life"?[24]

---

[22] *W. Schobert/M. Hailer*, Art. Weisheit/Weisheitsliteratur, V. Systematisch-Theologisch, in: Theologische Realenzyklopädie, Bd. 35, Berlin 2003, 515–5120.
[23] Nähere Informationen: „Deutsch-englische Kirchenkonsultation beendet. Zusammenarbeit auf Gemeindeebene soll ausgeweitet werden" unter http://www.ekd.de/presse/pm26_2006_abschluss_konsultation_ekd_cofe.html (25.10.2019).
[24] *D. Ritschl*, After the Model of the Rabbis – The Wisdom of God and the Offer of Wisdom for Life, in: *ders.*, Bildsprache und Argumente (s. Anm. 8), 213–226. Ebenfalls aus diesem Lehrgespräch publiziert ist der Beitrag von *C. Axt-Piscalar*,

Gesucht wird hier eine lebensweltlich orientierte Theologie, die sich auf den Prozess einlässt, Gott zunächst implizit vorauszusetzen und ihn im Nachdenken über die Schönheiten und tragenden Regelmäßigkeiten, aber auch über die Ambivalenzen und die Gefährdungen des Lebens zu entdecken. Im Blick auf biblisch-theologische Kategorien kann man sagen: Es gilt, über den Zusammenhang von Weisheits- und Geschichtstheologie bzw. von Schöpfung und Erlösung nachzudenken. Dogmatisch-theologisch taucht diese Differenz als Differenz von Erfahrungs- und Offenbarungstheologie auf, ökumenisch-theologisch auch als Natürliche Theologie und Offenbarungstheologie. Alte kontroverstheologische Themen tauchen wieder auf und werden in neuer Offenheit – nicht zuletzt durch exegetische Feinarbeiten – reflektiert. Man könnte vielleicht sagen, dass eine weisheitliche Theologie den theologischen Horizont eines glaubenden Menschen, eines durchaus irgendwie in die Story Gottes hineingeschlüpften Menschen vorstellt, der in seinem Leben Gottes mehr und mehr gewahr wird. Ritschl spricht in seinem Beitrag unter Bezug auf Christoph Schwöbel von „implicit understanding of God"[25] und schlägt vor, Weisheit als eine Lebens-Haltung zu verstehen, „die aus einem Leben erwächst, das in *Loyalität* zur biblischen Tradition gelebt wird wie in der Kirche."[26]

In einem weisheitlichen Verständnis von Theologie wird versucht, auf eine solche Loyalitäts-Erfahrung bezogenes und daraus erwachsendes „Lebenswissen" in das Nachdenken über Gott, Mensch und Welt mit einzubringen.[27] Das können Erfahrungen sein mit der Ordnung der Welt, mit den lebensermöglichenden Regelmäßigkeiten von Tag und Nacht, wie sie Karl Barth in der „Lichterlehre" nahebringt,[28] Erfahrungen mit tröstender und ermutigender Wirkung der Schönheit von Bildern und Tönen, Landschaften und Körpern, Gärten und Gebäuden oder auch Erfahrungen der Ambivalenz des Le-

---

Theologie – Dogma – Bekenntnis. Überlegungen aus evangelischer Sicht zu ihrer Bedeutung und Funktion, in: ÖR 57/2008, 3–21.
[25] D. Ritschl, After the Model of the Rabbis (s. Anm. 24), 222.
[26] Ebd., 226: „It grows out of a life lived in loyalty to the biblical tradition as it continues in the church."
[27] Die folgenden Gedanken entstammen meinem Beitrag U. Link-Wieczorek, Wider den „Gottprotz": Der „Neue Atheismus" als Herausforderung für eine ökumenische katechetische Theologie, in: ÖR 59, 2010/4, 492–509.
[28] K. Barth, Kirchliche Dogmatik IV (3,1), Zürich, 155–170.

bens, das Scheitern im Bemühen um Versöhnung etwa oder das Schuldigwerden in Gleichgültigkeit, tragischer Verstrickung und Irrtum. An diesen reflektierten Lebenserfahrungen hat sich die Plausibilität des christlichen Credos zu erweisen. Bevor nach Gott gefragt wird, wird hier nach Phänomenen des Lebens und seiner Gestaltung gefragt. Eine verstärkte Sensibilisierung für die Wahrnehmung und Reflexion solcher Phänomene kann nicht nur kirchenfernen Menschen helfen, eine (lebens-)erfahrungsbezogene Logik – Weisheit – biblischer Bildwelten zu erschließen.[29] Deutlich ist hier Leben als ein komplexer Zusammenhang im Blick. Und wenn sich erweisen sollte, dass es sinnvoll ist, angesichts dieser Phänomene des Lebens auch vom Gott christlicher Lebensdeutung zu sprechen – bestätigend, korrigierend oder prophetisch widersprechend –, so wird dies möglicherweise auch eine Ahnung davon verschaffen, dass mit Gott hier mehr gemeint ist als eine kausale Entwicklungsdynamik ins Irgendwo.

Eine solche weisheitliche Gottesrede ermöglicht eine lebensweltlich verankerte Suchbewegung, in der der konkrete Sinn des Gottesglaubens entdeckt zu werden erhofft wird. Christoph Schwöbel sieht hier[30] einen Begriff von „vernehmender' Vernunft" leitend: „Weisheitserkenntnis ist keine aktiv Gewissheit *produzierende* Erkenntnis, sondern eine Einsicht, der auf dem Weg der Suche nach Erkenntnis Einsicht *gewährt* wird, indem sie für sie *erschlossen* wird."[31] Sie ist eine Suche nach Einsicht, die schon umrahmt ist von dem Credo des Gottes der Lebensfülle, das uns gegeben wird in seinem Geist.

Weisheitliche Theologie könnte also als eine Theologie verstanden werden, in der die Phänomene des Lebens aus der Perspektive des Credos heraus wahrgenommen werden, ohne sie in ihrer Genese

---

[29] Vgl. dazu meinen Versuch in diese Richtung: *U. Link-Wieczorek*, Unwiderruflich und schwarz? Nachdenken über das Wort Gottes als Metapher, in: *N. C. Baumgart/G. Ringshausen* (Hrsg.), Philosophisch-theologische Anstöße zur Urteilsbildung. FS für Werner Brändle, Münster 2007, 175–185.
[30] (mit Gerhard von Rad)
[31] *C. Schwöbel*, Der Gott der Geschichte und der Gott der Weisheit. Systematisch-theologische Erwägungen im Anschluss an Gerhard von Rad, in: *P. D. Hanson* u. a. (Hrsg.), Biblische Theologie: Beiträge des Symposiums „Das Alte Testament und die Kultur der Moderne" anlässlich des 100. Geburtstags Gerhard von Rads (1901–1971), Heidelberg, 18.–21. Oktober 2001, Münster 2005, 139–153, 148.

ausdrücklich damit zu verbinden. Sie wäre ein Versuch, die Anliegen der *analogia entis* mit dem Einspruch der *analogia fidei* zu verbinden und damit gesprächsfähig zu sein für Menschen außerhalb des christlichen Sprachstroms. Mir scheint, dass Ralf Miggelbrinks Theologie der Lebensfülle genau darauf aus ist.

Biblisch-theologische Perspektiven

„Geben und übriglassen" (2 Kön 4,43) – „Lebensfülle" in alttestamentlicher Perspektive

Kathrin Gies

1. Hinführung

Wenn mich meine kurdischen Freunde zum Essen einladen, biegt sich der Tisch unter den Massen des Essens. Dort stehen Hummus, Mutaball und Fatteh. Als Nachtisch gibt es eine Riesenmenge Halawet al jiben, weil ich einmal gesagt habe, dass ich es sehr gerne mag.

Was mich so anrührt bei diesem gemeinsamen Essen, ist natürlich nicht die Tatsache, dass ich mir im wahrsten Sinn des Wortes den Magen vollschlage. Was mich freut, ist vielmehr, dass ich mich jedes Mal neu beschenkt fühle. Meine Freunde sind 2015 aus Syrien geflüchtet. Vom Jobcenter bekommen sie nicht viel. Das Wenige teilen sie mit mir. Mit dem Essen schenken sie mir auch ihre Kultur. Sie schenken mir, was sie und ihre Herkunft ausmacht, und einen Teil von sich selbst. Sie wählen die Speisen, die ich mag, um mir eine Freude zu machen. Sie zeigen mir damit ihre Verbundenheit.

Natürlich lade auch ich meine kurdischen Freunde dann und wann zum Essen ein. Ich möchte mich gern revanchieren; ich möchte auch zeigen, dass ich mich ihnen verbunden fühle. Trotzdem spüre ich, dass ich ihre Gastfreundschaft, ihr Geschenk an mich, nicht ersetzen oder kompensieren kann. Es steht für sich, weil es aus keiner Notwendigkeit resultiert, sondern von Herzen kommt.

2. „Lebensfülle" als theologische Kategorie (Ralf Miggelbrink)

Im Zusammenhang seiner Arbeiten zur theologischen Kategorie der „Lebensfülle" hat Ralf Miggelbrink gezeigt, dass aus der Perspektive der Religion das gemeinsame Essen, das Mahl, eine „gemeinschaftliche Bestätigung des Lebens im freudigen Teilen"[1] beinhaltet. Die

---

[1] *R. Miggelbrink*, Essen als Realsymbol der Fülle, in: ThPQ 162 (2014), 115–122, 117.

Evolutionsbiologie oder die ökonomische Anthropologie sieht den Menschen als um Ressourcen konkurrierendes Mängelwesen. Anders ist die Perspektive der Religion: Aus „der erlebenden Perspektive des sich selbst deutenden Menschen"[2] wird gerade im Teilen das Leben bestätigt.

Im Essen erfahre ich geschenktes Leben, was grundlegend für die Deutung meiner Existenz ist. Ich erfahre mich und mein Leben als geschenkt. Das Essen ist daher Realsymbol der Lebensfülle.

In seiner Monographie zur „Lebensfülle" geht Ralf Miggelbrink den Weg der *analogia pleromatis*, der Analogie der Fülle. Ansatzpunkt ist nicht primär das „positive [...] Bekenntnis zu dem sich offenbarend und inspirierend in die Geschichte hinein sich mitteilendem Gott der Bibel",[3] sondern Ralf Miggelbrink fragt nach den Wegen, auf denen allen „Menschen[, also nicht nur bekennenden Christen] die lebenstragende und ermöglichende Kraft göttlicher Fülle"[4] zuteilwird. Er nimmt also in den Blick, wie alle Menschen unabhängig vom religiösen Bekenntnis göttliche Fülle erfahren. Damit kann er die anthropologische Anknüpfungsfähigkeit der Füllekategorie aufzeigen. Er wählt dabei das Gegensatzpaar von Mangel und Fülle als strukturierende Kategorien. In einem letzten Schritt zeigt er die theologische Validität der Füllekategorie auf.[5]

In der gesellschaftlichen Gegenwart – so Ralf Miggelbrink – wird Fülle ökonomisch wie politisch von der in Biologie und Ökonomie herrschenden Grundüberzeugung vom universalen Mangel her verstanden. Fülle ist damit die Masse aggregierten Besitzes, der immer als mangelhaft gedeutet wird.[6] Das Verhältnis der Individuen ist demzufolge immer das der Konkurrenz.

Dem setzt Ralf Miggelbrink eine *analogia pleromatis* entgegen, die er bei dem Soziologen Marcel Mauss findet. Mauss reflektiert, wie sich Gemeinschaftsbildung ereignet, und lenkt den Blick auf

---

[2] *R. Miggelbrink*, Essen (s. Anm. 1), 116.
[3] Vgl. *R. Miggelbrink*, Lebensfülle. Für die Wiederentdeckung einer theologischen Kategorie (QD 235), Freiburg i. Br. 2009, 15.
[4] Ebd., 15.
[5] Vgl. ebd., 19.
[6] Vgl. *R. Miggelbrink*, Fülle als Kategorie Dramatischer Theologie, in: *N. Wandinger/P. Steinmair-Pösel* (Hrsg.), Im Drama des Lebens Gott begegnen. Einblicke in die Theologie Józef Niewiadomskis, Münster 2011, 250–266, 257.

den Begriff der Gabe.⁷ Schenken und Geben seien Initialzündung und dauerhaftes Bindemittel von Gemeinschaft. Wer es riskiert, etwas zu geben, statt um alles zu kämpfen, provoziert zu Kooperation. Diese zeigt sich in der Erwiderung der Gabe. Mauss beschreibt, wie in einfachen Kulturen die Erwiderung der Gabe nicht einfach die prompte Gegengabe sein darf. Diese würde die Gemeinschaft ablehnen, zu der die Gabe herausfordert. Gemeinschaft werde da bejaht, wo die Gegengabe auf sich warten lässt und dann am besten den Wert der Gabe noch übertrifft.

Ralf Miggelbrink versteht daher die Gabe als anthropologische Analogie, die die theologische Kategorie der Lebensfülle verstehbar mache. Lebensfülle ist Teilhabe an dem Prozess, in dem Leben empfangen und verbreitet wird. Leben erfüllt sich darin, Leben von anderen her und auf andere hin zu sein. Aus theologischer Perspektive ist das göttliche Handeln Ursprung dieser erfahrbaren qualitativen Wandlung des Lebens.⁸

3. „Lebensfülle" in alttestamentlicher Perspektive

Diese von Ralf Miggelbrink vorgelegte theologische Kategorie der Lebensfülle soll einer experimentellen theologischen Prüfung unterzogen werden; ihre Tragfähigkeit und Relevanz für Theologie, Kirche und Gesellschaft heute soll untersucht werden. Als tragbarer theologischer Leitbegriff muss die Kategorie der Lebensfülle auch biblisch gerechtfertigt sein. Die Aufgabe lautet zu fragen, wie es das Alte Testament mit der „Lebensfülle" als (auch eschatologischem) Begriff gelingenden Lebens halte.

Grundsätzlich bieten sich zwei Anwege an, um dieser Aufgabe zu entsprechen. Der erste Anweg ist ein begrifflicher: Welche Begriffe beschreiben in der hebräischen Bibel „Lebensfülle"? Der zweite An-

---

⁷ Vgl. auch im Folgenden: R. *Miggelbrink*, Können Christen von Glück reden? Theologische Überlegungen im Anschluss an eine Wiederentdeckung der Kategorie der Lebensfülle, in: H. *Bedford-Strohm* (Hrsg.), Glück-Seligkeit. Theologische Rede vom Glück in einer bedrohten Welt, Neukirchen-Vluyn 2011, 90–101, 97–98.
⁸ Vgl. R. *Miggelbrink*, Leben in Fülle. Eine johanneische Verheißung als epochaler Deutungsbegriff des Christentums, in: K. *Wenzel* (Hrsg.), Lebens-Lüste. Von der Ambivalenz der menschlichen Lebensenergie, Ostfildern 2010, 9–21, 14.

weg fragt nach der Sache: Zeigt die hebräische Bibel, wie menschliche Erfahrungen von geschenkter und schenkender Fülle als qualitatives Charakteristikum des Lebens wahrgenommen werden?

3.1 Begriffliche Annäherungen an „Lebensfülle"

Der begriffliche Anweg erscheint für uns abstrakt-begrifflich denkende Menschen naheliegend, weshalb er gegangen werden soll. Gleichwohl ist er schwierig, weil die hebräische Bibel nicht in abstrakten Begriffen denkt, sondern ihr Denken synthetisch ist.

Der Begriff des „synthetischen Denkens" wurde 1973 von Hans Walter Wolff in den Vorbemerkungen der „anthropologischen Sprachlehre" seiner „Anthropologie des Alten Testaments"[9] geprägt. Er geht dabei von der Beobachtung aus, dass im Hebräischen mit der Nennung eines Körperteils dessen Funktion gemeint ist. Das Körperglied und seine Funktion, sein wirksames Handeln, die Möglichkeiten, Tätigkeiten, Eigenarten oder Widerfahrnisse werden zusammen gesehen. Diese Zusammenschau in der Benennung eines Körperteils wird als „synthetisch" bezeichnet. Anders als die deutsche Sprache ist das Hebräische also nicht analytisch-differenzierend zwischen Gegenstand und Funktion, sondern das Hebräische benennt Sache und wirksames Handeln mit einem Lexem.

Ein Beispiel dafür ist das Wort לֵב *leb* „Herz". *leb* bezeichnet zum einen das Herz als Organ, zum anderen steht „Herz" auch für die Vernunfttätigkeit des Menschen. Hier wird gleichzeitig deutlich, dass die Körpersymbolik des Hebräischen sich vom Deutschen unterscheiden kann.

Das synthetische Denken, das am Beispiel des Lexems *leb* erläutert wurde, zeigt sich besonders im Parallelismus membrorum der poetischen hebräischen Texte. Der Parallelismus membrorum lässt die „Stereometrie des Gedankenausdrucks"[10] erkennen. Dieser Begriff wurde 1926 von Bruno Landsberger geprägt. Er bezieht sich darauf, dass ein Phänomen aus verschiedenen Perspektiven beleuch-

---

[9] Vgl. *H. W. Wolff*, Anthropologie des Alten Testaments. Mit zwei Anhängen neu herausgegeben von Bernd Janowski, Gütersloh 2010.
[10] Vgl. *B. Landsberger*, Die Eigenbegrifflichkeit der babylonischen Welt (zuerst 1926)/*W. von Soden*, Leistung und Grenze sumerischer und babylonischer Wissenschaft, Darmstadt 1965.

tet und so eine plastische Prägnanz des Gedankenausdrucks erreicht wird. Mit dem Begriff „Stereometrie" wird also bezeichnet, dass mit zwei oder mehr Begriffen sozusagen „stereo", aus verschiedenen Perspektiven, ein Sachverhalt umschrieben wird. Ein Beispiel[11] dafür ist aus Ps 84:

„Gesehnt, ja verzehrt hat sich meine *nefeš* (mein Leben/meine Person) nach den Vorhöfen JHWHs,
mein Herz und mein Fleisch jubeln dem lebendigen Gott entgegen."
(Ps 84,3).

Im ersten Glied des Parallelismus spricht der Beter über sich als *nefeš*: „Gesehnt, ja verzehrt hat sich meine *nefeš* nach den Vorhöfen JHWHs." Im zweiten Glied des Parallelismus bezeichnet er sich mit „Herz" und „Fleisch": „Mein Herz und mein Fleisch jubeln dem lebendigen Gott entgegen." Mit *nefeš* – das Lexem bedeutet in der konkreten Bedeutung „Kehle" – wird im ersten Glied des Parallelismus das Personsein zum Ausdruck gebracht. Mit „Herz" und „Fleisch" kommen im zweiten Glied des Parallelismus verschiedene Einzelaspekte zum Ausdruck: „Herz" bedeutet die Rationalität des Menschen, „Fleisch" seine Vergänglichkeit.

Mit dieser mehrfachen Umschreibung ist nicht ein Verlust an begrifflicher Präzision gegeben, sondern damit wird eine Sache in ihrer Breite nachgezeichnet.[12] Ein Sachverhalt wird durch zwei oder drei parallele Aspekte additiv beschrieben, so dass eine produktive Unschärfe und Plastizität der Aussage entsteht: Mit dieser Vieldimensionalität des Sinns und seiner Multiperspektivtität entsteht ein Raum, in dem sich das Verstehen dynamisch hin und her bewegen kann.[13]

Bei der Suche nach Begriffen einer gegenwärtigen Theologie in der hebräischen Bibel sollte also reflektiert werden, dass sich das synthetische hebräische Denken von unserem analytischen Denken unterscheidet. Im Folgenden sollen unter diesem Vorbehalt einige Begriffe, die mit dem Konzept von „Lebensfülle" korrelieren, in ihrer Vieldimensionalität und Multiperspektivität vorgestellt werden, und

---

[11] Beispiel aus: B. Janowski, Konfliktgespräche mit Gott. Eine Anthropologie der Psalmen, Neukirchen ⁴2013, 16.
[12] Vgl. G. von Rad, Weisheit in Israel, Neukirchen-Vlyn 1970, 43.
[13] Vgl. B. Janowski, Konfliktgespräche (s. Anm. 11), 17–18.

mit dem Lexem שָׁלוֹם *šalom* werden in zwei Psalmentexten Dimensionen von „Lebensfülle" in alttestamentlicher Perspektive in den Blick genommen.

3.1.1 חַיִּים und נֶפֶשׁ, בְּרָכָה und שָׁלוֹם

Wenn wir nach dem Konzept von „Lebensfülle" im Alten Testament fragen, dann ist am ehesten an Begriffe wie חַיִּים *ḥajjim* oder auch נֶפֶשׁ *nefeš*, בְּרָכָה *beraka* oder שָׁלוֹם *šalom* zu denken, die es in ihrer Bedeutungsfülle zu erschließen gilt.

Für „Leben" steht in der hebräischen Bibel *ḥajjim* ebenso wie *nefeš*. *nefeš* bezeichnet neben der körperlichen Grundbedeutung „Kehle" gleichzeitig auch die Person, ihre Vitalität und Lebendigkeit sowie „Leben" überhaupt. Der zweiten Schöpfungserzählung zufolge wird der Mensch erst zur נֶפֶשׁ חַיָּה *nefeš ḥajja*, zum „lebendigen Wesen" durch Einhauchung der נְשָׁמָה *nešama*, des „göttlichen Atems" (Gen 2,7). Damit kommt die biblische Grundüberzeugung zum Ausdruck, dass Leben ohne die Beziehung zu Gott und sein Handeln nicht möglich ist.[14]

Gott ist der Ursprung allen Lebens, und *ḥajjim* ist geschenkte Gabe Gottes. So wird Gott in den Psalmen gefeiert: „Denn bei Dir ist die Quelle des Lebens." (Ps 36,10). *ḥajjim* gilt als Gabe Gottes, nicht als Besitz des Menschen. Diese Überzeugung zeigt sich in der gesamten hebräischen Bibel, so im Buch Deuteronomium, beim kleinen Propheten Maleachi und auch im Buch Ijob (vgl. Dtn 30,15.19; Mal 2,5; Ij 3,20).

Wenn biblisch von „Leben" gesprochen wird, dann wird damit nicht primär die zeitliche Ausdehnung beschrieben, sondern „Leben" ist ein Qualitätsbegriff. Leben zielt zwar auf Dauer; als Ideal gilt das als Geschenk Gottes betrachtete lange Leben, aber wesentlich ist Leben mit Glück, Güte, Gesundheit und Gelingen konnotiert.

Da Gott als Ursprung des Lebens gilt, wird umgekehrt auch als Ziel des Lebens Gottesnähe gesehen. Diese wird der tempeltheologischen Konzeption entsprechend erlebbar im Tempel als Raum der Lebensfülle. So endet der Beter von Psalm 16 in der Zuversicht auf Rechtleitung und dem Widerfahrnis von Fülle bei der göttlichen

---

[14] Vgl. *C. Frevel*, Art. Leben, in: *A. Berlejung/C. Frevel* (Hrsg.), HGANT, Darmstadt ²2009, 295–298.

Audienz. Der Psalm schließt mit den Worten, die an Gott gerichtet sind: „Du wirst mir kundtun den Weg des Lebens; Fülle von Freuden ist vor deinem Angesicht, Lieblichkeiten in deiner Rechten für immer." (Ps 16,11). Von Gott wird ethische Unterweisung erwartet, so der erste Teil des Verses. Wenn der Beter vor Gott tritt, vor sein Angesicht, widerfährt ihm die Fülle des Lebens, so der zweite Teil, und zwar „für immer". Mit dieser zeitlichen Ausdehnung scheint eine eschatologische Dimension der Fülle auf.

Hier klingt auch bereits an, dass „Leben" immer eine ethische Dimension umgreift: Der „Weg des Lebens" ist das Tun des Menschen. Göttliche Nähe wird also auch erfahrbar im Tun des Guten. Dieses Gute wird mit Gott identifiziert. So ist in weisheitlicher Perspektive die Gottesfurcht als ethischer Begriff Ermöglichung von Leben im qualitativen Sinn: Nach Ps 34,13 ist es ein anthropologisches Signum, dass der Mensch nach gelingendem Leben strebt. Das Tun des Guten führt zum Leben, was konzeptionell der Unterweisung in Gottesfurcht entspricht.

In toratheologischer Perspektive ist auch die göttliche Weisung Leben. Daher betont das Buch Deuteronomium durchgehend, dass das Tun der Gebote Leben bedeutet (vgl. Dtn 6,24; 8,1). Die Entscheidung, der göttlichen Weisung entsprechend zu leben, ist die Wahl zwischen Leben und Tod. So spricht Mose am Ende seiner Reden im Buch Deuteronomium zu Israel, das mit kollektivem Du angesprochen wird: „Siehe, ich habe dir heute vorgelegt das Leben und das Gute, den Tod und das Böse, indem ich dir heute gebiete, JHWH, deinen Gott zu lieben, auf seinen Wegen zu gehen und seine Gebote, seine Ordnungen und seine Rechtsbestimmungen zu bewahren, damit du lebst und zahlreich wirst und JHWH, dein Gott, dich segnet" (Dtn 30,15–16). Übergeordnetes Ziel der Unterweisung und Rechtleitung, der göttlichen Gebote, sind Leben und Segen: „damit du lebst" und „damit JHWH dich segnet".

„Leben" ist ferner ein Relationsbegriff. Fülle des Lebens bedeutet, in Beziehung zu stehen. Wie der Tod der Abbruch von Beziehung ist und nicht primär das physiologische Ende der Existenz, so ist Leben das Leben vom anderen her und für andere. Dies formuliert der Beter von Ps 56: „Denn du hast meine *nefeš* vom Tod errettet, ja, meine Füße vom Sturz, dass ich wandle vor dem Angesicht Gottes im Licht der Lebendigen." (Ps 56,14). Die Errettung der *nefeš*, von der der Beter hier spricht, meint nicht eine Wiedererweckung, sondern sie meint das Ende der sozialen Isolation, so dass der Beter wieder „vor dem Angesicht Gottes im Licht der Lebendigen" wandelt. Leben, Beziehung zu Gott und den anderen sind in dieser Perspektive identisch.

ḥajjim ist gleichbedeutend mit beraka, dem göttlichen „Segen" (vgl. Ps 133,3). Wo Segen mit JHWH in Verbindung gebracht wird, bezieht er sich auf sein „heilschaffende[s] Tun"[15], auch in Form der Gabe von „Geist" (vgl. רוּחַ ruaḥ Jes 44,3) und „Glück" (vgl. רָצוֹן raṣon Dtn 33,23). Der Segen zeigt sich in Fruchtbarkeit und Prosperität (vgl. Dtn 16,16–17).

Heilvolles Leben ist eine Dimension von šalom. Das auch in der altorientalischen Welt gut belegte Lexem zeigt eine große Bedeutungsbreite.[16] Mit ihm wird im Ägyptischen Zufriedenheit und Glück zum Ausdruck gebracht. Es bezeichnet einen innenpolitischen Zustand, der in der kosmischen Ordnung gründet und vom König in Natur und Gesellschaft hergestellt werden muss. Außenpolitik kommt dabei im Ägyptischen selten in den Blick, und wenn, dann im Sinne der Unterwerfung der Feinde und nicht unserem Verständnis von „Frieden" entsprechend als Einvernehmen zweier Staaten. Auch das hebräische Wort umfasst körperliche wie psychische Integrität des Menschen und bezieht sich auf eine sachliche Integrität, die materielle und soziale Aspekte umfasst. Es bedeutet Unversehrtheit, Ganzheit, Heilsein von Welt und Mensch und eine „lebensförderliche Geordnetheit der Welt"[17] in der Gegenwart oder in der erwarteten Zukunft. šalom ist den Psalmen zufolge Frucht menschlicher Gerechtigkeit (vgl. Ps 119,165–166), Gabe Gottes (vgl. Ps 4,9) und Ausdruck der göttlichen beraka: „JHWH gebe Kraft seinem Volk; JHWH segne sein Volk mit šalom." (Ps 29,11).

---

[15] D. A. Keller, Art. ברך brk pi. segnen, in: THAT Bd. 2, Gütersloh ⁶2004, 353–367.

[16] Vgl. im Folgenden R. Liwak, Art. Friede/Schalom, in: Das wissenschaftliche Bibellexikon im Internet (www.wibilex.de), 2011; F.-J. Stendebach, Art. שָׁלוֹם – šalôm, in: ThWAT Bd. 8, Stuttgart 1995, 12–46.

[17] O. H. Steck, Friedensvorstellungen im alten Jerusalem. Psalmen, Jesaja, Deuterojesaja (ThSt 111), Zürich 1972, 29.

3.1.2 שָׁלוֹם šalōm als „Lebensfülle" in Ps 72 und 85

Wie Fülle des Lebens in individueller, sozialer und kosmischer Hinsicht als *šalom* verstanden wird, kann beispielhaft an Ps 72 und 85 gezeigt werden.

1. Ps 72 gehört in den Kontext der Königsideologie und beschreibt den komplementären Zusammenhang von königlichem Rechtshandeln und den Segenswirkungen seines Amtes.[18] Diese seien hier ausschnitthaft erläutert.

Der mit „von" oder vielleicht besser „für Salomo" überschriebene Psalm beginnt mit der Bitte an Gott, in die Hand des Herrschers Recht und Gerechtigkeit zu geben:

¹ לִשְׁלֹמֹה׀	Von/für Salomo.
אֱלֹהִים מִשְׁפָּטֶיךָ לְמֶלֶךְ תֵּן	Gott, deine Rechtsvorschriften gib dem König, /
וְצִדְקָתְךָ לְבֶן־מֶלֶךְ׃	und deine gerechte Tat dem Sohn des Königs,
² יָדִין עַמְּךָ בְצֶדֶק	[so dass] er richte dein Volk in Gerechtigkeit /
וַעֲנִיֶּיךָ בְמִשְׁפָּט׃	und deine Armen mit Recht." (Ps 72,1–2)

Gott selbst gilt hier anders als in der altägyptischen und altorientalischen Königsideologie als Gesetzgeber. Es wird gebeten um „deine Rechtsvorschriften" und „deine gerechte Tat" (V. 1). Recht und Gerechtigkeit sind somit göttliche Größen. Auf diese Weise wird gesichert, dass ein Herrscher nicht der eigenen Willkür folgt, sondern sich unbedingt der Gerechtigkeit verpflichtet weiß, und dass er Volk und Arme der göttlichen Gerechtigkeit und dem göttlichen Recht entsprechend richtet (V. 2). Es wird bereits erkennbar, dass er in besonderer Weise für die Armen verantwortlich ist und als deren Anwalt fungiert.

Wird entsprechend der Gerechtigkeit gehandelt, bedeutet dies *šalom*, der sich in „Realsymbole[n] der ‚Gerechtigkeit'"[19] zeigt:

³ יִשְׂאוּ הָרִים שָׁלוֹם לָעָם	Es sollen tragen die Berge *šalom* für das Volk /
וּגְבָעוֹת בִּצְדָקָה׃	und die Hügel – durch Erweis von Gerechtigkeit!
⁴ יִשְׁפֹּט עֲנִיֵּי־עָם	Er verschaffe Recht den Armen des Volkes,
יוֹשִׁיעַ לִבְנֵי אֶבְיוֹן	er rette die Kinder der Besitzlosen, /
וִידַכֵּא עוֹשֵׁק׃	er zerschlage den Unterdrücker.
⁵ יִירָאוּךָ עִם־שָׁמֶשׁ	Und er lebe lange vor der Sonne /
וְלִפְנֵי יָרֵחַ דּוֹר דּוֹרִים׃	und vor dem Mond von Geschlecht zu Geschlecht.

---

[18] Vgl. E. Zenger, Psalm 72, in: F.-L. Hossfeld/E. Zenger, Die Psalmen 51–100 (HThKAT), Freiburg u. a. ³2007, 302–330.
[19] Ebd., 322.

⁶ יֵרֵד כְּמָטָר עַל־גֵּז   Er komme herab wie Regen auf die Mahd, /
כִּרְבִיבִים זַרְזִיף אָרֶץ׃   wie Regenschauer, die besprengen das Land.
⁷ יִפְרַח־בְּיָמָיו צַדִּיק   Es sprosse in seinen Tagen die Gerechtigkeit, /
וְרֹב שָׁלוֹם עַד־בְּלִי יָרֵחַ׃   und es sei Fülle des *šalom*, bis kein Mond mehr ist.
(Ps 72,3–7)

Hier und auch im weiteren Verlauf des Psalms wird entfaltet, wie שָׁלוֹם *šalom* und צְדָקָה *ṣedaqa* „Gerechtigkeit" sich entsprechen – so V. 7: Gerechtigkeit soll sprossen, die Fülle von *šalom* sein. Deutlich wird, dass *šalom* sowohl kosmische als auch soziale Dimensionen aufweist: *šalom* bedeutet innenpolitisch Stabilität und soziale Fürsorge, v. a. den Armen gegenüber: „Er verschaffe Recht den Armen, er rette die Kinder der Besitzlosen." (V. 4). Außenpolitisch meint *šalom* Sicherung durch Abwehr der Feinde: „Er zerschlage den Unterdrücker." (V. 4). *šalom* zeigt sich dann auch in der Fruchtbarkeit des Landes: Die Berge tragen *šalom* (vgl. V. 3). Die Fruchtbarkeit des Landes führt wiederum zu kosmischem Wohlergehen und Prosperität, wie sich im Regen, der das Land besprengt, zeigt (V. 6). Der König wirkt hier als soziale Instanz und ist Mittler des göttlichen Segens. *šalom* ist Gabe Gottes und Auf-Gabe des Menschen.

2. Den Zusammenhang von שָׁלוֹם *šalom* und צְדָקָה *ṣedaqa* besingt auch Ps 85.

Ps 85 ist ein politisch-religiöser Text, der auf die Katastrophe der Zerstörung Jerusalems und des Tempels 587 v. Chr. und die Exilierung der Bevölkerung nach Babylon zurückblickt. Diese werden als Folge der Sündenschuld des Volkes erklärt. Der Psalm bietet als „betende Vergewisserung der großen Heilszusagen"[20] zunächst in prophetischem Perfekt[21] einen Ausblick auf die erhoffte Restitution Israels durch die göttliche Vergebung seiner Schuld (vgl. Ps 85,2–4). Erst nach dieser Prolepse schließt sich die Bitte um das Ende des göttlichen Zorns und die Wiederbelebung Israels an (vgl. Ps 85,5–8). In der Folge wird das göttliche Heilshandeln beschrieben:

⁹ אֶשְׁמְעָה מַה־יְדַבֵּר הָאֵל   Ich will hören, was redet der Gott /
יְהוָה כִּי יְדַבֵּר שָׁלוֹם אֶל־עַמּוֹ   JHWH, fürwahr, er redet *šalom* zu
וְאֶל־חֲסִידָיו   seinem Volk und zu seinen Getreuen. /

---

[20] E. Zenger, Psalm 85, in: F.-L. Hossfeld/E. Zenger, Die Psalmen 51–100 (HThKAT), Freiburg u. a. ³2007, 523–534, 528.
[21] H. Gunkel, Die Psalmen. Übersetzt und erklärt von Hermann Gunkel (HAT), Göttingen 1929 = ⁵1968, 373.

וְאַל־יָשׁוּבוּ לְכִסְלָה׃	Aber nicht sollen sie zurückkehren zu Torheit zu Torheit.
¹⁰ אַךְ קָרוֹב לִירֵאָיו יִשְׁעוֹ	„Fürwahr, nah ist für die, die ihn fürchten, sein Heil, /
לִשְׁכֹּן כָּבוֹד בְּאַרְצֵנוּ׃	so dass wohne die Herrlichkeit in unserem Land. (Ps 85,9–10)

šalōm ist nach V. 9 Gabe Gottes und wird dem Volk als ganzen und jedem Einzelnen zuteil: Das Lexem meint „ein Geschehen, das [...] all dies *bringt*, was alle brauchen, um zufrieden, glücklich und heil zu sein – und zwar in solcher Fülle, dass alle ‚genug' haben"[22]. „Heil", *šalom* und „Herrlichkeit" (*kabod*, also die Gegenwart Gottes) sind nahe, so V. 10.

Daran schließt sich die Beschreibung des Heils an:

¹¹ חֶסֶד־וֶאֱמֶת נִפְגָּשׁוּ	Güte und Treue sind sich begegnet. /
צֶדֶק וְשָׁלוֹם נָשָׁקוּ׃	Und Gerechtigkeit und *šalom* haben sich geküsst.[23]
¹² אֱמֶת מֵאֶרֶץ תִּצְמָח	Treue, aus der Erde sprosst sie hervor, /
וְצֶדֶק מִשָּׁמַיִם נִשְׁקָף׃	und Gerechtigkeit, aus dem Himmel schaut sie hernieder.
¹³ גַּם־יְהוָה יִתֵּן הַטּוֹב	Ja, JHWH gibt Gutes, /
וְאַרְצֵנוּ תִּתֵּן יְבוּלָהּ׃	und unser Land gibt seinen Ertrag.
¹⁴ צֶדֶק לְפָנָיו יְהַלֵּךְ	Gerechtigkeit, vor seinem Antlitz geht sie her, /
וְיָשֵׂם לְדֶרֶךְ פְּעָמָיו׃	und sie bestimmt den Weg seiner Schritte. (Ps 85,11–14)

Die umfassende Ordnung der Welt im *šalom* Gottes zeigt sich im „geradezu gestalthafte[n] Kommen der Gaben und Wirkweisen Gottes bzw. Gottes selbst"[24]: Güte und Treue begegnen sich, Gerechtigkeit und *šalom* küssen sich (V. 11); die Gerechtigkeit geht vor Gott

---

[22] E. Zenger, Psalm 85 (s. Anm. 20), 532.
[23] Das Verb נשק ist nicht reflexiv; es bedürfte also einer Umvokalisierung. Daher leiteten bereits die Rabbinen in Bereshit Rabba diese Form nicht von נשק I „küssen", sondern von נשק II „kämpfen" her. Dies zieht auch *J. Ebach*, „Gerechtigkeit und Frieden küssen sich", oder: „Gerechtigkeit und Frieden kämpfen" (Ps 85,11). Über eine biblische Grundwertedebatte, in: *U. Bail/R. Jost* (Hrsg.), Gott an den Rändern. Sozialgeschichtliche Perspektiven auf die Bibel, Gütersloh 1996, 42–52, 47 in Betracht. Er spricht sich dafür aus, beide Übersetzungsalternativen und damit die vielfältigen Sinnpotentiale des Textes offenzuhalten: Ps 85 stelle mit dem Bild des Kampfes von Frieden und Gerechtigkeit die Frage, in welchen Verhältnis Gerechtigkeit und Frieden zueinander stehen, ob Frieden nur um den Preis der Gerechtigkeit möglich sei bzw. wie Frieden und Gerechtigkeit sein könnten. Mit dem Kuss von Gerechtigkeit und Frieden hingegen wäre die Utopie des Gottes-Heiles an ihrem Ziel, vgl. *ebd.*, 46.
[24] E. Zenger, Psalm 85 (s. Anm. 20), 533.

her (V. 14). Die Rede von Güte, Treue, Gerechtigkeit und *šalom* sind mehr als einfache Personifikationen. In ihnen zeigt sich Gott selbst. Konkret bedeutet *šalom* auch hier die Fruchtbarkeit des Landes: Treue „sprosst" hervor (V. 12); das Land gibt Ertrag (V. 13). *šalom* als gute Gabe Gottes (V. 13) ist eine Größe des göttlichen Heils in sozialer und kosmisch-materieller Hinsicht, was hier nach Art der prophetischen Eschatologie entfaltet wird.[25]

Abschließend ist festzuhalten: Am Beispiel des Lexems *šalom* lässt sich zeigen, dass die hebräische Bibel ein Verständnis von durch Gott geschenkter Fülle kennt, das Züge präsentischer und eschatologischer Vorstellungen enthält. *šalom* ist dabei ein umfassender Begriff, der auf Gerechtigkeit bezogen ist und kosmische und soziale Dimensionen umgreift.

3.2 „Lebensfülle" in narrativen Traditionen

Nach diesem begrifflichen Anweg im Zusammenhang mit der Frage, wie in alttestamentlichen Texten von „Lebensfülle" gesprochen wird, ist nun in einem zweiten Schritt danach zu fragen, wie auf Lebensfülle der Sache nach verwiesen wird. Auch in den alttestamentlichen Erzählungen wird von sich schenkender göttlicher Fülle als Charakteristikum des Lebens erzählt. In diesem Kontext soll ein Blick auf eine kleine Erzählung aus dem Elija-Elischa-Zyklus geworfen werden.

Martin Noth datierte den Elija-Elischa-Zyklus in das 9./8. Jh. v. Chr. Die ältere Forschung folgte Martin Noth mit seiner Frühdatierung des Elija-Elischa-Zyklus und hielt ihn für vordeuteronomistisch. Man sah zumindest in Elija einen Vorkämpfer der JHWH-Allein-Bewegung.[26]

Die jüngere Forschung hinterfragt diese pauschale Frühdatierung. Sie unterscheidet verschiedene Wachstumsphasen und erwägt eine spätere Einfügung des Zyklus in das DtrG in exilischer oder nachexilischer Zeit. An dieser Stelle soll die Komposition in den Blick genommen werden, wie sie der Endtext zeigt.

Der Zyklus beginnt in 1 Kön 16 mit dem Antritt der Regentschaft

---

[25] Vgl. ebd., 529.
[26] Vgl. *R. Albertz*, Elia. Ein feuriger Kämpfer für Gott (Biblische Geschalten 13), Leipzig ⁴2015, 64.

Ahabs und endet in 2 Kön 13 mit dem Tod Elischas. Der gesamte Zyklus wird im Rückgriff auf ein Prophetenwort eröffnet, das Josua, der Nachfolger des Mose, gesprochen habe. Dieses habe sich nun erfüllt (vgl. 1 Kön 16,34). Damit ist eine Leseanweisung für den folgenden Zyklus gegeben: Der Elija-Elischa-Zyklus illustriert die Wirkmächtigkeit des göttlichen und gültigen Wortes, damit der Offenbarung. Das göttliche Wort zeigt, dass JHWH ein Gott des Lebens und auch der „Lebensfülle" ist (vgl. 1 Kön 17,1.12). Dies wird in vielen kleineren Erzählungen illustriert.

Einige dieser Erzählungen werden traditionell als „Wundererzählungen" bezeichnet. Der Wunder-Begriff ist aber so problematisch und das, was alltagssprachlich unter Wunder verstanden wird, so different von dem, was in diesen Erzählungen zum Ausdruck gebracht wird, dass man ihn in Bezug auf die biblischen Erzählungen gar nicht benutzen sollte. Die Erzählungen sind Zeichenerzählungen. Wovon sie erzählen, verweist „auf die Erfahrung einer lebensbestimmenden Macht"[27]. Eine dieser kleineren Erzählungen in 2 Kön 4,42–44 erzählt von geschenktem Leben und Essen, das Realsymbol des gottgewollten Überflusses und der Lebensfülle ist.[28]

Diese kleine Erzählung präsentiert sich folgendermaßen:

Exposition		
	וְאִישׁ בָּא מִבַּעַל שָׁלִשָׁה [42]	a Und ein Mann kam von Baal Schalischa,
	וַיָּבֵא לְאִישׁ הָאֱלֹהִים לֶחֶם בִּכּוּרִים	b und er brachte zu dem Mann Gottes Brot der Erstlinge,
	עֶשְׂרִים־לֶחֶם שְׂעֹרִים וְכַרְמֶל בְּצִקְלֹנוֹ	zwanzig Brote von Gerste, und zwar junges Korn in seinem Beutel.
Dialog		
	וַיֹּאמֶר	c Und er sagte:
	תֵּן לָעָם	d „Gib dem Volk,
	וְיֹאכֵלוּ׃	e so dass sie essen!"
	וַיֹּאמֶר מְשָׁרְתוֹ [43]	a Und es sagte sein Diener:
	מָה אֶתֵּן זֶה לִפְנֵי מֵאָה אִישׁ	b „Was soll ich dies geben an hundert Männer?"
	וַיֹּאמֶר	

---

[27] G. Steins, Aus der Fülle ... Vom Essen, Übriglassen und Verstehen. 2 Kön 4, in: BiLi 81,4 (2008), 238–241, 238.
[28] Nach J. Werlitz, Die Bücher der Könige (NSK.AT 8), Stuttgart 2002, 205 gehört sie zu einer Gruppe von sieben bzw. acht Einheiten, die möglicherweise schon vor der Integration in 1/2 Kön einen Wunder-Erzählkranz bildeten.

תֵּן לָעָם	c Und er sagte:
וְיֹאכֵלוּ	d „**Gib** dem <u>Volk</u>,
כִּי כֹה אָמַר יְהוָה	e so dass sie *essen*!
אָכֹל	f **Denn so hat <u>JHWH</u> ge<u>spro</u>chen:**
וְהוֹתֵר:	g *essen*
	h und <u>übriglassen</u>."
Ausführungsbericht	
⁴⁴ וַיִּתֵּן לִפְנֵיהֶם	a Und er **gab** vor sie,
וַיֹּאכְלוּ	b und sie *aßen*.
וַיּוֹתִרוּ כִּדְבַר יְהוָה: פ	c Und sie <u>ließen übrig</u> **entsprechend des <u>Wortes</u> JHWHs.** (2 Kön 4,42–44)

Die Erzählung ist massiv reduziert, konzentriert sich damit auf das Wesentliche und lässt Leitwörter daher umso klarer hervortreten.

Das Figurenarsenal ist begrenzt: Ein nicht näher vorgestellter Mann, der Mann Gottes (im Kontext ist dies Elischa), sein Diener und – als „Volk" bezeichnet – eine Menge von Menschen, deren Zahl von dem Diener mit einhundert beziffert wird, und JHWH, der in seinem Wort präsent ist. JHWH tritt nicht selbst als agierende Person auf, zeigt sich aber in seinem Wort, so V. 43f „Denn so hat JHWH gesprochen" und V. 44c „entsprechend des Wortes JHWHs".

Nach der Exposition, die zum Thema hinführt (ein Mann bringt dem Gottesmann Erstlingsbrote; V. 42ab), entspinnt sich ein Dialog zwischen Elischa und seinem Diener mit einem zweimaligen Befehl Elischas (V. 42c–43h). Die Erzählung endet mit dem Ausführungsbericht (V. 44a-c).

Prominent setzt die Exposition das Brot in Szene. Während der Erzähler im Rest der Erzählung äußerst sparsam an Beschreibungen ist, wird gleich dreimal erläutert, um welches Brot es sich handelt und um welche Menge. Das Brot ist als „Erstlingsbrot" (V. 42a) nach Lev 2,14 und 23,20 für Gott bestimmt und als solches den Priestern oder in diesem Fall dem Gottesmann vorbehalten. Es ist also nicht dazu gedacht, dass es an andere Menschen weitergegeben wird. Die Menge des Brotes wird mit zwanzig angegeben. Die Leser(innen) wissen noch nicht, warum der Erzähler Wert auf dieses Detail legt.

Obwohl das Brot also allein Elischa zugedacht ist, befiehlt dieser, es weiterzugeben. In Rede- und Ausführungsbericht dominieren verschiedene Leitwörter. Viermal erscheint das Verb „geben", viermal das Verb „essen" und zweimal das Verb „übriglassen". Während die

Exposition von der Rede vom „Brot" dominiert wird, bestimmt im zweiten Teil das göttliche „Wort" bzw. „Sprechen" die Erzählung. Die Leser(innen) erfahren auch nun, dass den zwanzig Broten hundert Mann gegenüberstehen. Die Erzählung betont also zweierlei: Das Brot ist nicht für diese Männer bestimmt, sondern nur für den Gottesmann. Und: Das Brot reicht für hundert Männer nicht aus. Inszeniert werden hier also Konkurrenz und Mangel. Der Diener Elischas folgt ganz der Logik des Mangels: Es ist zu wenig Brot, um es an hundert Mann zu geben.

Elischa jedoch widersetzt sich dieser Logik des Mangels. Er folgt von Anfang an einer anderen Logik. Erst auf die Frage seines Dieners hin beruft er sich dabei auf eine göttliche Offenbarung. Diese offenbart das Wesen dieser anderen Logik: Es ist die Logik der Fülle. Man gibt, und die, denen gegeben wird, erhalten so viel, dass sie übriglassen. Es ist eine „Grunderfahrung menschlichen Lebens"[29], dass nur der wirklich geben kann, der sich nicht von der Logik des Mangels bestimmen lässt. Diese Grunderfahrung menschlichen Lebens wird in biblischer Perspektive zur göttlichen Offenbarung. Das göttliche Wort ist der Ursprung der Erfahrung von „Lebensfülle". Der Mensch kann geben, weil Gott ein Gott der Fülle und des Segens ist und weil Gott diese Fülle für den Menschen will, und zwar unabhängig von dem Ansehen seiner Person: Die Brote sollen nicht nur für den Mann Gottes sein, sondern für alle. Allen Menschen gilt das Leben in Fülle. Dies ist die Überzeugung dieser Erzählung.

4. Schluss

Im Hinblick auf die eingangs gestellte Frage, ob und wie die hebräische Bibel von der Lebensfülle spricht, lässt sich also festhalten: Dass Gott ein Gott der Fülle und des Segens ist, bringen die biblischen Texte immer wieder zur Sprache. Texte der hebräischen Bibel beschreiben den Sachverhalt mit Parallelbegriffen wie *ḥajjim* und *nefeš*, *beraka* und *šalom*. Sie erzählen gegen eine Logik des Mangels an und setzen dieser die Erfahrung des Gebens, der sich schenkenden Fülle, entgegen. Die sich schenkende Fülle wird als Prinzip des Lebens überhaupt und als Offenbarung des göttlichen Überflusses verstan-

---

[29] G. *Steins*, Fülle (s. Anm. 27), 240.

den. So erzählt schon die erste Schöpfungserzählung davon, dass Gott segnet und in Fülle gibt (vgl. Gen 1,28–30). Während sich die Israeliten in der Wüste von der Logik des Mangels bestimmen lassen und sich gegen Mose und Gott auflehnen, zeigen die sogenannten Murr-Erzählungen Gott als den, der sein Volk mit Brot versorgt und von dieser Logik des Mangels befreit (vgl. Ex 16; Num 11; Ps 78,24–29; Ps 105; 106).

Die Murr-Erzählungen und die kleine Elischa-Erzählung setzen die Erfahrung des Gebens, der sich schenkenden Fülle, die als Prinzip des Lebens überhaupt und als Offenbarung des göttlichen Überflusses verstanden wird, in Szene. Darauf greifen auch die neutestamentlichen Erzählungen der Brotvermehrung (vgl. Mt 14,13–21; 25,32–39; Mk 6,30–44; 8,1–10.14–21; Lk 9,10–17; Joh 6,1–13) zurück. Insofern wird deutlich, dass für beide Testamente die Vorstellung der göttlichen „Lebensfülle" zentral ist und – um es mit den Worten Ralf Miggelbrinks zu sagen – „[d]ie Bibel […] uns dazu ein [lädt], unser Leben nicht unter der Leitidee des Mangels, sondern der geschenkten und schenkenden Fülle als dem Prinzip des Lebens überhaupt zu interpretieren."[30]

---

[30] R. *Miggelbrink*, Glück (s. Anm. 7), 98.

Jesuanische Lebensfülle: frühjüdischer Kontext und christliche Entfaltung

Markus Tiwald

1. Frühjüdische Eschatologie

Nach aktuellem Stand neutestamentlicher Forschung[1] teilte Jesus die in weiten Kreisen des Frühjudentums vertretene Prämisse, dass die eschatologische Zeitenwende unmittelbar bevorstehe. Gemäß frühjüdischen Konzeptionen übernimmt er die Vorstellung, dass die gegenwärtige Welt unter der Herrschaft des Satans/Teufels[2] als dem „Herrscher dieser Welt" (Joh 12,31; 16,11; vgl. Mt 4,8f//Lk 4,5f) stehe, dessen Herrschaft im Eschaton aber von der Königsherrschaft Gottes abgelöst werde.

Der *Satan* (hebr. שָׂטָן, *satan*)[3] meint im AT zunächst nur einen (menschlichen) „Ankläger" (Ps 109,6) oder „Widersacher" (1 Sam 29,4; 1 Kön 5,18; 11,14.23.25). Als überirdischer Widersacher wird „*der* Satan" dann mit bestimmtem Artikel in Ijob 1–2 und Sach 3,1f eingeführt. In der LXX wird der Ausdruck zumeist durch das Wort διάβολος, *diabolos* (wörtl. „Durcheinanderwerfer" im Sinne von „Verleumder", auf Deutsch „Teufel"), wiedergegeben. In Weish 2,24 wird der διάβολος für den Sündenfall verantwortlich gemacht und mit der Schlange aus Gen 3 identifiziert. Das 1. Henochbuch zeichnet den Satan bzw. *die Satane* im Plural (1 Hen 40,7 Plural; 53,3; 54,6; 65,6 Plural) ebenfalls als überirdische(n) Gegenspieler Gottes.

---

[1] Vgl. dazu im Folgenden den Überblick bei *M. Tiwald*, Das Frühjudentum und die Anfänge des Christentums. Ein Studienbuch, Stuttgart 2016, 86–90; 200–209.

[2] Das hebräische שָׂטָן, *satan*, wird in der LXX zumeist mit διάβολος, *diabolos* („Teufel") wiedergegeben und meint mit dem bestimmten Artikel versehen den endzeitlichen Widersacher Gottes. Vgl. dazu im Folgenden *C. T. Pierce*, Art. Satan and Related Figures, in: *J. J. Collins/D. C. Harlow* (Hrsg.), The Eerdmans Dictionary of Early Judaism, Michigan 2010, 1196–1200, passim.

[3] Vgl. dazu im Folgenden ebd. und *H. Frey-Anthes*, Art. Satan (AT), in: WiBiLex (erstellt: Mai 2007; letzte Änderung: Nov. 2009). Permanenter Link zum Artikel: https://www.bibelwissenschaft.de/stichwort/26113/ (abgerufen: 6.10.2017).

Für die Endzeit wurde der Sturz des Satans, verbunden mit dem Anbruch der Königsherrschaft Gottes, erwartet, wie das Jubiläenbuch und die Assumptio Mosis verdeutlichen:

> Jub 50: ⁵ Und die Jubiläen werden vorübergehen, bis Israel gereinigt ist von aller Sünde der Unzucht und Unreinheit und Befleckung und Verfehlung und des Irrtums und wohnen im ganzen Land, wenn es Vertrauen hat und (wenn) es für es keinen *Satan* mehr gibt noch irgendetwas Böses. ... ⁹ ... Und ein Tag des heiligen *Königreiches* für ganz Israel ist dieser Tag unter euren Tagen unter allen Tagen.

> AssMos 10: ¹ Und dann wird seine [sc. Gottes] *Herrschaft* über seine ganze Schöpfung erscheinen, und dann wird der *Teufel* nicht mehr sein, und die Traurigkeit wird mit ihm hinweggenommen sein.

Nach dem Jubiläenbuch (vgl. 23,29; 40,9; 46,2) und der Assumptio Mosis gilt der Satan also nicht nur als Gegenspieler Gottes, sondern metaphorisch auch als Inbegriff alles Bösen und aller lebensfeindlichen Kräfte. In der Endzeit würde Gottes Reich die Herrschaft des Satans ablösen und dem Menschen die prälapsarisch-paradiesische Unversehrtheit restituieren. Somit kommt es im Frühjudentum zu einer *Urzeit-Endzeit Analogie*: Die *Eschatologie wird von der Protologie her gedeutet*,[4] es wurde erwartet, dass Gott in der *Endzeit* die prälapsarische Unversehrtheit der Menschen aus der paradiesischen *Urzeit* wiederherstellen würde. Das ist mit dem Anbruch der „Königsherrschaft Gottes" gemeint, welche der himmlischen Herrschaft Gottes auch hier auf der Erde zum Sieg verhelfen würde: „dein Reich komme ... wie im Himmel, so auf der Erde" heißt es im Vaterunser nach Mt 6,10. Man vergleiche auch die Konzeptionen zum Satanssturz und zum Anbruch der Königsherrschaft Gottes nach Offb

---

[4] Die Urzeit-Endzeit Analogie ist für das Frühjudentum reichlich belegt, vgl. dazu: L. *Doering*, Sabbath Laws in the New Testament Gospels, in: R. *Bieringer* u.a. (Hrsg.), The New Testament and Rabbinic Literature (JSJ. Supplements 136), Leiden/Boston 2010, 207–253; 217; J. *Becker*, Jesus von Nazaret, Berlin 1996, 155–168; U. *Schnelle*, Jesus, ein Jude aus Galiläa, BZ 32 (1988), 107–113, 109. B. *Kollmann*, Jesus und die Christen als Wundertäter. Studien zu Magie, Medizin und Schamanismus in Antike und Christentum (FRLANT 170), Göttingen 1996, 251–254; H. *von Lips*, Weisheitliche Traditionen im Neuen Testament (WMANT 64), Neukirchen-Vluyn 1990, 247–254; K.-W. *Niebuhr*, Jesus, Paulus und die Pharisäer. Beobachtungen zu ihren historischen Zusammenhängen, zum Toraverständnis und zur Anthropologie, in: Revista Catalana de Teologia 34/2 (2009) 317–346, hier 330–334.

12,9f: „Er wurde gestürzt, der große Drache, die alte Schlange, die Teufel oder Satan heißt ... Jetzt ist er da, der rettende Sieg, die Macht und die Königsherrschaft unseres Gottes."

2. Die Botschaft des Täufers

Für einen frommen Juden war es selbstverständlich, dass das Reich Gottes erst anbrechen könne, wenn die Menschen in voller Reinheit und Heiligkeit für diese Ankunft bereit wären. Daher verkündet Johannes der Täufer den nach ihm kommenden Feuer- und Geisttäufer, der alle Unreinheit ausbrennen und nachher den Geist der Heiligkeit spenden werde. Nach der Darstellung von Q 3,16b (Lk 3,16b//Mt 3,11) ist diese Erwartung auf den nach dem Täufer kommenden „Stärkeren" bezogen, der die Feuertaufe (also das Gericht) und die Geisttaufe (im Sinne einer eschatologischen Restitution) vollziehen würde. Mit diesem „Stärkeren" war nicht Gott selbst gemeint – man beachte den Anthropomorphismus vom „Nicht-Wert sein, ihm die Sandalen zu tragen" –, sondern eine im Namen Gottes handelnde Richter-, Mittler- und Retterfigur. Eine gewisse Kontextplausibilität spricht dafür, dass vielleicht auch schon der Täufer diesen Aktanten mit dem „Menschensohn" identifizierte – auch wenn sich das freilich nicht belegen lässt. Jedenfalls teilte der Täufer die Erwartung einer unmittelbar bevorstehenden eschatologischen Zeitenwende mit der Ankunft eines endzeitlichen Richters, der im Namen Gottes das Gericht und die Restitution Israels vornehmen würde. Die „Passgenauigkeit" dieser Erwartungen mit den frühjüdischen Menschensohn-Erwartungen ist jedenfalls überraschend. Auch in den Bildreden des 1. Henochbuchs (Kapitel 37–71), die in Palästina knapp nach der Zeitenwende entstanden – also etwa zeitgleich zu Johannes und Jesus –,[5] ist die Rede vom „Menschensohn" als Ver-

---

[5] Vgl. *George W. E. Nickelsburg*, Art. Son of Man, in: *J. J. Collins/D. C. Harlow* (Hrsg.), The Eerdmans Dictionary of Early Judaism, Michigan 2010, 1249–1251, 1250.; *J. H. Charlesworth*, Can We Discern the Composition Date of the Parables of Enoch? in: *G. Boccaccini* (Hrsg.), Enoch and the Messiah Son of Man. Revisiting the Book of Parables, Cambridge 2007, 450–468, 465 („20–4 B.C.E.").; *G. Boccaccini*, Finding a Place for the Parables of Enoch within Second Temple Jewish Literature, in: *ders.* (Hrsg.), Enoch and the Messiah Son of Man, 263–289, 288 („parallels the earliest origins of the Jesus movement"); *S. Schreiber*, Henoch

körperung messianischer Hoffnungen (48,10; 52,4), der am Ende der Zeiten in Gottes Namen die Weltherrschaft übernehmen werde (48,5; 69,26) und als präexistenter himmlischer Akteur (48,2f.6f; 62,7) die Welt richten wird (62,5; 69,27-29).

3. Der Paradigmenwechsel Jesu

Die Tatsache, dass Jesus sich von Johannes taufen ließ, legt die Vermutung nahe, dass er auch die Sichtweise des Täufers teilte. Er übernimmt dessen „anthropologische Prämisse"[6]: Ganz Israel ist mit dem bevorstehenden Anbruch der Endzeit vom Feuergericht bedroht. Dies kann als „apokalyptisch radikalisiertes deuteronomistisches Geschichtsbild"[7] gewertet werden: Alle haben gesündigt und alle bedürfen der Umkehr und des Erbarmens Gottes. Doch der Gedanke der „Umkehr" erhält bei Jesus nun einen neuen Inhalt und wird zu einer Art „Neuschöpfung", die in einer gläubigen „Annahme des eschatologischen Erwählungshandelns Gottes"[8] wirksam wird. In einem visionären Schlüsselerlebnis, das viele Exegeten im *Satanssturz* aus Lk 10,18 verorten („Ich schaute den Satan wie einen Blitz aus dem Himmel fallend"),[9] scheint Jesus zur Gewissheit gekommen zu sein, dass die Macht Satans *schon jetzt* gebrochen und das Reich Gottes nun schon *vor Ankunft* des endzeitlichen Feuertäufers, den Jesus (und vielleicht schon vor ihm der Täufer) mit dem „Menschensohn" identifiziert, im Anbruch sei. Die Vision des Satanssturzes ist in dieser Deutlichkeit nur im lukanischen Sondergut belegt, doch berichten die Logienquelle Q 4,1-13 (also die später von Mt 4,1-11 und Lk 4,1-13 übernommene Versuchungsgeschichte) und Mk 1,12f unabhängig vom lukanischen Sondergut von einem Ringen Jesu mit

---

als Menschensohn. Zur problematischen Schlussidentifikation in den Bildreden des äthiopischen Henochbuches (äthHen 71,14), in: ZNW 91 (2000), 1-17, 2.
[6] Zum Folgenden H. *Merklein*, Jesu Botschaft von der Gottesherrschaft. Eine Skizze, Stuttgart ³1989, 27-36.
[7] Ebd., 29.
[8] Ebd., 36.
[9] Vgl. *M. Ebner*, Jesus von Nazaret in seiner Zeit. Sozialgeschichtliche Zugänge, Stuttgart 2003, 100-108; *M. Theobald*, „Ich sah den Satan aus dem Himmel stürzen ...". Überlieferungskritische Beobachtungen zu Lk 10,18-20, in BZ 49 (2005), 174-190.

dem Satan in der Wüste – nach seiner Taufe durch Johannes, doch vor seinem öffentlichen Wirken. Es handelt sich hier also um Material aus *drei unabhängigen Traditionssträngen* (lukanisches Sondergut, Q, MkEv), was für eine gewisse *Wirkungsplausibilität* spricht (genannt werden kann auch noch der Satanssturz aus Offb 12,7–10, auch hier mit Verweis auf die im Anbruch befindliche „Königsherrschaft Gottes"). Für eine gewisse *Kontextplausibilität* hingegen spricht, dass in eschatologisch orientierten Kreisen des Frühjudentums mit einer Entmachtung des Satans in der als unmittelbar bevorstehend erwarteten Endzeit gerechnet wurde. Jesus passt mit seiner Wahrnehmung also perfekt in das Bild des damaligen Judentums.

Den Sturz Satans wertet Jesus nun als Initialzündung seiner eigenen Theologie: Gemäß den frühjüdischen Vorstellungen, dass man für das Eschaton die Wiederherstellung der prälapsarischen Unversehrtheit des Menschen erwartete und Gott in der *Endzeit* das Heil der Menschen aus der paradiesischen *Urzeit* wiederherstellen würde, sieht sich Jesus ermächtigt, dem Gottesvolk die Restitution der endzeitlichen Heiligkeit und Unversehrtheit bereits als *gegenwärtig* zuzusprechen. Das öffentliche Wirken Jesu lässt daher einen gewissen Paradigmenwechsel gegenüber dem Verhalten des Täufers erkennen:[10]

1) *Botschaft:* Der Täufer verkündet das Feuergericht (Q 3,7–9.16f), Jesus allerdings die Entmachtung des Satans und den Anbruch der Königsherrschaft Gottes (vgl. das Wort Q 11,20: „Wenn ich aber die Dämonen durch den Finger Gottes austreibe, dann ist das Reich Gottes schon zu euch gekommen").

2) *Ort des Wirkens:* Der Täufer predigt in der kargen Wüste kompromisslose Buße (Q 7,24–26). Jesus verlässt die Wüste und geht nach Galiläa zurück (Q 4,16). Anders als bei Johannes, wo die Menschen zum Prediger in die Wüste „hinausgehen" (Q 7,24) müssen, geht Jesus nun den verlorenen Menschen nach wie ein guter Hirte dem verlorenen Schaf (Q 15,4–7).

3) *Lebenseinstellung:* Während der Täufer fastet, wird Jesus als „Fresser und Weinsäufer" bezeichnet (Q 7,33f). In der Mahlpraxis Jesu drückt sich die Freude über die gekommene Königsherrschaft Gottes aus: Im Bild vom Mahlhalten wird die Königsherr-

---

[10] Vgl. *M. Ebner,* Die Spruchquelle Q, in: *M. Ebner/S. Schreiber* (Hrsg.), Einleitung in das Neue Testament (KStTh 6), Stuttgart 2008, 85–111, 104f.

schaft Gottes selbst verdeutlicht als Vorwegnahme des eschatologischen Festmahls nach Jes 25,6; vgl. Q 13,24–29; 14,16–23.

Die Übernahme und Weiterführung der Prämissen des Täufers werden deutlich in:
1) *Eschatologische Naherwartung*: Jesus rechnet genauso wie der Täufer damit, dass die Endzeit unmittelbar bevorsteht.
2) *Erwartung des endzeitlichen Richters*: Jesus geht davon aus, dass ein eschatologischer Beauftragter Gottes das Gericht in unmittelbar bevorstehender Zeit durchführen werde (Q 12,8f). Wahrscheinlich (s. o.) hat auch schon der Täufer in der Gestalt des „Stärkeren", des Feuertäufers, den „Menschensohn" erwartet, den auch Jesus als endzeitlichen Richter ankündigt. Jesus identifiziert sich noch nicht mit diesem Menschensohn, sieht aber sein eigenes Tun als von Gott beauftragtes Handeln, zu dem der Menschensohn positiv Stellung nehmen wird (s. u.).
3) *Heilserwartung*: Auch der Täufer kennt nicht nur das Feuer- und Strafgericht, sondern die Erwartung der Geisttaufe, also der heilenden Restitution Israels. Ausgelöst durch ein visionäres Schlüsselerlebnis, löst sich Jesus nun vom Täufer, um dessen Werk mit neuen Akzenten weiterzuführen: Zwischen die Gerichtsankündigung des Täufers und das Kommen des Menschensohnes schiebt Jesus nun sein eigenes Wirken als letztes, alles überbietendes Gnadenangebot Gottes an sein Volk: die Königsherrschaft Gottes als Restitution der prälapsarischen Unversehrtheit der Menschen (Q 6,35).

4. Die Botschaft Jesu

Für den Anbruch der Königsherrschaft Gottes war klar, dass diese den Zustand völliger Reinheit notwendig machte: Wo Gott herrscht, kann es keine Unreinheit geben. Für die Qumrangemeinde erfolgte diese Restitution der Reinheit und Heiligkeit auf kultisch-rituellem Wege, durch die *Exklusion* aller kultischen und rituellen Unreinheit: Die Königsherrschaft Gottes kann erst kommen, wenn alle Unreinheit beseitigt ist.[11] Jesus hingegen stellte dieses Paradigma auf den

---

[11] Vgl. *J. Magness*, J., „They Shall See the Glory of the Lord" (Isa 35:2): Eschato-

Kopf, indem er mit dem Konzept der „offensiven Reinheit"[12] die *Inklusion* aller Unreinen in die reinmachende Dynamik der Königsherrschaft Gottes vertritt: Nicht die Unreinheit steckt an, sondern die Reinheit der nun anbrechenden Königsherrschaft Gottes macht alles rein.[13] Nach Q 13,21 (Lk 13,21//Mt 13,33) durchsäuert ein kleines Stück Sauerteig das ganze Mehl, so wie auch die Königsherrschaft Gottes alles mit ihrer heilmachenden Kraft durchdringt. „Damit *entwertet* Jesus die alten Reinheitsgebote nicht, aber er *wertet* sie *um*: Als Bote der *basileia* braucht er keine Angst vor moralisch oder kultisch unreinen Menschen zu haben, da er in der Kraft des nahekommenden Gottesreiches die protologische Reinheit und paradiesische Gutheit der Welt (vgl. Gen 1,10.12.18. etc.) eschatologisch wiederherstellt und Dämonen, Krankheiten und Unreinheiten aller Art vertreibt."[14] Daher sucht er bewusst die Nähe zu

---

logical Purity at Qumran and in Jesus' Movement, in: *M. Tiwald* (Hrsg.), Q in Context II. Social Setting and Archeological Background of the Sayings Source (BBB 173), Bonn 2015, 179–193, hier 182–188.

[12] Vgl. *G. Theißen*, Das Reinheitslogion Mk 7,15 und die Trennung von Juden und Christen, in: *K. Wengst/G. Saß* (Hrsg.), Ja und nein: Christliche Theologie im Angesicht Israels (FS W. Schrage), Neukirchen-Vluyn 1998, 235–251, hier 242. Vgl. auch *G. Theißen/A. Merz*, Der historische Jesus, Göttingen ²1997, 380: „… ‚offensive Reinheit' und ‚inklusive Heiligkeit', die den Kontakt mit dem Unheiligen nicht scheut …" Diese Konzeption geht zurück auf *K. Berger*, Jesus als Pharisäer und frühe Christen als Pharisäer, in: NT 30 (1988), 238–248. Vgl. auch *W. Loader*, Jesus' Attitude towards the Law (WUNT/2 97), Tübingen 1997, 523, ebenso *F. Avemarie*, Jesus and Purity, in: *R. Bieringer u. a.* (Hrsg.), The New Testament and Rabbinic Literature, Leiden 2010, 255–279, hier 276, 279, der von „dynamic purity" genau in diesem Sinne spricht. Zuletzt hat sich in ähnlicher Weise *J. Magness*, „They Shall See the Glory of the Lord", in: *M. Tiwald* (Hrsg.), Q in Context II (s. Anm. 11) 190, dazu geäußert, wenn sie Jesu Verständnis von ritueller Reinheit als „inclusive and proactive" bezeichnet. „Actually, Jesus' exorcisms and healings as well as his emphasis on moral or ethical behavior should be understood within the context of biblical purity laws" (ebd., 180). Denn: „Jesus' exorcisms and healings, as well as his exhortations to behave morally and ethically, reflect his concern with the observance of biblical law, as absolute purity and perfection were prerequisites for the establishment of the kingdom of God" (ebd., 193).

[13] Vgl. auch ebd., 181: „I suggest that Jesus' exorcisms and healings were not intended merely as apocalyptic signs, but were performed by Jesus and his disciples as God's agents to effect the entry of the diseased and disabled into the kingdom of God."

[14] *M. Tiwald*, Art. Gesetz, in: *L. Bormann* (Hrsg.), Neues Testament. Zentrale Themen, Neukirchen-Vluyn 2014, 295–314, hier 300.

Kranken und Sündern, um sie alle mit der endzeitlichen Reinheit „anzustecken". Dabei wird der *ganze* Mensch – moralisch, leiblich und rituell – in den prälapsarischen Zustand der heilen Gotteskindschaft zurückgeführt.

Die theologische Neubewertung führt Jesus nun dazu, niemanden vom gottgeschenkten Heil auszuschließen. Jesu Zuwendung zu den Sündern nebst Vergebung ihrer Sünden, seine Krankenheilungen und Dämonenaustreibungen, aber auch seine Festmähler (als Vorwegnahme des eschatologischen Festmahls nach Jes 25,6) werden für Jesus zum prophetischen Realsymbol der bereits angebrochenen Königsherrschaft Gottes – sie werden tatsächlich zum sinnfälligen Zeichen, ja Sakrament des Heiles:[15] „Wenn ich aber die Dämonen durch den Finger Gottes austreibe, dann ist das Reich Gottes schon zu euch gekommen" (Q 11,20 = Lk 11,20//Mt 12,28). In der Brechung der Satansmacht geht es Jesus aber nicht nur um die Restitution seelisch-moralischer Heiligkeit, sondern um eine Wiederherstellung der gesamtmenschlichen Integrität in *leiblicher, seelischer, psychischer und sozialer Hinsicht:* „Blinde sehen wieder, Lahme gehen und Aussätzige werden rein; Taube hören, Tote stehen auf und Armen wird das Evangelium verkündet" (Q 7,22 = Lk 7,22//Mt 11,5).[16] Wesentlich für Jesus ist dabei aber die Zuwendung zu den Sündern und Gescheiterten. Bei seinen emblematischen Festmählern pflegt er bewusst Gemeinschaft mit Sündern (Mk 2,15parr; Lk 7,39; 15,2; 19,5), was ihm den Ruf einbringt, „ein Fresser und Säufer, ein Freund der Zöllner und Sünder" (Q 7,34 = Lk 7,34//Mt 11,19) zu sein. Er tut dies nicht, weil er die Sünde nicht sieht oder verharmlost, sondern als realprophetisches Sakrament der nun angebrochenen

---

[15] Gleich alttestamentlichen Propheten predigt Jesus nicht nur durch Worte, sondern auch durch realprophetische Zeichenhandlungen (auf Hebräisch: אות). Beispiele sind Hosea, der eine Dirne zur Frau nimmt, um damit auf Israels Untreue gegen JHWH zu verweisen (Hos 1,2–9), oder Ezechiel, der sich öffentlich unrein macht, indem er sein Brot auf Menschenkot backt (Ez 4,12), sich öffentlich die Haare schert (5,1) und symbolisch die Totenklage verweigert (24,16f.), oder Jeremia, der mit einem Jochholz am Nacken herumgeht, um auf das bevorstehende Exilsgeschick des Volkes zu verweisen (Jer 27,2).

[16] Das hier zur Anwendung kommende Mischzitat aus Jesaja kombiniert Totenauferweckung (Jes 26,19), Heilung von Tauben, Blinden und Lahmen, die Frohbotschaft für die Armen (Jes 61,1 LXX) sowie die Befreiung der Armen (Jes 29,18f.; 35,5f.; 42,7.18). In Qumran 11Q13 und 4Q521 haben wir eine ähnliche florilegische Zusammenstellung.

Heilszeit: Nicht der Mensch muss mit seiner Heiligkeit das Kommen der Gottesherrschaft vorbereiten, sondern Gott schafft mit dem Sturz Satans und der Ausdehnung seiner Herrschaft vom Himmel auf die Erde nun auch auf Erden einen Raum des Heiles und der Versöhntheit, der alle Unreinheit hinwegnimmt. Jesus vertritt die Grundhaltung einer *proaktiven Heiligkeit und ansteckenden Reinheit:* Daher ist er als Bote des Gottesreichs bemüht, die Sünder, Aussätzigen und Kranken auch *zu berühren* – und so mit der Reinheit der Königsherrschaft Gottes „anzustecken". Dies ist aber nicht magisch misszuverstehen – nicht mechanistische Berührung ist heilswirksam, sondern die gläubige Annahme des Heilsgeschenkes Gottes. Es geht um die ganzheitliche (körperliche wie seelische) „Berührtheit" durch Gott, der den Menschen in der Berührung durch seinen Boten Jesus ganzheitlich heil werden lässt!

Hier haben die Sakramente der späteren Kirche ihren Haftpunkt als sinnfällige Realsymbole des vermittelten Heils. Schon *vor Tod und Auferstehung Christi* sind sie realprophetische Zeichen des irdischen Jesu, der die heilsstiftende Zuwendung Gottes zu den Armen, Verletzten, Ausgegrenzten und Gescheiterten verdeutlicht. Das letzte Abendmahl ist dann nur die logische Weiterführung dessen, was Jesus bereits zuvor getan hatte: Angesichts seines zu erwartenden Todes[17] ergreift er nicht die Flucht, sondern feiert ein Festmahl als Ausdruck seiner Erwartung, dass das Königreich Gottes trotz seines Scheiterns anbrechen werde. In den Zeichen des zerbrochenen Brotfladens und des blutroten Weins deutet er seinen gewaltsamen Tod, der aber den Weg zum Gottesreich ebnen werde: „Ich werde nicht mehr von der Frucht des Weinstocks trinken bis zu dem Tag, an dem ich von Neuem davon trinke im Reich Gottes" (Mk 14,25). Wahrscheinlich sah Jesus in der Verweigerung der Menschen eine letzte Bewährungsprobe, die ihm von Gott abverlangt wurde: Jetzt müsste er selbst einlösen, was er stets von den Menschen gefordert hat:

---

[17] Nach seiner Tempelhandlung muss Jesus um seine bevorstehende Hinrichtung gewusst haben. „Daß Jesus von seiner Verhaftung und Verurteilung nichtsahnend überrascht wurde, ist völlig unwahrscheinlich" (*M. Hengel,* Jesus und die Tora, in: ThBeitr 9 (1978) 152–172, hier 170). Die Tempelhandlung ist für Jesus eine prophetische Handlung, um den Tempel in den eschatologischen Fahrplan des Anbruchs der Gottesherrschaft einzupassen (vgl. dazu *M. Tiwald,* Art. Einzug in Jerusalem, Tempelreinigung (Jesu Stellung zum Tempel), in: J. Schröter/ C. Jacobi (Hrsg.), Jesus Handbuch, Tübingen 2017, 460–467 passim).

Glauben zu besitzen – wider alle Wahrscheinlichkeit! Auch wenn niemand mehr an den Anbruch des Gottesreichs glauben sollte, so würde er doch stellvertretend für alle anderen diesen Glauben weitertragen und auch sein eigenes Leben dafür in die Waagschale werfen. Diese Art der *Stellvertretung* („Proexistenz"[18]) konnte nach der Auferstehung als *stellvertretendes Sühneleiden* gedeutet werden, wie Paulus das in Röm 3,25 tut und die Synoptiker in der Adaptation der Gottesknechtslieder (Mk 9,12; Mt 8,17; Lk 24,46; Apg 3,18; 17,3). Haftpunkt im Leben des irdischen Jesu ist allerdings sein Wissen, dass die Macht von Sünde, Leid und Tod gebrochen ist – eine Erfahrung, für die er bereit ist, das eigene Leben zu opfern. Im Ostergeschehen wird diese Hoffnung von Gott her bestätigt und gerechtfertigt – grundgelegt aber wurde sie schon vorösterlich in der Erwartung Jesu.

5. Vorösterlich-implizite Christologie

Die unerhörte Freiheit, die Jesus sich bei der Neuinterpretation frühjüdischer Theologumena nimmt, ist ohne Frage – neben dem Grundimpuls, den er vom Täufer erhielt – seiner Berufungserfahrung (dem Satanssturz) geschuldet. Auch wenn Jesus sich selbst *noch nicht* mit dem vom Täufer erwarteten „Stärkeren" identifiziert, den Jesus frühjüdischen Erwartungen gemäß als „Menschensohn" bezeichnet, so setzt er sich mit diesem doch in enge Verbindung. So etwa heißt es in den voneinander unabhängigen Traditionsströmen der Logienquelle wie des Markusevangeliums übereinstimmend:

> Q 12: [8] Jeder, der sich zu mir vor den Menschen bekennt, zu dem wird sich auch der Menschensohn vor den Engeln bekennen. [9] Wer mich aber vor den Menschen verleugnet, wird vor den Engeln verleugnet werden.

---

[18] Vgl. *C. Niemand*, Jesu Abendmahl. Versuche zur historischen Rekonstruktion und theologischen Deutung, in: *ders.* (Hrsg.), Forschungen zum Neuen Testament und seiner Umwelt (Linzer Philosophisch-Theologische Beiträge 7), Frankfurt a. M. 2002, 100: Jesus „ist *durch und durch* Bote, der pro-existent dazu da ist, den Menschen diese *basileia*-Wirklichkeit zuzuwenden." Selbst dann und gerade dann, wenn Jesus als Bote der *basileia* „radikal ausgegrenzt und verworfen wird … muß sich an seinem Tun und Ergehen proexistent zeigen, was seine Botschaft wert ist" (Original teilweise kursiv).

Mk 8: ³⁸Denn wer sich vor dieser treulosen und sündigen Generation meiner und meiner Worte schämt, dessen wird sich auch der Menschensohn schämen, wenn er mit den heiligen Engeln in der Herrlichkeit seines Vaters kommt.

In beiden Texten – die trotz der voneinander unabhängig laufenden Überlieferung bemerkenswert ähnlich klingen – ist Jesus klarerweise noch nicht mit dem Menschensohn identifiziert. Dennoch setzt er sein eigenes Tun in untrennbare Verbindung mit dem eschatologischen Willen Gottes, der – gemäß frühjüdischen Erwartungen – durch den Menschensohn vollzogen wird. Dies ist – neben der oben erwähnten proexistenten Lebenshingabe Jesu – ein weiterer Haftpunkt für eine vorösterlich-implizite Christologie, die dann nachösterlich im Lichte der Auferstehung nicht neu erfunden, sondern konsequent weitergeführt wurde (indem man Jesus mit dem Menschensohn identifiziert).

Das unerhörte Selbstbewusstsein, das Jesus dabei an den Tag legt, verbleibt im Kontext dessen, was im Frühjudentum möglich war: Apokalyptische Denkmuster im Frühjudentum forderten als heilsrelevantes Kriterium ein bestimmtes eschatologisches „Sonderwissen", das zumeist an offenbarungsrelevante Mittlergestalten gebunden war. Haftpunkt für solche Erwartungen war auch hier die *Urzeit-Endzeit-Analogie:* Die paradiesische Gottunmittelbarkeit war durch die Sünde der Menschen verloren gegangen und daher auch der wahre Sinn der „Tora", die im Frühjudentum häufig mit der Schöpfungsordnung identifiziert wurde.[19] In der Endzeit aber würde durch besondere Mittlergestalten die prälapsarische Gottesoffenbarung restituiert werden. So etwa heißt es in 1QpHab 7,4f, dass Gott dem Lehrer der Gerechtigkeit – als der zentralen Gründerfigur hinter der Qumranbewegung – „kundgetan hat ... die Gesamtheit der Mysterien der Worte seiner Diener, der Propheten".[20] Hier wird klar, dass

---

[19] Diese Identifikation kann vor allem in den Qumrantexten und bei Philon beobachtet werden. Vgl. *M. Tiwald*, Das Frühjudentum und die Anfänge des Christentums. Ein Studienbuch (BWANT 208), Stuttgart 2016, 260–266. Bei Philon etwa heißt es in VitMos 2,37: κοσμοποιία γὰρ ἡ τῶν νόμων ἐστὶν ἀρχή („die Welterschaffung ist der Ursprung der Gesetze").

[20] „The Qumran pesherists ... believed that God continues to reveal his mysteries beyond biblical prophecies through, above all, the Teacher of Righteousness, but also through them ... The biblical texts are cited verbatim, but they were also modified and adapted to fit in with sectarian interpretation" (*T. H. Lim*, Studying

der Ausdruck „Mysterium" (im hebräischen רז, *raṣ*) „in den Texten von Qumran, aber auch in anderen Werken des Frühjudentums, die verborgene präexistente Seins- und Geschichtsordnung der Welt beschreiben kann …",[21] die in der Endzeit als eschatologisches Sonderwissen enthüllt wird. In gleicher Weise sieht dies übrigens auch Paulus in Röm 11,25; 1 Kor 2,7 und 15,51, wo er den Begriff μυστήριον (*mystērion*, „Geheimnis") als den „vor allen Zeiten vorausbestimmten" Heilsplan Gottes deutet, der jetzt im Eschaton offenbar wird. Wenn Paulus aber in Gal 2,16 // Röm 3,22 deutlich macht, dass die Gerechtigkeit Gottes nur aus dem Glauben an Jesus Christus kommen kann (διὰ πίστεως Ἰησοῦ Χριστοῦ), dann findet auch das eine Parallele in 1QpHab 8,2f, wo es heißt, dass die Qumraniten nur durch „ihre Treue zum/den Glauben an den Lehrer der Gerechtigkeit" (ואמנתם במורה הצדק) gerettet werden.[22] Sowohl der „Lehrer der Gerechtigkeit" wie auch Jesus Christus werden hier zu Gestalten von *„ausschließlicher Heilsrelevanz."*[23] Ähnlich argumentiert aber auch die frühjüdische Henochliteratur, die Henoch als exklusiven Offenbarungsmittler und Kenner der himmlischen „Geheimnisse" porträtiert, da er die „Tafeln des Himmels gelesen" (1 Hen 103,2) hat. So auch wird für die Endzeit nach 1 Hen 93,10 „siebenfache Unterweisung über seine [sc. Gottes] Schöpfung geschenkt werden" – also die Enthüllung des göttlichen Schöpfungsplans, der im Frühjudentum

---

the Qumran Scrolls and Paul in their Historical Context, in: *J. R. Davila* (Hrsg.), The Dead Sea Scrolls as Background to Postbiblical Judaism and Early Christianity. Papers from an International Conference at St. Andrews, Leiden 2003, 135–156, hier 72f.). Vgl. auch *H.-J. Fabry*, Methoden der Schriftauslegung in den Qumranschriften, in: *G. Schöllgen/C. Scholten*, Stimuli. Exegese und ihre Hermeneutik in Antike und Christentum. Festschrift für Ernst Dassmann (JAC Erg. 23), Münster 1996, 18–33, hier 21f.: „Der Pesher versteht sich also nicht nur als Kommentar einer Offenbarungsschrift, sondern will selbst als eine eigene Offenbarungsschrift gewertet werden … Das entscheidende Proprium des qumranischen Peshers liegt darin, daß er die letztmalige und entscheidende Fortschreibung des Textes darstellt."
[21] *A. Lange*, Weisheit und Prädestination. Weisheitliche Urordnung und Prädestination in den Textfunden von Qumran (STDJ 18), Leiden 1995, 217f.
[22] Das hebräische אמונה wird in der LXX außerhalb des Psalters fast ausschließlich mit Wörtern des Stammes πιστ- wiedergegeben. Eine Übersetzung von אמונה mit πίστις ist also möglich. Vgl. dazu Jepsen, Art. אמן, in: ThWAT I, Stuttgart 1970, 313–348 (nur im Psalter wird אמונה zumeist mit ἀλήθεια übersetzt).
[23] *M. Tiwald*, Hebräer von Hebräern. Paulus auf dem Hintergrund frühjüdischer Argumentation und biblischer Interpretation (HBS 52), Freiburg i. Br. 2008, 250.

mit der Tora identifiziert wurde. Gerettet werden können daher auch nur diejenigen, die Henochs „Weisheitsrede annehmen und sie verstehen" (1 Hen 99,10). Esoterisches Sonderwissen gibt es auch im 4. Esrabuch, wenn zu den bereits als verbindlich anerkannten 24 heiligen Schriften des Judentums in der Endzeit weitere 70 verborgene Bücher hinzutreten (4 Esr 14,44–47). Diese siebzig Bücher aber „sollst du verwahren, um sie den Weisen aus deinem Volk zu übergeben. Denn in ihnen fließt die Quellader der Einsicht, die Quelle der Weisheit und der Strom des Wissens" (4 Esr 14,46f). So urteilt Nickelsburg über apokalyptische Kreise im Frühjudentum: „[W]isdom is mediated through an eschatological revelation possessed by the chosen. Outsiders are damned because they lack or reject the revelation that enables them properly to observe divine Law and to read the signs of the times."[24] Anders als in frühjüdischer Apokalyptik ist das heilsrelevante Sonderwissen Jesu – das ihm in Form des Satanssturzes zuteilwurde – nun aber nicht *exklusiv* zu werten, sondern *inklusiv* an ganz Israel gerichtet: Gerade die früher am Rand stehenden – Sünder, Unreinen, Huren und Arme – werden nun von Jesus in besonderer Weise durch die heilende Kraft der Königsherrschaft Gottes von der Peripherie in die Mitte der Gotteskindschaft zurückgeholt. Die bei Jesus unübersehbare „Option für die Armen" geht auf die AT-„Armenfrömmigkeit" zurück (vgl. Jes 29,18–21; 66,1–5; Zef 3,11–13; Ps 40,18; 70,6; 86,1; 109,22), die auch im Frühjudentum weit verbreitet war. „Für die Verwendung der Armentermini in den Qumranschriften ist charakteristisch, dass sie in einem eschatologischen Erwartungshorizont eingesetzt sind. Die so mit traditionellen Prädikaten umschriebene, bewusst eingenommene Demutshaltung galt als die Voraussetzung dafür, dass der Fromme die eschatologischen Schrecken übersteht, und zwar eben dank der dem Demütigen, Niedrigen etc. geltenden Erwählung und Stärkung durch Gott."[25] So etwa ist in den qumranitischen Hodajot 1QH 23,15 die Rede davon, dass „die bedrückten Geistes und Trauernde zu ewiger Freude" geführt werden.

---

[24] G. W. E. *Nickelsburg*, Revealed Wisdom as a Criterion for Inclusion and Exclusion: From Jewish Sectarianism to Early Christianity, in: *J. Neusner/E. S. Frerichs* (Hrsg.), „To See Ourselves as Others See Us". Christians, Jews, „Others" in Late Antiquity, Chico (CA) 1985, 73–91, hier 89.
[25] *J. U. Ro*, Die sogenannte „Armenfrömmigkeit" im nachexilischen Israel (BZAW 322), Berlin 2002, 201.

6. Ausblick

Dem von Jesus gesetzten Impuls einer proaktiven Heiligkeit und offensiven Reinheit wurde in der Kirche nicht immer Rechenschaft getragen. Besonders die lateinische Kirche hat ausgeklügelte Rechtsnormen erlassen, die den Zugang zu den Sakramenten genau reglementieren. Bei wiederverheiratet Geschiedenen oder konfessionsverschiedenen Ehen wird gerne argumentiert, dass hier die Voraussetzungen für einen Sakramentenempfang noch nicht gegeben wären. Der von Papst Franziskus im nachsynodalen Schreiben *Amoris Laetitia* (AL, 19.3.2016; hier: AL 296) initiierte „Weg der Barmherzigkeit" deckt jedoch den verlorengegangenen Grundimpuls Jesu wieder auf.[26] Der Vorwurf, dass der Papst dabei theologisch „unstrukturiert",[27] ja gar „häretisch" argumentiert habe,[28] geht völlig ins Leere: Wenn Papst Franziskus in AL Anm. 351 sagt, „dass die Eucharistie ‚nicht eine Belohnung für die Vollkommenen, sondern ein großzügiges Heilmittel und eine Nahrung für die Schwachen' ist" und „dass der Beichtstuhl keine Folterkammer sein darf, sondern ein Ort der Barmherzigkeit des Herrn" (mit Zitaten aus *Evangelii Gaudium*, EG, 24.11.2013), dann geschieht dies in perfekter Übereinstimmung mit dem Anliegen Jesu: Sein Mahlhalten mit Sündern ist eine Prolepse

---

[26] M. Tiwald, Proaktive Heiligkeit: eine jesuanische „Theologie des Scheiterns", in: *P. M. Zulehner/T. Halík (Hrsg.), Wir teilen diesen Traum: Theologinnen und Theologen aus aller Welt argumentieren „Pro Pope Francis"*. Ostfildern: Patmos, 2019.

[27] So Kardinal Gerhard Müller (damals noch Präfekt der Glaubenskongregation) in einem am 29.03.2015 (also schon vor AL) erschienenen Interview in La Croix: „Le pape François est aussi plus pastoral, et la Congrégation pour la doctrine de la foi a une mission de structuration théologique d'un pontificat." (https://www.la-croix.com/Religion/Actualite/Cardinal-Gerhard-Ludwig-Mueller-La-mission-du-pape-est-d-unifier-le-monde-2015-03-29-1296678, abgerufen: 11.01.2019). Zu den beiden Anmerkungen 336 und 351 in AL, die wiederverheiratet Geschiedenen unter bestimmten Bedingungen den Kommunionempfang ermöglichen, urteilt Kardinal Müller: „So etwas in einer Fußnote zu verpacken, ist angesichts des Gewichts dieser Thematik nicht genügend" (https://www.vaticannews.va/de/kirche/news/2017-12/kardinal-mueller--wiederzulassung-berechtigtes-anliegen--aber---.html (abgerufen: 11.01.2019). Vielleicht kann mit den hier gebotenen neutestamentlichen Argumenten der Ansatz des Papstes biblisch bestätigt werden.

[28] So die *Correctio filialis de haeresibus propagatis* (vom 16.07.2017): „... wegen der Verbreitung einiger Häresien durch das Apostolische Schreiben Amoris laetitia." http://www.correctiofilialis.org/ (abgerufen: 11.01.2019).

jenes Heiles, das Menschen aus eigener Kraft nicht wirken können, das aber den Demütigen, Kleinen und Armen geschenkt wird. Oder um es mit AL 311 zu sagen: „Wir stellen der Barmherzigkeit so viele Bedingungen, dass wir sie gleichsam aushöhlen und sie um ihren konkreten Sinn und ihre reale Bedeutung bringen, und das ist die übelste Weise, das Evangelium zu verflüssigen. Es ist zum Beispiel wahr, dass die Barmherzigkeit die Gerechtigkeit und die Wahrheit nicht ausschließt, vor allem aber müssen wir erklären, dass die Barmherzigkeit die Fülle der Gerechtigkeit und die leuchtendste Bekundung der Wahrheit Gottes ist."

Philosophie- und theologiegeschichtliche Perspektiven

Die Wiederentdeckung der gnostisch-patristischen Kategorie der Lebensfülle – Gott als Pleroma und Zoe bei Origenes und Ralf Miggelbrink

Christian Hengstermann

1. Einleitung: Pleromatische Lebenstheologie in Antike und Gegenwart

Miggelbrinks Projekt einer Theologie der Lebensfülle speist sich zuvörderst aus der vom Autor insbesondere im zweiten Teil seines Hauptwerkes eingehend gewürdigten Tradition der französischen Phänomenologie. Auch die katholische Transzendentaltheologie, allen voran Karl Rahners Ontologie einer *potentia oboedientialis*, gehört ausweislich der zahlreichen Rekurse auf sein Werk zu den Hauptquellen des systematischen Entwurfs von Miggelbrink. Zugleich aber entwickelt Miggelbrink das Paradigma einer pleromatischen Lebenstheologie im ständigen Zwiegespräch mit der Patristik, aus der er zentrale Theologumena entlehnt. Nicht von ungefähr macht der Autor bereits im programmatischen Titel seines Hauptwerkes die darin entworfene Gottrede unter den Leittermini von „Leben" und „Fülle" als „Wiederentdeckung einer theologischen Kategorie" kenntlich. Das wiederentdeckte Paradigma ist geistes- und kirchengeschichtlich das älteste der philosophischen Theologie überhaupt. Seine griechischen Leitbegriffe *pleroma* und *zoe* sind zunächst freilich nicht die Kategorien der späterhin orthodoxen Dogmenentwicklung, sondern, im Gegenteil, hypostasierte Gestalten in den großen kosmogonischen Kunstmythen der Gegenreligion der Gnosis, von der sich die Apologeten und frühen christlichen Philosophen absetzen. Es sind insbesondere die christlichen Platoniker von Alexandria, d.h. Klemens und Origenes, die, vielfach inspiriert vom großen jüdischen Philosophenexegeten Philon, in der Auseinandersetzung mit Markion und Valentin eine erste christliche Philosophie überhaupt entwickeln. Als besonderes Odium gilt ihnen die mit der Güte des biblisch-platonischen Schöpfergottes schlechthin unvereinbare Segmentierung des Menschen in statische Klassen fleischlicher und geistlicher Menschen, die unwiderruflich zum ewigen Unheil bzw. Heil geschaffen sind. Dem gnostischen Determinismus der Menschenklassen setzen Klemens und Origenes einen strikten Universalismus und Libertarismus entgegen, nach dem ein guter und gerechter Gott alle Geistwesen gleichermaßen frei schafft und zur Erlösung in der Teilhabe an seinem eigenen allumfassenden Leben beruft.

In seiner „Lebensfülle" setzt Miggelbrink teils ausdrücklich und in seitenweiser Auslegung der einschlägigen Quellen, teils mehr implizit und unter Rückgriff auf die platonische Terminologie der Kirchenväter die spätantike Debatte mit der Gnosis bzw. mit ihren unterschiedlichen zeitgenössischen Fortschreibungen fort. Seine Theologie eines Gottes, der, selbst Leben und Fülle, den Menschen in der Konkretheit von Leben und Leiblichkeit an sich teilhaben lässt, ist eine emphatisch antignostische christliche Philosophie. Zur „Wiederentdeckung einer theologischen Kategorie", die sich Miggelbrinks Hauptwerk zum Ziel setzt, gehört neben der Definition von Gott und Mensch in Termini von Freiheit und Leben auch der Entwurf einer unverkennbar griechisch-patristischen Trinitätstheologie samt einer Christologie, die nicht vornehmlich staurologisch, sondern inkarnatorisch konturiert ist, und einer universalen Soteriologie ausdrücklich irenäisch-origeneischen Zuschnittes, die eine Verwandlung allen Lebens im Lichte Christi zu erhoffen wagt.

2. Gott und Heil in Leben und Leiblichkeit – Gnosis und Patristik bei Ralf Miggelbrink

Die Gnosis gilt dem Autor als Versuch einer widerrechtlichen Aneignung des Göttlichen mit den illegitimen Mitteln eines Materialismus und Vitalismus. Das Pleroma, materialistisch oder gar mechanistisch aufgefasst, erscheint als mit der raumzeitlichen Wirklichkeit selbst identifizierte Gottheit, zu der die Seele weder ethisch noch persönlich in ein dynamisches Beziehungsgeschehen treten kann:

> „Möglicherweise hat die physische Metaphorik des *pleroma*-Begriffes seine gnostische Rezeption begünstigt. Durch sie werden die ethischen und personalen Akzente des Verhältnisses von Gott und Welt unterbelichtet, so dass Kreise, die das Geschehen zwischen Gott und Welt als durch-

schaubaren Mechanismus zu verstehen trachten, durch den Begriff angezogen werden mussten. ‚Pleroma' nimmt dementsprechend einen erheblichen Rang im gnostischen Denken ein. In kosmo-gnostischen Spekulationen wird das *pleroma* als Bezeichnung göttlicher Entitäten in verschiedener Beziehung zum Kosmos verstanden."[1]

In der „lebensgefährlichen Ignoranz eines postchristlichen Gnostizismus", dem durchweg eine „Leib- und Lebensvergessenheit" das Gepräge gibt,[2] wähnt Miggelbrink entsprechend durchweg den gefährlichsten Widerpart zum eigenen Projekt einer Theologie des Lebens und seiner Fülle.

Steht die Gnosis bei Miggelbrink, wie bei den Kirchenvätern vor ihm, für einen Materialismus und einen Determinismus, der die Vielfalt des Lebens als ersten und einzigen Ort menschlicher Freiheit und Erlösung untergraben muss, so kreist das von ihm entworfene moderne Gegenparadigma um die Freiheit des Menschen in ihrer lebenspraktischen und leiblichen Fülle. Sie ist nicht weniger als die Grundwirklichkeit des Humanums selbst, die das Subjekt, wie Miggelbrink aufzeigt, sogar noch in der Leugnung in deterministischer Philosophie bejahen muss. Selbst die Aufdeckung vermeintlicher Determinismen nämlich, wie sie beispielsweise die Anhänger einer etwa auch den Altruismus als evolutiven Egoismus entlarvenden „selfish-gene"-Theorie verfechten, ist Ausdruck eines irreduziblen Selbstverhältnisses transzendentaler Freiheit, in dem sich der Mensch aus freien Stücken für eine bestimmte Welt- und Lebenseinstellung entscheidet. Der moderne Gnostiker in biologistischem Gewande unterliegt somit einem manifesten Selbstwiderspruch: „Vielmehr zwingt sowohl die biologische Erkenntnis als auch die Reflexion auf die sie ermöglichende Fähigkeit des Menschen, mit jeder Gegenstandserkenntnis sein Selbstverhältnis neu zu setzen, also seine transzendentale Freiheit, den Menschen dazu, sich der Freiheit zu stellen, die die Erkenntnis der Determination eröffnet."[3] Die

---

[1] *R. Miggelbrink*, Lebensfülle. Für die Wiederentdeckung einer theologischen Kategorie (Quaestiones disputatae 235), Freiburg/Basel/Wien 2009, 217.
[2] Ebd., 187.
[3] Ebd., 189. Vgl. auch ähnliche Darlegungen zu soziologischen Determinismen (ebd., 166f). Es handelt sich geradezu um ein Leitmotiv des Werkes, das der Autor auf Seite 94 unter Berufung auf den Gnosis-Forscher und Lebensphilosophen Hans Jonas ausdrücklich als „antignostische Intuition" kennzeichnet: „Der freie Entschluss, das eigene und jedes menschliche Leben nicht als frei deuten zu

transzendentale Freiheit als Bedingung der Möglichkeit des Urteils über sich und die Welt entfaltet sich empirisch freilich nicht in einem engen Individualismus, sondern, im Gegenteil, in Universalität und Intersubjektivität. In Absetzung von einem das Selbst in seiner solipsistischen Reflexion absolut setzenden Strom innerhalb der neuzeitlichen philosophischen Tradition hebt Miggelbrink die Unerlässlichkeit des Nächsten für das Ich hervor:

> „Liegt die Stärke des Subjektdenkens in seinem Bewusstsein für Freiheit und Verantwortung, so liegt die Stärke eines intersubjektiven Denkens in der Wahrnehmung der des Menschseins als eines interaktiven Prozesses von Austausch und Abgrenzung von Geben und Nehmen, in dem das Subjekt sich nicht selbst als ein *absolutum* behauptet, sondern sich als Moment eines umfassenderen geistigen Prozesses erfährt und bejaht. Das Ich wird vom fremden Anderen her und sagt sich auf fremdes Anderes hinaus. Das menschliche Sein ist nicht der substanzhafte Selbstbesitz metaphysischer Unwandelbarkeit, sondern der geistige Selbstbesitz unverfügbarer Herkünftigkeit und verfügender Hingabe."[4]

Den „umfassenderen geistigen Prozess", in den erlösende Freiheit und Subjektivität als solche notwendig eingefasst sind, entfaltet Miggelbrink durchweg trinitätstheologisch. Zunächst erscheint Gott selbst gleichermaßen als unfassliche Unendlichkeit und schöpferisch-erlösende Freiheit. Er ist das alles begründende und im Sein bewahrende einfache *esse subsistens* des Thomas von Aquin, auf dessen Unendlichkeit das Ich in der von Miggelbrink fortgeführten transzendentalphilosophischen Relecture seines modernen Auslegers Karl Rahner im *excessus* in jedem kognitiven Akt hingeordnet ist. Als Grund und Ziel aller Dinge ist das *esse subsistens* ein Eines, das entgegen modernen Bedenken gegenüber einer Differenz gewalttätig nivellierenden monistischen Auffassung das Viele gerade nicht aufhebt, sondern es überhaupt erst in seinem Eins- und Einzelsein ermöglicht. Insofern ist es zugleich universales Wohlwollen, das die Schrift „Gerechtigkeit" nennt und als höchstes Gottesattribut be-

---

wollen, erscheint als unmittelbar selbstwidersprüchlich. Das Programm einer komplementären Anthropologie holt unter den Bedingungen der biologischen Weltbildagilität die antignostische Intuition von Hans Jonas ein und ruft dazu auf, bei der Betrachtung des Menschen auf vernünftige Weise die biologischen Aussagen über das Naturwesen Mensch zum kulturellen Gedächtnis des Kulturwesens Mensch in Beziehung zu setzen."

[4] Ebd., 184.

zeugt.⁵ Gott ist das *esse subsistens*, das alle lebendigen Einzeldinge in ihrem je individuellen Sein und Werden will. In der Schöpfung erweist es sich als „eine in sich selbst mitteilsame Wirklichkeit", deren Leben sich durch eine ungeheure „Fruchtbarkeit und Produktivität" auszeichnet.⁶

Als solche schafft das eine *esse subsistens* zum Zwecke der neidlosen Selbstgabe eine Welt mit mangelhaften Geschöpfen. Sein „ekstatischer Weltbezug" erweist das Ich als potentiellen „Hörer des Wortes",⁷ das sich in dieser unendlichen Weite ursprünglicher göttlicher Lebensfülle mitteilt. Seine erlösende Freiheit zeichnet sich dadurch aus, dass es sich in diese schöpferisch-kommunikative Lebensfülle Gottes hineinnehmen lässt, um in der Hingabe an den anderen sich selbst zu finden. Heil geschieht mithin also als existentielle Annahme dieser universalen schöpferisch-erlösenden „Fremdperspektive Gottes",⁸ durch die das Ich, vom göttlichen *esse subsistens* geleitet, die eigene Beschränktheit zu überwinden vermag. Seine höchste Freiheit ist so als alle Lebensbereiche bestimmende „Selbstübergabe an das Handeln Gottes" als freier Unendlichkeit definiert.⁹

Seine Soteriologie der Freiheit entfaltet Miggelbrink vor allem in der Pneumatologie und in der Christologie. Freiheit und Erlösung erlangt der Mensch, wo er an der „Bewegung des Geistes"¹⁰ Anteil erlangt. Miggelbrinks Pneumatologie, nach der Gottes Geist nicht von außen kausal-mechanisch auf den Menschen einwirkt, sondern ihn von innen als Form und Prinzip seines Wesens und Wirkens an sich selbst angleicht und erlöst, ist zugleich Lehre menschlicher wie göttlicher Freiheit, mit der er die große Tradition transzendentaler Freiheitslehren nach dem Vorbilde Karl Rahners fortführt. Konsequent zieht Miggelbrink hierzu neben der Tradition der katholischen Transzendentalphilosophie ausdrücklich auch die Grundkategorie des christlichen Platonismus heran, wenn er die im Heiligen Geist nach und nach zur unendlichen Weite göttlicher Güte

---

⁵ Siehe die eindringlichen Darlegungen zum scholastischen Gottesepitheton vgl. ebd., 236–239.
⁶ Ebd., 240.
⁷ Seine frühere Rahnerdeutung fasst Miggelbrink auf Seite 172–175 der „Lebensfülle" prägnant zusammen.
⁸ Ebd., 172.
⁹ Ebd.
¹⁰ Ebd., 181.

gelangende christliche Freiheit in Anspielung auf die platonische *homoiosis*-Lehre als „geschenkte Teilhabe an der göttlichen Herrlichkeit in lebensfördernder Vertrautheit"[11] und sogar als „Angleichung an die wohlwollende Perspektive des Schöpfers"[12] interpretiert, mit der allem kleingeistigen ökonomischen Mangel- und Besitzdenken die Grundlage entzogen und ein Ethos der Befreiung begründet wird: „Die Ubiquität Gottes wird im Geist nicht als entwürdigende Dauerdependenz erschlossen, sondern als geschenkte Teilhabe an der göttlichen Herrlichkeit in lebensfördernder Vertrautheit. Als solche zielt sie auf die Befreiung aller Menschen aus Unterdrückung, auf Gerechtigkeit und Frieden. Darin wirkt der Geist zu einer völlig unforcierten Emergenz des Reiches Gottes."[13] Die „Emergenz des Reiches Gottes" in der vom Menschen frei anzunehmenden Lebensfülle geschieht nicht etwa gnostisch in der Überwindung des Leibes, sondern, wie es Christus vorlebt, im Leib. Die in Miggelbrinks systematischem Hauptwerk entfaltete Christologie stellt sich weithin als Analyse von Irenäus' *Adversus Haereses* dar, dessen anti-gnostische Inkarnationsmetaphysik sich der Autor durchweg zu eigen macht. Demnach ist Christus der in der Inkarnation angenommene Leib nicht etwa äußerlich, sondern gerade als Träger seines wahren physischen Lebens Medium der heilbringenden metaphysischen Lebensfülle. Die, wie Miggelbrink kommentiert, „steile antignostische Formulierung ‚*sárx egéneto*'"[14] in dem vom patristischen Exegeten ausgelegten Vierten Evangelium erhält so erst ihr volles heilsmetaphysisches Gewicht. Sie ist höchstes göttliches Unterpfand der „wesenhaft geistigen Erfahrung der Vitalisierung *ab alieno*",[15] in der sich geschöpfliche Leiblichkeit als Symbol einer höheren urbildlichen Geistigkeit darstellt. Wo freilich, wie Miggelbrink der Gnosis damals wie heute mit Irenäus vorwirft, die Hierarchie von Anteil gebendem metaphysischen und Anteil empfangendem physischen Leben in Absolutsetzung von Leib und Welt missachtet wird, verfällt der Mensch unweigerlich dem Unheil bloßer natürlicher Gesetzlichkeit und Bestimmung: „Die Entscheidung, das Lebendige des Lebens als Aus-

---

[11] Ebd., 185.
[12] Ebd., 188.
[13] Ebd., 185.
[14] Ebd., 199.
[15] Ebd., 202.

fluss der Leiblichkeit des Menschen zu deuten, wirkt in der Tat tödlich, weil unter diesem Apriori menschliches Leben nicht anders verstanden werden kann denn als der prinzipiell endliche Stoffwechselvorgang eines hoch differenzierten, aber deshalb auch zufallsdeterminierten Lebewesens, an dessen Sterben faktisch niemand Anstoß nimmt."[16]

Es entspricht sodann dem durchweg griechisch-patristisch imprägnierten Heilsbegriff von Miggelbrinks Freiheitsdenken, nach dem sich der Mensch Gott, von ihm selbst im Leib in der wahren Freiheit universaler Liebe unterwiesen, angleicht, dass das Heil als allumfassende Wiederherstellung oder „Rekapitulation" aller Dinge aufgefasst wird. Am Ende der Erziehung des Menschengeschlechtes, die der Vater im vornizänischen Heilstrinitarismus in Christus ins Werk setzt, steht die Rekapitulation aller Dinge in Christus. In seiner Relecture der irenäischen Doktrin, in der Miggelbrink die patristischen Analysen des Werkes mit der systematischen Kritik an den Alternativparadigmen von ökonomischem Mangel und evolutionsbiologisch-soziologischem Determinismus verflicht, erscheint göttliches Heil konsequent als Erlösung des Menschen nicht unter Missachtung oder gar Aufhebung seiner Freiheit, sondern, im Gegenteil, als ihre Vollendung:

> „Der Herrschaftswechsel der *Re-kapitulation* bleibt den Beherrschten nicht äußerlich, weil der neue Führer (*anágogos*) ein solcher nicht in der Analogie zum herrschenden König, sondern zum leitenden *paidagogós* ist. Als solcher führt der Lehrer Christus ein in die Kunst eines Lebens, das sich durch den lebensspendenden Geist Gottes bestimmen lässt, statt von dem verzweifelten Versuch, aus Leib und Körper die Fülle des Lebens zu begründen, nach der sich Menschen sehnen, weil Fülle ihre Bestimmung ist, die sich aber aus sich her nicht zu erreichen vermögen."[17]

Es ist das Paradoxon im Herzen christlicher Soteriologie, dass der „Lehrer Christus" die Welt gerade durch das Drama der eigenen Kenosis zum Pleroma der eschatologischen Anakephalaiosis führt. Die Kenosis als Machtverzicht des Absoluten erweist, wie Miggelbrink mit Bonhoeffer darlegt, „die Welt und Geschichte bestimmende göttliche Wirklichkeit als die Wirklichkeit der leidensbereiten Hingabe

---

[16] Ebd., 201 f.
[17] Ebd., 204.

für den anderen Menschen".[18] Es ist die „Macht der Ohnmacht",[19] mit der Gott durch das Wirken der nach seinem Ur- und Vorbild handelnden Menschen das Heil aller Dinge bewirkt. Mit Bertram Stubenrauch sieht Miggelbrink die Kenosis sogar als begrifflich notwendiges Komplement zum Pleroma Gottes, das sich paradoxerweise nur im Modus eigener Selbsterniedrigung oder mithin Selbstverbergung mitzuteilen vermag.[20] Die „pleromatische Wahrheit einer ökonomischen Präsenz Gottes" ist die seiner „kenotischen Effizienz",[21] mit der er gerade in Leid und Niederlage seine Herrlichkeit offenbart: „Das *pleroma* in seiner kenotischen Gestalt ist die dramatische Offenbarung der göttlichen Herrlichkeit in der Gestalt des angenommenen Unterliegens."[22] Es ist mithin nicht weniger als die Entfaltung der Pleromas des innertrinitarischen Lebens in Welt und Körper, die in der Kenosis des Sohnes offenbar geworden ist: „Die Herrlichkeit ist jetzt nicht mehr einfach eine geschichtlich-zeitliche Effizienz Gottes, sondern eine solche als das Nach-außen-Treten des inneren Wesens Gottes."[23]

Von der ökonomischen Trinität einer vom Geist geweiteten Freiheit vermag Miggelbrink so schließlich auch auf die immanente zu schließen, die sich nicht etwa als Stillstand, sondern als Bewegung darstellt. Auf der Grundlage seiner Phänomenologie des Lebens, das er ganz in Termini prinzipiell unabschließbarer Bewegtheit definiert, gelangt Miggelbrink zu einem dynamischen Gottesbegriff, in dem das höchste Selbst als alle begrenzten Vollzüge menschlichen Miteinanders, als Urbild prägende interpersonale und soziale Wirklichkeit erscheint:

„Phänomenologisch fasslich ist die Flüssigkeit des geistigen Seins in seiner Bewegtheit und Bezogenheit auf andere. Eine Sistierung dieser Bewegung im absoluten Begreifen erscheint nur da als notwendig, wo die Bewegung als solche nicht als letzter Wert akzeptiert wird. Dort schießt der Gedanke von der erfahrenen Bewegung zu dem als notwendig unterstellten Ziel vor. Wo hingegen die Bewegung als solche als werthaft angenommen wird, bietet sich der Begriff des Lebens an. Das Subjekt erfährt sich

---

[18] Ebd., 220.
[19] Ebd., 221.
[20] Vgl. ebd., 221 f.
[21] Ebd., 223.
[22] Ebd., 225.
[23] Ebd., 226.

in der Bewegtheit seines geistigen Seins als lebendig und bejaht diese Lebendigkeit als Wert."[24]

Einem solchen Gottesbild ist alle Statik, in der etwa nach dem Vorbild des veränderungslosen eleatischen Seins die geistig-lebendige Bewegtheit zu einem Ende käme, grundsätzlich abhold. Es ist ein Gottesbild, das in der abendländischen Theologie- und Geistesgeschichte als erster der Kirchenvater Origenes mit aller Konsequenz entfaltet hat.

3. Der lebendige Gott und die Selbstmitteilung des wahren Lebens – Origenes und die Heilsmetaphysik der Bewegung und Herrlichkeit Gottes

3.1 Das „Urleben" und die „Fülle der Gottheit" – Der Sohn als Selbstmitteilung Gottes in Trinitätstheologie und Christologie

Die Termini „Leben" und „Fülle" haben ihren theologischen Ort bei Origenes in der sogenannten *epinoiai*-Lehre, mit der er, gestützt auf die Heilige Schrift und die Philosophie, in Trinitätstheologie und Christologie das Wesen und Wirken des Sohnes im Verhältnis zum Vater wie zur Welt darlegt. Im abschließenden Kapitel seines frühen philosophischen Hauptwerkes *Über die Prinzipien* wiederholt der Alexandriner auch seine Lehre von den Namen der zweiten Hypostase. Die Rekapitulation hat polemischen Charakter und wendet sich gegen die gnostische Annahme eines zeitlichen Prozesses im trinitarischen Gott. Wer die Ewigkeit des Sohnes leugne, so Origenes dort in scharfer *reductio ad absurdum*, spreche Gott für die Zeit vor seiner Geburt definierende Eigenschaften ab: „Wer nämlich zu sagen wagt: Es war einmal, da der Sohn nicht war, der soll doch einsehen, dass er auch sagen wird: Die Weisheit war einmal nicht, und das Wort war einmal nicht, und das Leben war einmal nicht, während doch in ihnen die Substanz des Vaters insgesamt besteht." Unter Rekurs auf Kol 2,9 bestimmt er die genannten drei ἐπίνοιαι mitsamt den anderen im vorhergenden und im übrigen Werk besprochenen Eigenschaften des Sohnes sodann abschließlich noch einmal als „Fülle der Gottheit".[25]

---

[24] Ebd., 193f.
[25] Princ. IV 4,1 (GCS Orig. 5, 350); Übersetzung nach *H. Görgemanns/H. Karpp*,

Das Verhältnis der vielen biblischen Namen des Sohnes zur einen „Fülle der Gottheit", die sich in der Weisheit und im Wort, d. h. der Selbstreflexion und der Selbstmitteilung der Ideen, zum körperlich-geistigen Leben der Welt macht, ist der Gegenstand der „Theologie über den Erlöser". Diese intendiert eine systematische Durchdringung und Ordnung der „Fülle der Gottheit", des Vaters, als die der Sohn in Ewigkeit bei ihm und in Zeit und Geschichte in der Welt existiert und wirkt: „Wenn wir uns erst einmal in die Theologie über den Erlöser verstrickt haben", so beschreibt Origenes sein heuristisches Ideal einer Metaphysik der zweiten Hypostase im Sinne eines umfassenden Systems sämtlicher ihm im Neuen, aber auch im Alten Testament beigelegten *epinoiai*, „werden wir im Studium, soweit wir es vermögen, alles entdecken, was mit ihm zusammenhängt, und ihn so zwangsläufig immer vollständiger begreifen, und zwar nicht nur, insofern er das Wort, sondern auch, insofern all das Übrige ist."[26] Hierzu unterscheidet der Alexandriner grundsätzlich drei Arten von *epinoiai*: „Wir müssen uns indes im Klaren sein, dass der Erlöser manches nicht für sich, sondern für andere, und manches zugleich für sich und andere ist. Zudem müssen wir fragen, ob er manches nur für sich und für niemanden sonst ist."[27] Zu den ursprünglichen *epinoiai*, die nicht sein heilsgeschichtliches *Wirken* „für andere", sondern sein *Wesen* für sich in der Gemeinschaft beim Vater beschreiben, zählen nur einige wenige seiner in der Heiligen Schrift niedergelegten Titel. Ohne sich dogmatisch festzulegen, beschränkt Origenes ihre Zahl auf lediglich vier: „Es ist also bei den Namen des Sohnes, die wir zusammengestellt haben, zu prüfen, welche von ihnen später hinzugekommen sind und gar nicht so zahlreich hätten werden können, wenn die Heiligen in ihrer ursprünglichen Seligkeit

---

Origenes. Vier Bücher von den Prinzipien, Darmstadt ³1993, 785–787. Die Zitation der Werke des Origenes in den griechischen bzw. lateinischen Originalausgaben der Griechischen Schriftsteller der ersten drei Jahrhundert (GCS) und ihrer Übersetzung richtet sich nach: Die Kommentierung des Buches Genesis. Eingeleitet und übersetzt von *K. Metzler* (Origenes. Werke mit deutscher Übersetzung 1/1), Berlin/New York – Freiburg/Basel/Wien 2010, XIV–XXII. Wo keine Übersetzung angegeben wird, stammt die deutsche Fassung vom Autor. Siehe zum Nachfolgenden durchweg meine ausführliche Gesamtdarstellung der Philosophie des Origenes: *Ch. Hengstermann*, Origenes und der Ursprung der Freiheitsmetaphysik (*Adamantiana* 8), Münster 2016.

[26] In Ioh. comm. I 24,357 (GCS Orig. 4, 30).
[27] Ebd., II 18,125 (4, 75).

geblieben wären. Vermutlich blieben dann allein die Weisheit, vielleicht auch das Wort und das Leben und bestimmt auch die Wahrheit, aber mit Sicherheit nicht auch all die anderen Namen, die er um unseretwillen noch angenommen hat."[28] Die genannten ontologischen *epinoiai* der zweiten Hypostase, allen voran die von Origenes ausdrücklich als solche bezeichneten, namentlich „Weisheit", „Wort", „Wahrheit" und „Leben", aber auch „Licht" und „Gerechtigkeit", die ebenfalls in diese Kategorie fallen, sind in der Sache eins und nur begrifflich voneinander unterschieden. Sie bringen lediglich unter unterschiedlichen Aspekten das Dasein des Sohnes beim Vater, von dem er sein göttliches Wesen empfängt, zum Ausdruck: „Auch wenn sie im erkennenden Geist als Vielheit aufgefasst werden, sind sie, in denen ‚die Fülle der Gottheit' (Kol. 2,9) besteht, doch in der Substanz und Sache eines."[29] Demnach lassen sich die ursprünglichen *epinoiai* zwar begrifflich voneinander unterscheiden. Anders als die später hinzutretenden ökonomischen *epinoiai*, die das Werden des Logos innerhalb der Heilsgeschichte begrifflich fassen, bezeichnen sie aber eine einzige Daseinsweise des Sohnes, der, wie es der Evangelist Johannes in dichter metaphysischer Diktion darlegt, als Wort im Anfang beim Vater ist. Die Ur- *epinoiai* des Sohnes fügen sich in der Exegese des Origenes zu einem hierarchisch gegliederten begrifflich-analytischen Zusammenhang, in dem eine logisch spätere *epinoiai* alle logisch früheren zum Prinzip ihres spekulativen Gehaltes hat.[30] Ihren sprachlichen Ausdruck findet die Einheit der Hypostase im Geflecht der vielfältigen Teilhaberelationen, in denen die ursprünglichen *epinoiai*, wie Origenes, gestützt auf die ausgelegten biblischen Zeugnisse, im Einzelnen nachvollzieht, zueinander stehen. So nimmt bereits Johannes selbst eine Hierarchie innerhalb der im Evangelienprolog genannten ursprünglichen ontologischen *epinoiai* des Sohnes an, wenn er das „Leben" im „Wort" entstanden sein lässt. Als Wort, das zwischen dem Vater und den Vernunftwesen vermittelt, bringt der Sohn das Leben, das natürliche wie das übernatürliche, hervor.

---

[28] Ebd., I 20,123 (4, 25).
[29] Princ. IV 4,1 (GCS Orig. 350); Übersetzung nach p. 787 *Görgemanns/Karpp*.
[30] Vgl. Th. *Kobusch*, Die philosophische Bedeutung des Kirchenvaters Origenes. *Zur christlichen Kritik an der Einseitigkeit der griechischen Wesensphilosophie*, in: ThQu 165 (1985) 94–105, 97 Anm. 17: „Ihre Verschiedenheit scheint sich von der der sündenbedingten dadurch auszuzeichnen, dass mit der einen *epinoia* jeweils die anderen implizit miterkannt werden."

Der logische Vorrang des Wortes vor dem Leben tut der Einheit der zweiten Hypostase allerdings, wie Origenes in ausführlichen hermeneutischen Bemerkungen darlegt, keinen Eintrag. Es ist das eine Wesen des Sohnes, als Wort Leben zu sein und es hervorzubringen:

> „Und ist der Erlöser, wie wir oben ausgeführt haben, eine Vielzahl von dem Aspekt nach unterschiedenen guten Dingen, so nimmt es auch überhaupt nicht wunder, wenn manche in ihm an erster, zweiter oder dritter Stelle stehen. So sagt Johannes einleitend über das Wort: ‚Was in ihm entstanden ist, war Leben' (Joh. 1,4). Entstanden ist das Leben also im Wort, und weder ist das Wort etwas anderes als Christus, Gott, das Wort, das beim Vater ist und durch das alles entstand, noch ist das Leben etwas anderes als der Sohn Gottes, der sagt: ‚Ich bin der Weg, die Wahrheit und das Leben' (Joh. 14,6)."[31]

In einem nächsten Schritt ist das „Leben" des Geistes, wie es im „Wort" entsteht, das „wahre Licht", als das es, wie Johannes es mit einem von Origenes als Synekdoche interpretierten Ausdruck bezeichnet, nicht nur „Licht der Menschen" (Joh 1,4), also der niederen eingekörperten Seelen, sondern aller Vernunftwesen ist.[32] Als „Wort" und „Wahrheit" nämlich ist das Dasein des Sohnes allen Geschöpfen Quelle der Erkenntnis Gottes. Zusammen erweisen die mannigfachen ursprünglichen *epinoiai* den Sohn als schöpferischen „Anfang" der Bewegung des Vaters, wie es im ersten seiner vielen alt- und neutestamentlichen Titel, der Weisheit, zum Ausdruck kommt.

Als Licht, als das er in glückseliger Selbsterkenntnis seiner selbst und seines Vaters gewahr ist, ist der Sohn zugleich, wie der Johannesprolog will, von aller Materie freies „lauteres Leben",[33] an dem er den Vernunftwesen in seiner Eigenschaft als kosmische Mitte in Schöpfung und Erlösung Anteil gibt. Den Prologvers: „Was in ihm entstanden ist, war Leben" (Joh 1,3) bezieht Origenes in doppelter Auslegung sowohl auf das natürliche wie auch auf das übernatürliche Leben des im Wort entstandenen Geistwesens. Das natürliche Leben, das Dasein, das er den Geistwesen in der Schöpfung schenkt, ist of-

---

[31] In Ioh. comm. I 19,112 (GCS Orig. 4, 23).
[32] Vgl. ebd., II 23,148 (4, 79).
[33] Ebd., I 28,188 (4, 34). Zum Folgenden vgl. durchweg die noch immer unübertroffene Darstellung der origeneischen Metaphysik des Lebens von G. Gruber, ZΩH. Wesen, Stufen und Mitteilung des wahren Lebens bei Origenes (Münchener Theologische Studien II. Systematische Abteilung 23), München 1962.

fenbar „notwendige Grundlage dafür, dass der Lebende Erleuchtung erfahren kann". Seine Erfüllung findet es zunächst in ihm, dem übernatürlichen geistigen Leben, wie es der führt, der, gereinigt von aller Sünde und Sterblichkeit und in seinen Geheimnissen unterwiesen, „die Fähigkeit erlangt hat, das Wort, insofern es Gott ist, in sich aufzunehmen."[34] Bewusst nämlich hat der Evangelist Johannes, „obwohl das ‚Leben' und das ‚Licht' dasselbe sind", nämlich das schöpferisch-erlösende Wort im Anfang, Ersteres vor das Letztere gestellt: „Es wäre unlogisch", so kommentiert Origenes die sinntiefe Wortstellung des Prologs des Evangeliums, „wenn jemandem, noch ehe ersichtlich wird, dass er lebt, bereits Erleuchtung zuteil würde, wenn also die Tatsache, dass er lebt, erst nach seiner Erleuchtung Erwähnung fände."[35] Das Leben, das die Seele schließlich im Sohn erlangt, ist, wie Origenes ausdrücklich präzisiert, „nicht das Leben, das vernunftbegabten und vernunftlosen Wesen gemeinsam ist, sondern dasjenige, das mit der Vollendung des Vernunftwortes in uns entsteht, insofern es vom ersten Wort Anteil daran erhält."[36] Sodann gelangt das gereinigte Geistwesen „durch" den Sohn, dessen Leben in Gnade und Freiheit „in" ihm ist, zur „Quelle des Lebens" selbst, „aus" dem es einst selbst in Wort und Weisheit hervorgegangen ist: „So springt hier die Quelle, die in dem Menschen geworden ist, der aus dem Wasser trank, das Jesus gibt, weiter zum ewigen Leben. Vielleicht springt sie auch weiter über das ewige Leben hinaus zum Vater, der noch über dem ewigen Leben steht. Christus ist nämlich das Leben. Jener aber, der größer ist als Christus, ist auch größer als das Leben."[37] Der Vater nämlich ist, wie Origenes anhand des Christus-Bekenntnisses des Petrus darlegt, nicht selbst Leben, sondern „Quelle des Lebens", die nicht selbst „lebt", sondern das Leben hervorbringt:

> „Das, was Petrus zum Erlöser sagt: ‚Du bist der Christus' (Mt 16,16a), war bereits etwas Großes, was die Juden nicht erkannt haben, dass er nämlich der Christus ist. Noch größer aber war seine Erkenntnis, dass er nicht nur der Christus ist, sondern auch ‚Sohn des lebendigen Gottes' (Mt 16,16b), der durch die Propheten gesprochen hat: ‚Ich bin lebendig' (Jer 22,24).

---

[34] In Ioh. comm. II 18,129 (GCS Orig. 4, 76).
[35] Ebd., II 23,153 (4, 80).
[36] Ebd., II 23,56 (4, 81).
[37] Ebd., XIII 3,18 f. (4, 229).

> Und vielleicht wird er deswegen im Sinne der Größe, in der er alles, was Leben in sich hat, überragt, als ‚lebendig' bezeichnet, weil ‚er allein Unsterblichkeit besitzt' (1 Tim 6,16) und Quelle des Lebens ist. Im eigentlichen Sinne wird Gott, der Vater, als Quelle des Lebens bezeichnet, der durch Jeremia spricht: ‚Mich, die Quelle des lebendigen Wassers, haben sie verlassen' (Jer 2,13). Und Leben wie aus der Quelle des Lebens, nämlich aus dem Vater, ist der, der sagt: ‚Ich bin das Leben' (Joh 14,6). Überlege sorgfältig, ob denn, so wie die Quelle eines Flusses und der Fluss selbst nicht dasselbe sind, auch die Quelle des Lebens und das Leben selbst nicht dasselbe sind."[38]

Der Vater ist, so erläutert Origenes das auf den Lebensbegriff bezogene *epinoiai*, das *kurios zen*, „der Lebensakt",[39] der als solcher zunächst den Sohn als Leben selbst und in ihm dann die Vielfalt des natürlichen, seelischen und vernünftigen Lebens in der Welt hervorbringt. Im Sinne seiner zweifachen Auslegung des platonischen *epekeina tes ousias*, nach der der Vater den Sohn „an Würde und Kraft" soweit oder noch mehr überragt als dieser die Geschöpfe, steht die „Quelle des Lebens" über dem „Leben", das sie als sein Prinzip hervorbringt, ohne es selbst zu sein. Gestützt auf die Verse aus dem Propheten und dem Pastoralbrief, die ihm vornehmliche biblische Gewähr seiner Lehre vom göttlichen Leben sind, scheut sich Origenes nicht, dem Sohn, der nicht nur in die niedere Wirklichkeit eintritt, sondern in der von ihm angenommenen Christus-Seele sogar den gewaltsamen Kreuzestod erleidet, diesen ursprünglichen Lebensakt ausdrücklich vorzuenthalten: „Von den Lebewesen neben Gott", so setzt Origenes den Vater, den „Seienden" und „Einen" jenseits von Sein und Geist im Sinne des zweifachen *epekeina* nicht nur von den Vernunftwesen, sondern auch vom Sohn, der Vernunft in Person, ab, „besitzt nämlich keines völlig unwandelbares und unveränderliches Leben. Und warum sind wir hinsichtlich der übrigen noch unsicher,

---

[38] In Matth. comm. XII 9 (GCS Orig. 10, 103); Übersetzung nach H. J. Vogt, Origenes. Der Kommentar zum Evangelium nach Matthäus I (*Bibliothek der Griechischen Literatur* 18), Stuttgart 1983, 169, und Gruber, ZΩH (s. Anm. 33), 103. Die zusätzliche Erläuterung vom charakteristisch origeneischen *et forsitan* bis zum zweiten Jeremiazitat stammt aus der lateinischen Paralleüberlieferung, die in Begriff und Sache offenbar authentisches Gedankengut des Alexandriners bewahrt hat.

[39] So die treffende Übersetzung der Gottesbezeichnung in Ioh. comm. II 17,123 (GCS Orig. 4, 74, Z. 30) bei Gruber, ZΩH (s. Anm. 33), 103.

wo doch nicht einmal der Christus die Unsterblichkeit des Vaters besaß? Er hat ja für einen jeden den Tod geschmeckt."[40] Dadurch, dass er den Vernunftwesen das Leben schenkt, das natürliche wie das übernatürliche, offenbart er den Vater als Ursprung des Lebens, der selbst aber, wie es das heilstrinitarische Schema von Weisheit und Wort vorsieht, über Geist und Begriff steht und erst in ihm annäherungsweise Gegenstand von Sprache und Erkenntnis wird.[41] Als Schöpfungsmittler bringt er im Auftrag des Vaters, der als Güte und Liebe nicht umhin kann, sich einer Schöpfung selbst mitzuteilen, nämlich nicht nur die Welt hervor, sondern er gibt ihr als Licht, als das er, das Wort Gottes, reinigt und erleuchtet, auch Anteil an seinem Leben in der Gemeinschaft mit ihm.

3.2 Die „Bewegung Gottes" und das „wahre Leben" der Seele – Freiheit und leibliches Heil in universaler Soteriologie

Die Selbstmitteilung des göttlichen Lebens, in dem der Vater, vermittelt über den Sohn und den Geist wie über Christus, allen Geistwesen Anteil an sich gibt, entfaltet Origenes in einer Heilsmetaphysik der Bewegung. Gott und Seele sind hiernach strikt *univoce* in Termini sittlicher Eigenbewegtheit gedeutet. In Christus, der vollkommenen Seele, die niemals von Gott abgefallen ist und den Mitseelen in der Inkarnation selbstlos zu Hilfe eilt, bilden Gottheit und Menschheit am Anfang und am Ende der Zeit eine Einheit.

In Absetzung zumal von der aristotelischen Theologie des ersten Geistprinzips als „unbewegten Bewegers" bestimmt Origenes Gott nicht nur als „ungezeugte Freiheit",[42] sondern spricht auch ausdrücklich von einer „Bewegung Gottes" als innerstem Wesenskonsti-

---

[40] Ebd., (4, 74f.).
[41] Über die Unmöglichkeit eines begrifflichen Erfassens, wie Origenes es am Lebensbegriff aufzeigt, vgl. *Gruber*, ZΩH (s. Anm. 33), 99: „Es ist in der Weise eine Abstufung vorhanden, dass das Leben des Vaters gar nicht mehr mit einem Begriff adäquat bezeichnet werden kann; [...] das Leben schlechthin *(he zoe)* ist Christus, vom Leben des Vaters kann folglich nur gesagt werden, dass es noch höher steht; *der Vater steht über dem Leben*; ein eigentlicher Begriff für das Leben des Vaters fehlt jedoch" (Hervorhebung durch den Autor).
[42] Die beiden Stellen, an denen Origenes vom Vater als ungezeugter Freiheit spricht, sind in Ex. hom. 4,1 (GCS Orig. 6, 171); in Lev. hom 16,6 (6, 502).

tutiv des transzendenten ersten Prinzips aller Dinge.[43] In der Auslegung der Thronsaalvision Jesajas, nach der, wie er die biblische Vorlage liest, zwei Seraphim mit zweien ihrer drei Flügelpaare Gottes Haupt und Füße verbergen und mit dem letzten dritten lediglich seine Mitte sichtbar lassen, identifiziert der Alexandriner die Engel mit Sohn und Geist, die der Welt lediglich die schöpferisch-heilsgeschichtliche Bewegung des Vaters, nicht aber ihren Anfang und ihr Ende offenbaren: „Es ist unmöglich, den Ursprung Gottes zu finden. Den Ursprung der Bewegung Gottes bekommt man nirgends zu fassen – ich sage nicht: du, sondern überhaupt niemand noch etwas von dem, was ist. Allein der Erlöser und der Heilige Geist, die schon immer bei Gott gewesen sind, sehen sein Angesicht; und vielleicht sehen die Engel, die beständig das Angesicht des Vaters in den Himmeln sehen, auch die Ursprünge seiner Werke. So verbergen die Seraphim aber auch die Füße vor den Menschen; denn es ist unmöglich zu beschreiben, wie die letzten Dinge sind."[44] Die „Bewegung Gottes" bezeichnet zum einen ein passives Bewegtsein des Vaters, der sich, selbst nicht leidlos, von der Notlage seiner von ihm abgefallenen Geschöpfe, rühren lässt:

---

[43] Die Bedeutung dieser Gottesprädikaten kann, wie insbesondere *Th. Kobusch*, Der Begriff des Willens in der christlichen Philosophie vor Augustinus, in: *J. Müller/R. Hofmeister Pich* (Hrsg.), Wille und Handlung in der Philosophie der Spätantike (*Beiträge zur Altertumskunde* 287), München/Leipzig 2010, 277–300, 293, anhand zentraler Wegmarken seiner Rezeption darlegt, nicht hoch genug veranschlagt werden. Es handelt sich um nicht weniger als eine fundamentale Zäsur innerhalb der Geschichte der abendländischen Metaphysik insgesamt: „Von Origenes, der das Moralische gegenüber dem Naturhaften allererst zu Bewusstsein gebracht hat, wird Gott zum ersten Mal überhaupt die Freiheit selbst oder wörtlich: die ‚ungezeugte Freiheit' genannt. Meister Eckhart, Hegel und andere Autoren der neuzeitlichen Philosophie haben diese Gottesbezeichnung übernommen. Sie ist eine Denomination von großer Tragweite. Wie später Pascal selbst dem Gott der Philosophen, d. h. sowohl des Aristoteles wie auch Descartes', den Gott Abrahams, Isaaks und Jakobs gegenüberstellt, oder Kant von Gott, dem Herrn der Natur, jenen Gott unterscheidet, den er mit Leibniz das ‚Oberhaupt' im Reich der Personen nennt, so steht bei Origenes die ‚ungezeugte Freiheit' dem unbewegten Beweger als dem Repräsentanten des antiken Gottesbegriffs gegenüber."
[44] In Is. hom. 4,1 (GCS Orig. 8, 257 f.); Übersetzung: *A. Fürst/Ch. Hengstermann*, Origenes, Die Homilien zum Buch Jesaja (*Origenes. Werke mit deutscher Übersetzung* 10), Berlin/New York – Freiburg/Basel/Wien 2009. OWD 10, 229.

> „Leidet denn nicht auch der Vater und Gott des Universums, der ‚langmütig ist und voll Erbarmen und Mitleid' (Ps 103,8), in gewisser Weise? Oder weißt du etwa nicht, dass er, wenn er die menschlichen Dinge leitet, das menschliche Leid teilt? ‚Auf sich genommen hat Gott der Herr' nämlich ‚deine Sitten, so wie ein Mensch seinen eigenen Sohn auf sich nimmt' (Dtn 1,31). Also nimmt Gott unsere Sitten auf sich, so wie der Sohn unsere Leiden auf sich nimmt. Der Vater selbst ist nicht leidlos *(Ipse pater non est impassibilis)*. Wenn man ihn bittet, erbarmt er sich und hat er Mitleid, leidet er etwas von der Liebe und nimmt an, was unvereinbar mit der Größe seiner Natur ist, und erleidet um unseretwillen menschliche Leiden."[45]

Zum anderen meint es die aktive Bewegung der Erlösung, die der Vater, von Mitleid bewegt, aus freien Stücken auf sich nimmt. Medium seiner Bewegung sind ihm der Sohn und der Heilige Geist, die, wie er in einer ersten patristischen Lehre von der Bipolarität des ersten Prinzips darlegt, einerseits in der innertrinitarischen Teilhabe an ihm „ruhen" und sich andererseits in der heilsökonomischen Mitteilung „bewegen". So stellt es durchaus keinen Widerspruch dar, wenn der Logos- und der Pneuma-Seraph einerseits, wie es in der biblischen Vorlage heißt, „fliegen", andererseits aber zur Linken bzw. Rechten Gottes „stehen": „Wer könnte sagen: ‚Heilig, heilig, heilig!' (Jes 6,3) – außer den Seraphim? Sie aber ließen zumindest einen Teil Gottes, seine Mitte sozusagen, unverhüllt und riefen einander zu, während sie bei Gott standen und sprachen: ‚Heilig, heilig, heilig!' Sie stehen also und sie bewegen sich, sie stehen bei Gott, bewegen sich aber, wenn sie Gott kundtun. Gegenstand ihrer innertrinitarischen Schau wie ihrer extratrinitarischen Offenbarung ist die „Fülle der Heiligkeit Gottes",[46] des Vaters. Die Doxologie von Sohn und Geist ist ein „Bekenntnis, das allen zum Heil dient",[47] und ihrem Charakter nach prophetisch. Sie verkünden nichts anderes als die Ankunft Christi auf Erden, die Inkarnation, mit der das Reich des Vaters kommt und sein Wille auch allenthalben auf Erden geschieht:

> „Dabei sagen sie: ‚Heilig, heilig, heilig ist der Herr der Heere, erfüllt ist die ganze Erde von seiner Herrlichkeit' (Jes 6,3). Meines Herrn Jesu Christi Ankunft verkündigen sie. Jetzt also ist die ganze Erde erfüllt von

---

[45] In Hiez. hom. 6,6 (GCS Orig. 8, 384 f.).
[46] In Is. hom. 4,1 (8, 259): Übersetzung: *Fürst/Hengstermann*, OWD 10, 233.
[47] Ebd., 1,2 (8, 245); Übersetzung: ebd., 201.

seiner Herrlichkeit. Allerdings ist sie noch nicht erfüllt, sondern wird erst künftig erfüllt werden, wenn dem Gebet Genüge getan ist, mit dem der Herr selbst uns mit folgenden Worten zum Vater zu beten geheißen hat: ‚Wenn ihr betet, sprecht: Vater unser, der du bist in den Himmeln, geheiligt werde dein Name! Dein Reich komme! Dein Wille geschehe, wie im Himmel, so auch auf Erden!' (Mt 6,9f.)."[48]

Die Bitten des Vaterunsers finden dann, wie im Trishagion prophezeit, ihre Erfüllung, wenn alle Seelen, nicht nur die Christi, ganz zum Abbild der ursprünglichen „Bewegung Gottes" geworden sind. Es ist nicht weniger als der Endzweck von Geschichte und Kosmos, dass alle Geschöpfe in Freiheit die Selbstmitteilung des Lebens des Vaters in Sohn und Geist annehmen.

Der „Bewegung Gottes" als erster begrifflicher Kategorie der Beschreibung seines Lebens, das er bei der Schöpfung neidlos mitteilt und das sich in der Erlösung in Form der Wiederherstellung aller Dinge vollendet, entspricht die Eigenbewegung der Geistwesen, die der Alexandriner ebenfalls in den Grundbegriffen einer Metaphysik der Freiheit definiert. Als Güte in Person kann der Vater nicht umhin, freie Geistwesen nach dem Bild des Sohnes zu schaffen. Nur dann nämlich, wenn sie sein Geschenk aus freien Stücken zu bewahren vermögen, können die Geschöpfe Adressaten der neidlosen Selbstmitteilung sein, die sich erst in ihrer Zustimmung vollenden kann. Bei den Wesen nämlich, „die der seinem Wesen nach gute Vater", so spekuliert Origenes über die ersten Dinge, „haben wollte, damit er ihnen Gutes tun und sie Freude an den von ihm empfangenen Wohltaten empfinden könnten", handelt es sich um „seiner würdige Geschöpfe, d.h. solche, die ihn, von ihm, wie er sagt, als ‚Söhne gezeugt' (Jes 1,2), würdig zu erfassen imstande wären."[49] Hierzu gehört eben die Freiheit des Willens, mit der die im einen Sohn geschaffenen vielen Söhne das vom Vater empfangene Gut seiner Seins- und Geistfülle zu ihrem eigenen zu machen vermögen: „Der Schöpfer gewährte den von ihm geschaffenen Geistwesen die Bewegungen eines freien Willens *(voluntarios ... et liberos motus)*, damit in ihnen dadurch, dass sie es mit ihrem eigenen Willen *(voluntate propria)* bewahrten, ein ihnen eigenes Gut *(bonum in eis proprium)*

---

[48] Ebd., 1,2 (8, 245); Übersetzung: ebd., 201.
[49] Princ. IV 4,8 (GCS Orig. 5, 359); Übersetzung nach p. 809 *Görgemanns/Karpp*.

entstünde."⁵⁰ Die „Bewegung des freien Willens" definiert Origenes in den beiden von ihm verfassten Freiheitsabhandlungen der frühen Prinzipien- und späten Gebetsschrift in stoischen Termini als „Gebrauch" der Umwelt bzw. der Affekte und Regungen, in denen sich diese der Seele darstellt, im Sinne des universalen Geistgesetzes der Urvernunft, des Sohnes, nach dessen Bild und Gleichnis sie geschaffen worden ist. Die Wahl zwischen den verschiedenen Handlungsmöglichkeiten, zu der das Geist- und Moralwesen imstande ist, hat die gottebenbildliche Vernunft zum Prinzip. Von allen bewegten Wesen ist allein der Mensch dazu imstande, die erste affektive Reaktion auf einen äußeren Reiz dem rationalen Urteil *(krisis)* zu unterwerfen und seine Zustimmung *(sunkatathesis)*, die allein bei ihm liegt, der für gut befundenen Regung zu geben und der für böse befundenen zu versagen. Origenes folgt Chrysipp und Epiktet, wenn er die bewusste und willentliche Eigenbewegung des Subjekts zunächst als vernunftgeleiteten Umgang mit einem äußeren „Vorkommnis" *(gignomenon)* und den unwillkürlichen Regungen, die sich infolgedessen im Innern des Subjekts einstellen, auffasst: „Die Entscheidung aber, mit dem Vorkommnis so oder anders umzugehen, ist", so formuliert der Alexandriner einen strikten handlungstheoretischen Monismus unverkennbar stoischer Provenienz, *„einzig und allein* Sache der Vernunft in uns, die uns entweder zu denjenigen Ansätzen [sc. zur Schau des Edlen und Niederen], die uns zum Schönen und Zukommenden aufrufen, oder uns zum Gegenteil treiben."⁵¹ Diese Entscheidung ist das erste Prinzip des Daseins jedes Geistwesens, das sich beim „Gebrauch" des Vorkommnisses entweder für ein Dasein im Sinne des göttlichen Abbildes oder für eines im Sinne bloßer tierischer Triebbefriedigung entscheidet. Ebenso degenerieren die Seelen, die sich ihren animalischen Trieben überlassen, zur „Schlangenbrut" (Mt 3,7), als die Johannes der Täufer, der letzte der alttestamentlichen Propheten, die heuchlerischen Pha-

---

⁵⁰ Ebd., II 9,2 (5,165); Übersetzung nach ebd., 405. Vgl. die prägnante Zusammenfassung der origeneischen Schöpfungstheologie in freiheitsmetaphysischer Perspektive bei *Kobusch*, Begriff des Willens (s. Anm. 43), 294: „Was Gott, die ‚ungezeugte Freiheit', will und durch die Schöpfung initiiert hat, ist somit nicht eine fertige Welt der Freiheit, sondern die Möglichkeit der Selbstentfaltung endlicher Freiheit."
⁵¹ Ebd., III 1,3 (GCS Orig. 5, 198); Übersetzung nach p. 469 *Görgemanns/Karpp* (Hervorhebung: Chr. H.).

risäer und Sadduzäer geißelt, oder zu „Hengsten, feist und geil", von denen ein jeder, wie sein Vorgänger Jeremia in drastischer Diktion anprangert, „nach der Frau seines Nächsten wiehert" (Jer 5,8). Sie sind nicht länger Menschen, sondern, wie in den Scheltpredigten Johannes' und Jeremias deutlich wird, „Schlangen-" bzw. „Hengstmenschen."[52] Wo der Mensch nämlich nicht dem Gesetz des Geistes, das der Vater ihm im Sohn und Geist in sein Herz bzw. seine Seele geschrieben hat, folgt, sondern sich den Antrieben der Seele überlässt, die er mit dem Tier, sei es dem Hund oder dem Schwein, sei es der Schlange und dem Pferd, gemein hat, ist seine Bewegtheit nicht die eines Menschen, keine selbstbestimmte Eigenbewegung, sondern die instinktgesteuerte Bewegung des Tieres. Demgegenüber gilt es, das Tier im Menschen, d.h. die niederen Bewegungen seiner niederen Seelenteile, in einem vernunftgeleiteten Reflexionsprozess gleichsam als Opfer darzubringen: „Und unter Mensch, so glaube ich, ist der zu verstehen, der ‚geschaffen nach dem Bild und Gleichnis Gottes', vernünftig *(rationabiliter)* lebt. Dieser bietet Gott also ein ‚Kalb' dar, wenn er den Stolz des Fleisches besiegt, ein Schaf, wenn er die vernunft- und geistlosen Bewegungen berichtigt, und einen Bock, wenn er die Wollust überwindet."[53] Nur dann nämlich, wenn er in Vernunft und nicht in Zorn und Begierde handelt, ist der Mensch, wie es die Schrift durch die tiefsinnige Verdopplung des Begriffs deutlich macht, Mensch und nicht Tier: „In ihm nämlich ist die Heimstatt der Tugenden, in ihm, alle Erkenntnis und Einsicht, in ihm die Erneuerung des göttlichen Bildes. Wenn er seine Gestalt, in der er ‚im Anfang' von Gott geschaffen worden ist, wiedererlangt und durch die Wiederherstellung der Tugenden die Schönheit seiner ursprünglichen Form wiedererlangt hat, dann kann er Gott Opfergaben darbringen und dann ist er nicht mehr nur Mensch, sondern ‚Mensch Mensch'."[54] Paradoxerweise ist der Mensch im eigentlichen Sinne, der „Mensch Mensch", der sich seinem Urbild in Handlung und Betrachtung angeglichen hat, überhaupt „nicht mehr Mensch",[55]

---

[52] In Hiez. hom. 3,8 (GCS Orig. 8, 356).
[53] In Lev. hom. 2,2 (GCS Orig. 6, 290 f.).
[54] In Num. hom. 24,2 (GCS Orig. 7, 228).
[55] So gibt Origenes seinem Mäzen Ambrosios im Proöm des Johanneskommentars (in Ioh. comm. I 2,9 [GCS Orig. 4, 5]) im Sinne seiner *homoiosis*-Anthropologie die Ehre: Als „Mensch Gottes" (1 Tim 6,11) und „Mensch in Christus" (2 Kor 12,2) ist er „nicht mehr Mensch", sondern „geistig" (1 Kor 2,15).

sondern selbst Gott. Sowohl „Mensch" wie auch „Seele" bezeichnen nämlich nichts anderes als das gefallene Dasein des Geistes. Entweder nämlich ist der Mensch, wie es die biblischen Begriffe ausdrücken, „Wahrheit", die Fülle des geistigen Seins, und hat Gott zum Vater, oder er ist „Lüge", Mangel und Nicht-Sein, und mithin Sohn des Teufels: „Wir haben dies aber dargelegt, auf dass wir mit aller Kraft das Menschsein fliehen und eilends zu Göttern werden, denn insoweit wir menschlich sind, sind wir lügenhaft, wie auch der ‚Vater der Lüge' lügenhaft ist. Es besteht aber kein Unterschied, ob wir an ein und demselben Namen oder der von dem Namen bezeichneten Sache teilhaben. Ich sage ‚wir', solange wir noch Menschen bleiben, und spreche vom ‚Teufel', der als Lügner bezeichnet wird."[56] Diese Angleichung der Selbstbewegung der Seele an die „Bewegung Gottes" ist ihr „wahres Leben". Im „schönen" Handeln bildet sie den Sohn, die vollkommene Ordnung der intelligiblen Welt in Weisheit, Wort und Wahrheit, in ihrem Charakter nach:

> „Lasst uns also in dem neuen Leben wandeln! Ihm, der uns mit Christus auferweckt hat, wollen wir uns täglich als neue Menschen zeigen, und zwar als immer schönere Menschen, weil wir die Schönheit unseres Antlitzes in Christus wie in einem Spiegel gewinnen. Lasst uns in ihm die Herrlichkeit des Herrn betrachten und so in dasselbe Bild umgewandelt werden (vgl. 2 Kor 3,18), weil Christus, von den Toten auferstanden, von der irdischen Niedrigkeit zur Herrlichkeit der Majestät des Vaters aufgestiegen ist."[57]

In buchstäblich allen Lebensvollzügen nämlich soll die Seele den Sohn, die Herrlichkeit des Vaters in Person, augenfällig gegenwärtig werden lassen: „Wie", so fragt Origenes seine Gemeinde in einer Homilie provokant, „geschieht durch jeden Einzelnen von uns die Fülle der Herrlichkeit Gottes?" Die Antwort besteht im christologischen Tugendideal, nach dem das Wesen Christi selbst der Seele zum Formprinzip aller ihrer Bewegungen wird: „Wenn das, was ich tue oder sage, zur Verherrlichung Gottes geschieht, wird mein Reden und Handeln erfüllt von der Herrlichkeit Gottes. Wenn mein Kommen und Gehen zur Verherrlichung Gottes geschieht, wenn meine

---

[56] Ebd., X 29,266f. (4, 367).
[57] In Rom. comm. V 8 (II p. 430f.); Übersetzung: *Th. Heither*, Origenes, Commentarii in Epistulam ad Romanos / Römerbriefkommentar II. Lateinisch/Deutsch (*Fontes Christiani* 2/3), Freiburg u. a. 1992, 149–151.

Speise, mein Trank, wenn alles, was ich tue, zur Verherrlichung Gottes geschieht, habe auch ich teil an dem Wort: ‚Erfüllt ist die Erde von seiner Herrlichkeit' (Jes 6,3)."[58] Die Tugend, die Angleichung der Seele an den Sohn und Geist in der Flucht aus Welt und Körper, vollzieht sich zunächst also nicht als Verneinung ihres irdischen Lebens, sondern, im Gegenteil, als seine umfassende Verklärung im Lichte der Herrlichkeit des Vaters. Der Sohn soll, so die ethische Anwendung des psychologischen Hylemorphismus, zur Form des Lebens in all seinen Facetten werden. Bis hin zu elementaren Tätigkeiten wie Essen und Trinken[59] soll die disparate Vielheit des menschlichen Daseins, die „Materie" für Christi gestaltendes Wirken, das eine Wort, Christus als Verkörperung des apriorischen und biblischen Sittengesetzes, zur Anschauung bringen und ihn dadurch, so fügt Origenes in seiner Vollkommenheitslehre von der *homoiosis theo* Ontologie und Ethik konsequent zusammen, wirklich gegenwärtig machen. Dem „schönen Menschen", als den Origenes den „einzigen Mann" bezeichnet, ist der Sohn „alles in allem". „Gott", so greift er in seiner Tugend-Christologie das berühmte Platon-Diktum auf, wird ihm zum „Maß aller Dinge",[60] der geistigen wie der körperlichen:

> „Ich glaube nun, dass der Satz, Gott sei ‚alles in allem' (1 Kor 15,28), bedeutet, dass Gott auch in jedem Einzelnen ‚alles' ist. Im Einzelnen ist er vermutlich aber auf folgende Weise alles: Wenn der vernünftige Geist ganz von aller Hefe der Sünde gereinigt und alle Dunkelheit der Bosheit von ihm genommen ist, dann wird alles, was er empfinden, erkennen und denken kann, Gott sein. Er wird nichts anderes mehr denn Gott empfinden, Gott denken, Gott sehen, Gott haben. Gott wird das Maß all seiner Bewegungen sein und so wird Gott für ihn alles sein."[61]

---

[58] In Is. hom. 4,2 (GCS Orig. 8, 259); Übersetzung: *Fürst/Hengstermann*, OWD 10, 235.
[59] Vgl. hierzu auch princ. III 2,2 (GCS Orig. 5, 247 f.).
[60] Dem *homo-mensura*-Satz des Protagoras stellt Platon, Nom. IV 716 c 4 – d 1, das Maß selbst, den Gott als Einheit und Güte, entgegen: „Eigentliches Maß aller Dinge dürfte für uns also die Gottheit sein, und diese Behauptung ist weit berechtigter als die, welche jetzt gang und gäbe ist, der erstbeste Mensch sei das Maß der Dinge. Wer also einem Wesen, wie es die Gottheit ist, wohlgefällig werden will, der muss mit allen Kräften bestrebt sein, auch selbst ihm ähnlich zu werden."
[61] Princ. III 6,3 (5, 283); Übersetzung nach p. 649–651 *Görgemanns/Karpp*.

Nur wenn die Seele sämtliche ihrer Eigenbewegungen ihrem Urbild angeglichen hat, also heilig wie Gott selbst geworden ist, kann sie schließlich als im eigentlichen Sinne lebendig angesprochen worden. Für seine christlich-platonische Soteriologie des göttlichen Lebens als einzig wahren Lebens der Seele macht sich Origenes die ethisch-ontologische Doppelprädikation Gottes in der Schrift zunutze. Ist Gott, der sich Mose in Ex 3,14 als „der Seiende" vorstellt, zugleich der Gute und der Heilige, dann gebricht es dem Sünder nicht nur an Güte und Heiligkeit, sondern *strictu sensu* auch an Leben und Sein, das er im Akt der Sünde verwirkt: „So könnten alle die, die am ‚Seienden' teilhaben – und es sind die Heiligen, die an ihm teilhaben –, mit Recht ‚Seiende' genannt werden. Die dagegen, die sich von der Teilhabe am ‚Seienden' abgewandt haben, hat dieser Verlust des ‚Seienden' zu ‚Nichtseienden' werden lassen."[62] Wenn nämlich das „Sein im eigentlichen Sinn", als das sich der Vater Mose offenbart, zugleich „Heiligkeit" und „Leben" ist, so kann es kein Leben ohne Heiligkeit geben: „Wenn Gott also, wie es heißt", so überbietet Origenes ein stoisches Aperçus, „ein Gott der Heiligen und der Lebenden ist, dann sind die Heiligen lebendig und die Lebenden heilig, dann gibt es weder einen Heiligen außerhalb der Lebenden noch irgendeinen, der nur lebendig genannt würde, ohne dass ihm mit dem Leben auch das Heiligsein zukäme."[63] Erst in der Vollendung seiner Freiheit in einem Leben der Heiligkeit, in der Christus ihm zum Formprinzip all seines Denkens und Handelns geworden ist, findet das Geistwesen vom Nicht-Sein zum Sein.

Ziel des dynamischen Kosmos, innerhalb dessen der Vater im Sohn alle Dinge „vom Nicht-Sein zum Sein" führt, ist die Wiederherstellung aller Dinge, in der alle von ihm gezeugten Eigenbewegungen mit seiner eigenen einer gütigen Selbstmitteilung zur Einheit kommen. In seiner Widerlegung der kosmologischen Theorie vom Weltenende, wie es die Stoiker vertreten, erhebt Origenes abermals die Freiheit zum Prinzip und Zweck des Weltenlaufs. Nicht das Feuer als höchstes schöpferisches Element, sondern die Freiheit aller im Sohn vereinten Geistwesen vollendet die geschaffene Welt: „Die Stoiker behaupten nun, wenn das ihrer Meinung nach stärkere Element die Oberhand über die anderen Elemente erlangt habe, dann werde

---

[62] In Ioh. comm. II 13,98 f. (GCS Orig. 4, 69).
[63] Ebd. II 17,118 (4, 73 f.).

der Weltenbrand eintreten und sich alles in Feuer verwandeln. Wir aber sagen, dass irgendwann einmal das Wort die gesamte Vernunftnatur beherrschen und alle Seelen zu seiner Vollkommenheit umgestalten wird, nämlich dann, wenn jeder Einzelne durch den Gebrauch seiner Freiheit allein das wählt, was er will, und zu dem wird, was er gewählt hat."[64] An die Stelle des körperlichen Feuers der Stoiker, das am Ende eines Weltenzyklus in Gestalt der Sonne, wie es der Lauf der Gestirne unumgänglich macht, alle anderen vernichtet, tritt bei Origenes das verzehrende Feuer des Vaters, der, wie es sein heilstrinitarisches Schema vorsieht, im Sohn die gefallenen Geistwesen von ihren Verfehlungen reinigt. Das geistige Feuer am ursprünglich mosaischen Weltenende verzehrt nämlich nicht etwa das indifferente Leben, das physische Dasein der Lebewesen, sondern das falsche der „Sünde der Welt", die der Vater in Sohn und Geist im äonenlangen Prozess der Erziehung und Reinigung „hinwegnimmt". Gewähr für das universale Gelingen menschlicher Freiheit, mit dem auch die göttliche ihre Erfüllung findet, ist Christi Heilswirken an den Geistwesen. Anders als bei körperlichen Erkrankungen, von denen einige unheilbar sind, gibt es unter den geistigen, den Sünden, keine, die der Sohn nicht zu heilen vermöchte: „Das Wort wendet nämlich seine Heilkraft, die stärker als alle Übel in der Seele sind, gemäß dem Willen Gottes auf eine jede an, und das Ende der Dinge ist die Aufhebung des Übels."[65]

4. Pleroma und Zoe – Die Wiederentdeckung des ersten Paradigmas christlicher Philosophie

Leben und Fülle sind zentrale begriffliche Kategorien des ersten großen Systementwurfs einer christlichen Metaphysik. Seine Wiederentdeckung durch Ralf Miggelbrink hat mit dieser ersten christlichen Philosophie eine Reihe von Grundüberzeugungen gemein, die sein Werk als systematische „Wiederentdeckung" zentraler spekulativer

---

[64] Cels. VIII 72 (GCS Orig. 2, 288 f.); Übersetzung nach *C. Barthold*, Origenes, Contra Celsum / Gegen Celsus. Fünfter Teilband (*Fontes Christiani* 50/5), Freiburg/Basel/Wein 2012, 1465–1467.

[65] Cels. VIII 72 (GCS Orig. 2, 288 f.); Übersetzung nach *Barthold*, FC 50/5, 1467.

Einsichten ursprünglichen christlichen Philosophierens erscheinen lassen.

Wie die christliche Philosophie des Origenes stellt sich das Paradigma der Lebensfülle, das Miggelbrink begründet, durchweg als eine antignostische Metaphysik der Freiheit dar, in der der Mensch als freies Subjekt Anteil an der göttlichen Lebensfülle zu erlangen vermag. Hierzu knüpft der Autor wiederholt ausdrücklich an die spätantike Auseinandersetzung der Kirche mit der Gnosis an. Die Betonung menschlicher Freiheit als Angleichung an Gott, die er gegenüber dem Determinismus antiker wie moderner Gnostiker verteidigt, verbindet Miggelbrink ebenso mit Origenes und der griechischen Patristik allgemein wie die starke Akzentuierung der Fleischwerdung gegenüber dem Kreuzestod Jesu innerhalb einer emphatisch universalistischen Christologie. Die Annahme des vielgestaltigen Lebens als Grundkategorie der philosophischen Entfaltung der biblischen Botschaft hat beim antiken Kirchenvater wie beim zeitgenössischen systematischen Theologen eine starke Betonung des Bewegungsbegriffs zur Folge, der hier wie dort auf Gott wie auf den Menschen Anwendung findet. Der Gott der Heiligen Schrift kann nicht anders denn als Bewegung und Dynamik gedacht werden, an die der Mensch, selbst abbildhafte Freiheit, in der Vielzahl seiner konkreten Lebensvollzüge Anteil erlangen kann und soll. Es ist das große Verdienst Miggelbrinks, diese Grundeinsicht des Christentums zum Kern eines zeitgemäßen Entwurfs einer begründeten Rede von Gott gemacht zu haben.

Baruch de Spinoza – Lebensfülle im Erkenntnisprozess

Katharina Sternberg

Mit dem niederländischen Philosophen Baruch de Spinoza verbindet sich gemeinhin ein radikaler Monismus. Alles ist in und durch Gott. Die Welt ist Ausdruck des göttlichen Seins. Gleichwohl stellt sie sich für uns oft gegenteilig dar. Wenn es aber nichts außerhalb Gottes gibt, wie können wir Gott dann als Seinsfülle begreifen, wenn die Erfahrung, die wir in und mit der Welt machen doch anderes zeigt?

Schlechtigkeit und Unvollkommenheit sind nach Spinoza Eigenschaften, die sich nicht aus der Natur einer Sache selbst ergeben. Es sind Eigenschaften, die der Mensch den Dingen zuschreibt, die seinem Streben nach Seinserhaltung im Wege stehen. Sie ergeben sich so nicht aus der Natur des Dings, sondern aus der Natur des Menschen. So schreibt Spinoza: „es geschieht nichts in der Natur, das man ihr als Fehler zurechnen könnte".[1] Die Dinge, die der Mensch als schlecht begreift, sind dabei wesentlich durch die negativen Affekte charakterisiert, die aus inadäquaten Ideen, also mangelnder Erkenntnis seiner selbst und der Natur herrühren. Das, was der Mensch als gegenteilig zur Fülle erfährt, ist folglich Produkt eines Erkenntnismangels. Der Mensch, der sich selbst zu erhalten und zu vervollkommnen strebt, braucht eine Kenntnis seiner eigenen Natur, um zu wissen, was ihn dieses Ziel erreichen lässt. Der endliche Verstand des Menschen lässt dabei aber Irrtümer zu. So erkennt der Mensch in Dingen einen Widerspruch zu seinem eigenen Sein, aber nur weil er bloß eine unzureichende Kenntnis über die Natur der Dinge und über die Natur seiner selbst hat. Er richtet sein Streben auf bestimmte Ziele und Güter, im Glauben, sie würden ihm zu mehr Seinsmacht verhelfen. Gleichzeitig deutet er Dinge als schlecht, die seinem Ziel entgegenstehen. Das fehlgeleitete Streben des Menschen, das aus einem Erkenntnismangel resultiert, produziert Leiden. Der Mangel an Erkenntnis lässt falsche Zielvorstellungen in ihm ent-

---

[1] B. de Spinoza, Die Ethik nach geometrischer Weise dargestellt, Berlin 1955, Ethik III Praef.

stehen und schließlich bleibt sein Streben unerfüllt, denn er bleibt in Unkenntnis über das, was ihm eigentlich wesenhaft entspricht.

Spinoza sieht den Grund dieser Unerfülltheit darin, dass der Mensch sein Streben auf äußere, wandelbare Dinge richtet. Der Mensch konzentriert sich auf „Reichtum, Ehre und Sinnenlust"[2], die er zu vermehren sucht. Diese aber können keine wahre Glückseligkeit versprechen, da sie von äußerlichen und unsicheren Dingen abhängen.

„[Die Freude] steigert sich (…) je mehr man davon besitzt, und so werden wir immer mehr und mehr verlockt, beides Besitz und Freude zu vermehren. Wenn wir uns aber einmal in unseren Hoffnungen getäuscht sehen, dann entsteht daraus die größte Unlust."[3]

Mit dieser Beobachtung spricht Spinoza ein zentrales Phänomen unserer Zeit an. In der spätmodernen Gesellschaft stellt Geld das zentrale Paradigma dar; alle grundlegenden Lebensbereiche werden durch ökonomische Fragestellungen bestimmt. Das wirtschaftliche System unserer Zeit ist der Kapitalismus. Ralf Miggelbrink konstatiert, dass in den kapitalistischen Denksystemen gerade die Unerfülltheit die treibende Kraft ist. Der Kapitalismus ist, so Miggelbrink, geprägt von einer Mangelorientierung, von dem Wunsch, immer mehr zu haben. Der Mensch als *homo oeconomicus* strebt nach Gewinnmaximierung.[4] Dabei kann keine wahre Zufriedenheit erreicht werden, denn in diesem Sinne beschreibt Fülle eine stets steigerbare Quantität an Gütern. Eine Fülleerfahrung stellt sich deshalb nicht ein, da das Begehrte wandelbar und unsicher ist. Was Spinoza im 17. Jahrhundert erkannte, ist auch heute von hoher Relevanz: Geld als äußeres und unsicheres Gut kann den Menschen nicht wahrhaft glücklich machen.

Für Spinoza zeigte sich sehr früh in seinem Leben, dass dauerhaftes Glück und Freude keine Resultate äußerer Ursachen darstellen können. Der Mensch ist, je nach Kontext, immer je anderen Einflüssen ausgesetzt. Die Tatsache der generellen Beeinflussung ist als sol-

---

[2] *B. de Spinoza*, Abhandlung über die Verbesserung des Verstandes, in: C. Gebhardt (Hrsg.), Baruch de Spinoza Sämtliche Werke in sieben Bänden (5), Hamburg 1977, (3).
[3] *B. de Spinoza*, Abhandlung (s. Anm. 2), (5).
[4] Vgl. R. *Miggelbrink*, Lebensfülle. Für die Wiederentdeckung einer theologischen Kategorie, Freiburg im Breisgau 2009, 13.

che zwar stetig, nicht aber der konkrete Einflussfaktor selbst. Beeinflussende Faktoren sind nicht dauerhaft, sondern kontextabhängig. Wird das höchste Gut in einem Ding gesucht, das ungewiss und wandelbar ist, dann kann sich daraus keine dauerhafte Glückseligkeit ergeben. Spinoza sucht danach, „das zu finden, dessen Erwerb dem Gemüt ständige und höchste Lust in Ewigkeit bereitet"[5]. Die Fülle des Lebens kann nach Spinoza nicht daran gemessen werden, was den Menschen äußerlich umgibt und auf ihn einwirkt. Erst ein „ewiges und unwandelbares Ding"[6], kann als höchstes Gut wahre Glückseligkeit bewirken.

Spinozas eigene Biographie wird in der Entstehung dieser Erkenntnis wohl auch eine essentielle Rolle gespielt haben. Sein Lebenslauf lässt objektiv auf wenig Lebensfülle schließen. Baruch de Spinoza wurde 1632 in Amsterdam geboren. Er war der Sohn einer sephardischen Kaufmannsfamilie aus Portugal, die im Zuge der Inquisition in die liberalen Niederlande geflohen war. Spinoza wuchs in einem jüdisch-orthodoxen Umfeld auf, hinterfragte diese Lebensweise und den Glauben jedoch immer stärker, je mehr er durch das Studium mit liberalem Gedankengut in Kontakt kam.

Sein Freund Uriel da Costa, der, wie nun auch Spinoza, kritisch gegenüber der Orthodoxie eingestellt war, wurde in seinem Beisein öffentlich von der jüdischen Gemeinde vor der Amsterdamer Synagoge totgetrampelt. Auch Spinoza, der sich, alarmiert durch dieses Ereignis in der Äußerung seiner kritischen Gedanken stark zurückhielt, wurde schließlich mit dem *Cherem* aus der jüdischen Gemeinde von Amsterdam ausgeschlossen. Er ließ sich daraufhin in Rjinsburg nieder und widmete sich ganz der Entwicklung seiner philosophischen Ideen. Er lebte ein sehr bescheidenes, familienloses Leben als Linsenschleifer. Dieses Leben als ein erfülltes zu beschreiben ergibt sich nicht aus der oberflächlichen, äußeren Betrachtung. Es steht jedoch ganz genau im Einklang mit dem, was Spinoza selbst in seiner Ethik als glückseliges Leben beschreibt: das erkenntnisgetragene Leben.

Die Freiheit des Geistes, das Streben nach vernünftiger Erkenntnis und der Einklang des Selbst mit der Natur bilden die Grundpfeiler von Spinozas Ethik. Mit seinem Leitprinzip *Deus sive natura*,

---

[5] B. de *Spinoza*, Abhandlung (s. Anm. 2), (1).
[6] Ebd., (10).

mit dem er Gott und Natur gleichsetzt, stellt sich Spinoza dezidiert gegen die jüdisch-christliche Vorstellung eines transzendenten, personalen und richtenden Gottes. Der Mensch erkennt Gott nicht durch Offenbarung, sondern allein durch das vernünftige Durchdringen der Natur und ihrer Teile.[7] Je mehr der Mensch die Natur und ihre Gesetze versteht, desto mehr erkennt er Gott. Lebensfülle ist nicht geknüpft an äußere Güter, sondern ist ein inneres, erkenntnisgebundenes Geschehen. Sie resultiert aus der vernünftigen Erkenntnis des Selbst, der Natur und ihrer Teile als Einheit und dem damit verbundenen neuen Blick des Subjekts auf ein äußeres Geschehen. Diese Erkenntnis spiegelt sich in den notwendig daraus hervorgehenden Handlungen. Die Erkenntnis der Einheit impliziert die Erkenntnis der Notwendigkeit, mit der alles Seiende aus dem Wesen Gottes folgt. Das höchste Glück und Ziel des Menschen besteht in der Vollendung seines Verstandes. Damit ist für Spinoza das höchste Gut gefunden: „die Erkenntnis der Einheit, die den Geist mit der gesamten Natur verbindet."[8]

1. Die Welt als Fülle: Ontologische Grundlagen

Alles, was ist, ist in Gott und folgt aus der Notwendigkeit seiner Natur.[9] Die Erkenntnis der Notwendigkeit, aus der heraus alles ist und alles als Einheit verstehbar wird, ist die Erkenntnis der Fülle des göttlichen Seins, aus der alles hervorgeht. Für die Begriffe von Einheit und Notwendigkeit ist nun der Begriff der spinozistischen Substanz essentiell.

Spinoza vertritt eine All-Einheitslehre, in der alles Seiende Modifikation der einen Substanz ist, die Spinoza begreift als Gott/Natur. Die Substanz ist etwas, „was in sich ist, und durch sich begriffen wird, das heißt das, dessen Begriff, um gebildet werden zu können, den Begriff eines anderen Dinges nicht bedarf"[10]. Da außerhalb Gottes nichts ist und sein kann, existiert Gott notwendig.

---

[7] Vgl. Y. *Yovel*, The Infinite Mode and Natural Laws in Spinoza, in: Y. Yovel (Hrsg.), God and Nature Spinoza's Metaphysics, Köln 1991, 79–96, 80.
[8] B. *de Spinoza*, Abhandlung (s. Anm. 2), (13).
[9] Vgl. B. *de Spinoza*, Ethik (s. Anm. 1), I, Lehrsatz 29, Lehrsatz 36.
[10] B. *de Spinoza*, Ethik (s. Anm. 1), I, Def. 3.

In jeder Wirkung spiegelt sich nun die Substanz als Ursache wider. In allem Seienden zeigt sich in einer mehr oder weniger vollkommenen Art und Weise das göttliche Sein als Sein der Natur. Spinoza beschreibt Gott und die Natur als eine Einheit *(Deus sive natura)*. Alles Seiende, spinozistisch verstanden als Modus der Substanz Gott, ist im göttlichen Sein enthalten und drückt so die Wesenheit Gottes in bestimmter Weise aus. Zudem folgt alles, was ist, in einer notwendigen Weise aus der Natur Gottes, d.h., alles, was ist, ist notwendig und kann nicht anders gedacht werden. Die Welt ist für Spinoza Selbstmitteilung Gottes: Gott teilt sich selbst durch sich selbst mit.[11] Die Selbstmitteilung Gottes geschieht durch Attribute, also Ausdrucks-/Seinsweisen, derer ihr unendlich viele zukommen.[12] Sowohl Denken als auch Ausdehnung sind Attribute der Substanz, die vom Menschen – begriffen als Modus der Substanz- wahrgenommen werden können. Denken und Ausdehnung sind, trotz unterschiedlicher Ausdrucksweisen, eine Einheit; sie sind substanzeins und folgen derselben göttlichen Notwendigkeit.[13] In ihnen manifestiert sich das göttliche Sein. Die Welt, wie sie ist, ist bereits Ausdruck der göttlichen Seinsfülle. Gott ist dementsprechend keine transzendente Wirklichkeit, sondern radikal immanent.

Spinozas System zeigt so eine einheitliche Theorie der Welt, in der alle Teile der Welt verstanden werden als Modi, die einen internen Bezug zu der einen Substanz als dem Weltganzen haben.

Der Mensch, als Modus Gottes, ist endlich und hat nicht von Beginn an eine Kenntnis über die Ursache von Dingen, geschweige denn von sich selbst. Der Mensch ist durch seinen endlichen Verstand Irrtümern ausgesetzt. Dennoch kann er die Ordnung der Natur mittels seiner Vernunft einsehen.

Ziel seines Erkennens ist es, dass der Mensch – als Modus – sich als Teil eines sinnvollen Ganzen versteht und an diesem partizipiert, indem sein Handeln entsprechend seiner adäquaten Selbsterkenntnis, derselben Notwendigkeit folgt, der auch die Natur unterliegt, deren Teil er ist.[14]

---

[11] Vgl. *B. de Spinoza*, Kurze Abhandlung über Gott, den Menschen und dessen Glück, in: W. Bartuschat (Hrsg.), Baruch de Spinoza, Werke Band 1, Hamburg 2006, 17–120., Kap. 24 (13).
[12] Vgl. *B. de Spinoza*, Ethik (s. Anm. 1) I, Def.6.
[13] Vgl. ebd., II, Lehrsatz 7.
[14] Vgl. *B. de Spinoza*, Abhandlung (s. Anm. 2), (25).

Der Zugang zum Weltganzen und dessen Seinsfülle geschieht folglich durch Erkenntnis dessen, was alles Seiende, auch das eigene, wesentlich und notwendig ausmacht. Der Mensch, der die Natur erkennt, ist auch im Stande sich selbst besser zu erkennen. Er erschließt sich die Notwendigkeit, aus der heraus alles existiert. Dieser Erkenntnis folgend entspringt auch sein Handeln und Erkennen einzig aus der Notwendigkeit seiner Natur.

Der Mensch bildet sein Selbst erst im Erkennen. So bedeutet jede Erkenntnis, nach Spinoza, das sukzessive Vervollkommnen des Menschen. Dieser durch die Erkenntnis erfolgende Prozess der Seinssteigerung erfüllt den Menschen mit Lust. Nach Spinoza strebt jedes Sein danach, in seinem Sein zu verharren.[15] Spinoza verknüpft mit diesem Streben den Affekt der Freude als Seinserhaltung bzw. -steigerung. Jede adäquate Erkenntnis ist so verbunden mit der prozesshaften Erfüllung des dem Menschen wesenhaften Strebens nach Sein. In der Entsprechung dessen, was dem Menschen wesentlich ist, liegt die Ursache seiner Lust. Das menschliche Streben nach Sein ist, spinozistisch gedeutet, nicht als Mangel an etwas zu betrachten, sondern als Wesenheit des Menschen selbst.[16] Das Streben des Menschen, indem es adäquat erkannt wird, ist so selbst Zeugnis der Fülle des Seins. Indem Spinoza die Wesenheit der Dinge als ein Streben versteht, begreift er sie als Dynamik. Das Sein selbst zeigt sich in der Dynamik, in der Funktionsweise und dem Wirken alles Seienden. Die Interaktion zwischen den Teilen der Natur ist Ausdruck des göttlichen Seins, das alles unter sich fasst. So kann die Substanz auch als Produktivität, Aktivität oder Energie bezeichnet werden.[17] Diese alles durchdringende Energie ist Ausdruck der Seinsfülle Gottes, womit eine Brücke zu Ralf Miggelbrinks Konzept der Lebensfülle hergestellt werden kann, demzufolge Fülle gedeutet wird als „ein Geschehen göttlicher Produktivität, in der Gott sich realisiert als ursprünglich gebärende Wirklichkeit"[18].

---

[15] Vgl. *B. de Spinoza*, Ethik (s. Anm. 1), III, Lehrsatz 6.
[16] Vgl. ebd., III, Lehrsatz 7.
[17] Vgl. *R. Pasotti*, Spinoza: The Metaphysician as Healer, In: J. B. Wilbur (Hrsg.), Spinoza's metaphysics, Amsterdam 1976, 106–114., 109.
[18] *R. Miggelbrink*, Lebensfülle (s. Anm. 3), 246.

2. Der Zugang zur Fülle des Seins durch Erkenntnis

In der Erkenntnis der Ursache, aus der heraus alles notwendig folgt, fallen Natur-, Selbst- und Gotteserkenntnis in eins. Durch jede Erkenntnis nähert sich der Mensch dem göttlichen Gesamtzusammenhang. Spinoza unterscheidet in seiner Erkenntnistheorie zunächst zwischen inadäquaten und adäquaten Ideen.[19] Der Mensch wird aufgrund seiner komplexen Natur auf vielfache Weise von seiner Umwelt beeinflusst.[20] So ist sein Handeln, Wahrnehmen und Empfinden oft von außen durch Umweltreize gesteuert, was dem Menschen nicht zwangsläufig bewusst ist. Der Mensch hat erst dann eine adäquate Idee von etwas, wenn er sich dessen Ursprung auch bewusst ist. Adäquat ist eine Idee dann, wenn die Ursache klar und eindeutig erkannt wird. Während eine adäquate Erkenntnis also die Erkenntnis der Ursache des Erkenntnisgegenstandes impliziert, sind inadäquate Ideen solche, in denen der Ursprung des Erkenntnisgegenstandes unkenntlich bleibt. Inadäquat erschließt der Mensch den Erkenntnisgegenstand nur verschwommen und in Teilen.

Spinoza beschreibt den menschlichen Erkenntnisprozess nun, indem er zwischen drei Gattungen von Erkenntnis unterscheidet: Der Erkenntnis des subjektiven Meinens und Vorstellens *(imaginatio)*, der vernünftigen Erkenntnis *(ratio)* und der Erkenntnis unter der Art der Ewigkeit *(sub specie aeternitatis)* als die höchste Form der Erkenntnis, die Spinoza als Intuition begreift *(scientia intuitiva)*.[21]

Die Erkenntnisse unter der ersten Gattung der Erkenntnis zeugen von einer geschlossenen Wahrnehmungshaltung. Die Erkenntnisse des subjektiven Meinens und Vorstellens stellen die Dinge unter den Maßstab des Eigenen, somit ist die Wahrnehmung auf diese Dinge eingeschränkt bzw. wird diesen in ihrer selbstständigen Wesenheit nicht gerecht. Unter dieser Gattung der Erkenntnis erschließt der Mensch die Welt dementsprechend in inadäquaten Ideen der Wirklichkeit, denn der Erkenntnisgegenstand wird nur unzulänglich erschlossen.[22] Das Andere ist dabei lediglich Projektionsfläche des

---

[19] Vgl. *B. de Spinoza*, Ethik (s. Anm. 1), III, Lehrsatz 1.
[20] Vgl. ebd., III, Forderung 1.
[21] Vgl. ebd., II, Lehrsatz 40, Anmerkung 2.
[22] Vgl. ebd., II, Lehrsatz 41.

Eigenen. Solche Ideen produzieren und lösen nach Spinoza Affekte der Trauer aus, also Affekte der Seinsminderung, denn schnell zeigt sich, dass das vermeintlich Erkannte anderen Regeln folgt, als das erkennende Subjekt wünscht und erwartet. Die erste Erkenntnisart stellt einen Mangel an adäquater Wahrnehmung dar.

Die zweite Gattung ist die vernünftige Erkenntnis. Sie umfasst das Erkennen der Ursachen der Einzeldinge, indem sie die Dinge in Beziehung setzt und sie begreift unter Einbeziehung ihrer zeitlichen und räumlichen Relationen. Unter dieser Gattung werden die Dinge in ihrem je größeren Zusammenhang erkannt. Erkenntnisse unter dieser Gattung erschließen die Gesetze der Natur, als die Notwendigkeit, der entsprechend alles in der Natur bestimmt ist und entsteht. In der zweiten Gattung der Erkenntnis werden die Dinge adäquat erkannt und innerhalb allgemeiner Gesetzmäßigkeiten verortet.

Die letzte Erkenntnisart, die Erkenntnis *sub specie aeternitatis* beinhaltet die Erkenntnis der Dinge in ihrer Wesenheit und so auch in ihrem Seinsgrund. Die höchste Form der Erkenntnis ist die Erkenntnis des Ganzen und dessen Relation zu den Einzeldingen. Diese Erkenntnis meint die Erkenntnis des Seins selbst. In dieser Gattung geschieht die „unmittelbare Manifestation des Objekts selbst an den Verstand"[23]. Karl Jaspers beschreibt diese Art der Erkenntnis bei Spinoza als „metaphysische Totalvision"[24], da die Substanz selbst Objekt des (intuitiven) Erkennens wird.

Je mehr der Mensch die Dinge in der Welt in der Perspektive der Ewigkeit begreift, desto mehr Einsicht gewinnt er in die Weltzusammenhänge. Diese Erkenntnis des verbindenden Einen ist für den Menschen das höchste Glück, denn je mehr auf diese Weise erkannt wird, desto mehr wird Gott erkannt. Wirklichkeit und Vollendung fallen so in der adäquaten Erkenntnis in eins.[25] Erfüllung des Lebens liegt in der adäquaten Welterkenntnis. Aus dieser Erkenntnis entspringt notwendig die geistige Liebe zu Gott, als eine Liebe zu den Zusammenhängen in der Welt.

„Es ist diese Erkenntnis, die Liebe verursacht (…), denn da die gesamte Natur nur eine einzige Substanz ist, deren Essenz unendlich ist, werden

---

[23] *B. de Spinoza*, Kurze Abhandlung (s. Anm. 5), Kap. 22 (1).
[24] *K. Jaspers*, Spinoza, München 1978, 13.
[25] Vgl. *B. de Spinoza*, Ethik (s. Anm. 1), II, Def.6.

alle Dinge durch die Natur vereinigt und zwar zu einem Sein vereinigt, nämlich Gott".[26]

Liebe ist für Spinoza der Prozess des Erkenntniswachstums. Liebe meint dementsprechend das höchste Maß an Lust, also an Seinsfülle. Spinoza spricht in diesem Zusammenhang von der *Amor Dei intellectualitas*[27], der geistigen Liebe zu Gott, die notwendig aus der Erkenntnis unter der Art der Ewigkeit entspringt. Diese Erkenntnis beinhaltet sowohl die geistige als auch die affektive Dimension des menschlichen Daseins, betrifft ihn also in seiner Ganzheit.[28] Die *Amor Dei Intellectualitas* ist die Liebe des Geistes zu Gott als Liebe, mit der Gott sich selbst liebt. Diese Liebe ist die Teilhabe des Menschen an der unendlichen Liebe der ewigen Substanz zu sich selbst.

Die Entwicklung innerhalb dieser drei Erkenntnisgattungen zeichnet sich durch eine steigende Erkenntnistiefe aus, wodurch die Fülle des Seins greifbar wird. Je tiefer die Erkenntnis ist, desto mehr Fülle kommt dem Erkenntnisgegenstand zu. Auch der Erkennende selbst gewinnt dadurch an Seinsfülle in dem Maße, in dem er sich selbst als Teil des einen Seins versteht. Die Betrachtung des Lebens als ein Erfülltes ist das Resultat eines epistemischen Wandels, der durch Erkenntniszuwachs generiert wird. Seinsfülle ist die sukzessive Erkenntnis des ontologischen Zusammenhangs zwischen dem Ich, dem Anderen und der Welt. Gott ist die Totalität des Seins und je mehr der Mensch nun von den Weltzusammenhängen und von sich selbst erkennt, desto mehr gewinnt er an Sein und desto mehr entspricht auch sein Handeln dieser (erkannten) Natur.

Zudem zeigt sich die Linie zwischen den Gattungen auch in der sukzessiven Loslösung vom Eigenen. Der Mensch löst sich in dieser Erkenntnis von dem Absolutheitsanspruch an das Eigene, denn er erkennt sich selbst als Teil der Natur, nicht als ihr Zentrum. Fülle und Mangel sind bei Spinoza epistemische Kategorien: Die Welt ist bereits Fülle, jeder wahrgenommene Mangel ist lediglich ein Mangel an Erkenntnis. Adäquate Erkenntnis verlangt danach, die Natur so zu sehen, wie sie notwendig ist, unabhängig von menschlichen Ansprüchen und Erwartungen.

---

[26] B. *de Spinoza*, Kurze Abhandlung (s. Anm. 5), Kap. 22 (2).
[27] Vgl. *B. de Spinoza*, Ethik (s. Anm. 1), V, Lehrsatz 32, Folgesatz.
[28] Vgl. *F. Amann*, Ganzes und Teil. Wahrheit und Erkennen bei Spinoza, Würzburg 2000, 301.

3. Die Orientierung auf die Ewigkeit – Von der *imaginatio* über die *ratio* zur *scientia intuitiva*: erkenntnis- und wissenschaftstheoretische Überlegungen

Ein weiteres entscheidendes Element in Spinozas Metaphysik und ein gleichzeitig grundlegendes erkenntnistheoretisches Prinzip ist die Notwendigkeit. Alles, was ist, ist notwendig.[29] Alle Dinge sind, weil sie notwendig aus der Natur der Substanz folgen. Folgt alles aus der Notwendigkeit der Substanz, kann die Substanz nicht ohne ihre Modifikationen gedacht werden. Die Substanz, die Gott/Natur ist, ist gleichermaßen eine und viele. Die absolute und unendliche Substanz enthält notwendig endliche Modifikationen. So ist sie Einheit und Vielheit zugleich. Die Substanz schafft so ihre eigene Differenz in sich. Um diese Differenz zu veranschaulichen, unterscheidet Spinoza innerhalb der Substanz zwischen der *natura naturans*, der schaffenden Natur, und der *natura naturata*, der geschaffenen Natur.[30] Die Differenz zwischen der unendlichen Substanz und deren endlichen Modifikationen birgt epistemische Probleme: Wie kann der Mensch als endlicher Modus in der Erkenntnis zur unendlichen Substanz hinaufsteigen? Wie funktioniert eine Erkenntnis *sub specie aeternitatis*? Der Mensch ist durch seine Endlichkeit in seiner Existenz an die Zeit gebunden. Seine Existenz ist an den Modus der Dauer gebunden. Das Denken des Menschen findet in endlichen Kategorien statt – Raum, Zeit, Bewegung. Wie kann der Mensch etwas in einer Art und Weise erkennen, die sein Denken gar nicht umfasst? Wie geschieht die Vermittlung zwischen Ewigkeit und Endlichkeit und wie kann das Ewige Objekt des menschlichen Verstehens werden?

Zur Beantwortung dieser Fragen ist zunächst die Betrachtung der Methode des Verstehens relevant, mit der der Mensch Erkenntnisse akquiriert. Spinoza beschreibt die Produktivität des Geistes anhand der Metapher des Werkzeugs. Die Fähigkeit, Dinge zu begreifen ist eine, die sich durch die Erschaffung sog. intellektueller Werkzeuge im menschlichen Verstand ereignet. Der Mensch erschließt sich die Welt mithilfe dieser intellektuellen Werkzeuge, die, je weiter er in der Erkenntnis fortschreitet, ihn die Welt immer leichter erschließen las-

---

[29] Vgl. u. a. *B. de Spinoza*, Ethik (s. Anm. 1), I, Lehrsatz 17, Folgesatz 2, Anmerkung; ebd., I, Lehrsatz 29.
[30] Vgl. ebd., I, Lehrsatz 29, Anmerkung.

sen. Diese intellektuellen Werkzeuge sind dem Menschen von Natur aus inhärent und kommen seiner Verstandesfähigkeit gleich. Möglichkeitsbedingung der Erschaffung dieser Werkzeuge ist nach Spinoza die „wahre Idee", die der Mensch von Geburt an hat. Spinoza beschreibt diese Idee als „angeborene Kraft Verstandeswerkzeuge [zu bilden], durch die er wieder andere Kräfte zu neuen Verstandeswerkzeugen erlangt und aus diesen Werken wiederum andere Werkzeuge oder das Vermögen, weiter zu forschen, und so schreitet er von Stufe zu Stufe weiter, bis er auf dem Gipfel der Weisheit steht."[31]

Diese Werkzeuge entsprechen der Methode menschlicher Erkenntnis. Sie spiegeln die Art des Menschen wider, wie er die Dinge versteht. Der Mensch bildet mithilfe dieser Werkzeuge Ideen und greift, indem er immer wieder neue Werkzeuge erschafft, immer über sich hinaus.

Durch die intellektuellen Werkzeuge ist der Mensch in der Lage, sich von inadäquaten Ideen zu lösen.[32] Er ist in der Lage, adäquate Ideen zu bilden und so zur zweiten Gattung der Erkenntnis, der *ratio*, fortzuschreiten. In der zweiten Gattung der Erkenntnis erkennt der Mensch die Dinge unter der Perspektive ihrer Notwendigkeit, d.h. er begreift sie als notwendig aus etwas anderem folgend und dabei den Gesetzen der Natur unterworfen. Die wahre Idee im Menschen meint dementsprechend auch seine Fähigkeit, Notwendigkeit zu erkennen.

> „Es liegt in der Natur der Vernunft, die Dinge nicht als zufällig, sondern als notwendig zu betrachten."[33]

Erkenntnis als Wissen, wie in der zweiten Gattung der Erkenntnis erfolgt, ist ein spezifischer, greifbarer Bewusstseinsinhalt. Das Wissen aber greift immer über sich selbst hinaus. Die wahre Idee im Menschen lässt ihn nach je höherer Erkenntnis streben. Die Erkenntnis der Notwendigkeit von Dingen weist immer schon auf ein „Mehr" hinaus, nämlich auf das, was diese Notwendigkeit verbürgt. Jedem Wissen inhäriert ein „Mehr", was es erst in einen sinnvollen

---

[31] B. de *Spinoza*, Abhandlung (s. Anm. 2), (31).
[32] Vgl. E. E. *Harris*, Salvation from Despair. A reappraisal of Spinoza's Philosophy, Den Haag 1973, 88.
[33] B. de *Spinoza*, Ethik (s. Anm. 1), II, Lehrsatz 44.

Gesamtzusammenhang einbettet. „Ohne dieses ‚mehr' ist die bloße Rationalität endlos und leer".[34]

Der Mensch, seinem Streben nach Erkenntnis von Notwendigkeit entsprechend, sucht nach Spinoza die „Reihenfolge der festen und ewigen Dinge"[35]. In allem Endlichen scheint so auch das Ewige durch, wenn auch nicht greifbar, aber notwendig als das Erkenntnisprinzip des Menschen.

> „Es liegt in der Natur der Vernunft, die Dinge unter einer gewissen Art der Ewigkeit wahrzunehmen."[36]

Jedes Endliche ist Empirie, welche nur dann sinnvoll und verstehbar wird, wenn sie mit einem Prinzip durchdrungen wird. Erkannte Fakten werden erst innerhalb von Deutung und Vernetzung zum Wissen über die Welt. Das Erkannte muss stets in einen größeren Verstehenszusammenhang eingebettet werden, bevor es als wahr gelten kann und verstehbar, integrierbar und synthetisierbar wird. Als solche sind Erkenntnisprinzipien an keine Zeit gebunden, denn sie transzendieren das endlich und somit zeitlich Gegebene. Es zeigt sich, dass kein Erkenntnisprinzip, das sich in endlichen Kategorien erschöpft, haltbar und beständig ist. So schreibt auch Spinoza, dass die Notwendigkeit, die der Mensch in Form von Wirkungszusammenhängen in der Natur erkennt – was einem Erkenntnisprinzip gleichkommt – keine sein darf, die an den Einzeldingen stehenbleibt.[37]

Das heißt, ein adäquates Prinzip der Weltwahrnehmung muss ein die Endlichkeit Übersteigendes sein, um sich nicht selbst immer wieder zu übersteigen. Erst mithilfe eines adäquaten Prinzips der Weltwahrnehmung, das sich nicht im Endlichen erschöpft, dringt der Mensch zum Wesen des Erkenntnisgegenstandes vor.

> „Das Wesen der veränderlichen Einzeldinge ist doch nicht herzuleiten aus der Reihenfolge der Ordnung, in der sie existieren; denn diese bietet uns ja nichts anderes als äußerliche Bezeichnungen, Beziehungen oder höchstens Nebenumstände, was alles weit entfernt ist vom inneren Wesen der Sache".[38]

---

[34] *K. Jaspers*, Spinoza (s. Anm. 24), 36.
[35] *B. de Spinoza*, Abhandlung (s. Anm. 2), (100).
[36] *B. de Spinoza*, Ethik (s. Anm. 1), II, Lehrsatz 44, Folgesatz 2.
[37] Vgl. *B. de Spinoza*, Abhandlung (s. Anm. 2), (100).
[38] Ebd., (101).

Das bereits genannte „Mehr", das jeder Erkenntnis inhärent ist, ist das Erkenntnisobjekt der dritten Gattung der Erkenntnis.

Die Erkenntnis unter der Art der Ewigkeit meint die Erkenntnis des Zusammenhangs einzelner Erkenntnisse und die Gewissheit eines Sinns, der über dem bloßen Wissen steht, der es als verstehendes, integrierendes, synthetisierendes überhaupt erst ermöglicht. Die intuitive Erkenntnis der Ewigkeit verändert das Denken als die Art, wie ein Subjekt sein Wissen durch Deutung der Fakten im Weltzusammenhang synthetisiert. Diese Erkenntnis spielt gerade in der Wissensgesellschaft unserer Zeit eine essentielle Rolle, in der das Wissen einen großen Stellenwert einnimmt. Unsere Gegenwart ist bestimmt von einem naturalistischen Großparadigma. Naturalisten deuten und verstehen die ganze Wirklichkeit ausschließlich aufgrund einer naturwissenschaftlich-empirischen Vorgehensweise. Für die Beantwortung der Frage, was der Mensch sei, reicht es aus, Daten über den Menschen als Lebewesen zu sammeln und zu deuten. In naturalistischen Systemen der Weltdeutung kommt dem Evolutionsgedanken tragende Funktion zu. Die Frage nach dem Sinn des Lebens beantwortet sich dann mit dem Hinweis auf das Streben nach Überleben: *Survival of the fittest* ist das Gesetz allen Lebens, der Sinn alles Lebendigen. Auch Ralf Miggelbrink konstatiert, dass dem Evolutionsgedanken gegenwärtig die Rolle eines modernen Lebensdeutungsmodells zukommt. Dabei ist die bereits zu Beginn erwähnte Idee des *homo oeconomicus* zentral: der Mensch strebt allein nach Fitnessmaximierung.[39] Nicht selten wird in diesen Deutungssystemen das „Mehr" eines jeden wissenschaftlichen Ergebnisses negiert, da es sich der objektiven Überprüfbarkeit entzieht. Wahr ist nur das, was sich wissenschaftlich überprüfen lässt. Wissenschaften begreifen sich in dieser Hinsicht selbst als Weltdeutung. Nur das *ist*, was rational und empirisch greifbar ist. Dem „Mehr" jeder Erkenntnis wird jeder Sinn abgesprochen. Jedem Wissen droht jedoch die Sinnlosigkeit, wenn es nicht in einen Bezug zum Ganzen gesetzt wird. Dieses Ganze, das Spinoza durch den Begriff der Substanz fasst und zum Gegenstand der dritten Erkenntnisgattung macht, nimmt jedem Absolutheitsanspruch einzelner Wissenschaften den Boden. Es ist die „Überwindung der modernen Verzweiflung am Sinn der Welt"[40].

---

[39] Vgl. R. *Miggelbrink*, Lebensfülle (s. Anm. 3), 24–28.
[40] K. *Hecker*, Spinozas Allgemeine Ontologie, Darmstadt 1978, 35.

Jede Wissenschaft ist nach Spinoza nicht Wissenschaft für sich, sondern ist in der Einheit mit anderen Wissenschaften zu sehen, die sich in der Suche nach der Erkenntnis ihres Sinns und Grundes treffen.

„Hieraus kann schon jeder sehen, daß ich alle Wissenschaften auf ein Ziel hinleiten will, nämlich darauf, jene höchste menschliche Vollkommenheit, von der wir gesprochen haben, zu erreichen."[41]

Auch Errol E. Harris beschäftigt sich mit der Anschlussfähigkeit spinozistischer Ewigkeitsbezogenheit an moderne Wissenschaftstheorie. Gott, als Substanz, bildet sowohl sicheres Fundament als auch Ziel jeder Erkenntnis. Inwieweit aber ragt die Ewigkeit in unser Erkennen immer schon hinein? Harris sieht in der Erkenntnis des Bezogenseins auf das Ganze der Welt das Element, wodurch jedes Wissenschaftstreiben erst seinen eigentlichen Sinn erhält.[42]

Harris spricht zudem von dem doppelten Bedeutungsgehalt des Vernunftbegriffs, indem er zunächst Vernunft als Methode des Verstehens begreift, sie darüber hinaus aber auch in ihrer präskriptiven Dimension versteht als Quelle von letztgültiger Wahrheit und Ordnung. Diese Differenzierung sieht Harris realisiert im spinozistischen Voranschreiten von der *ratio* zur *scientia intuitiva*.[43] Die Vernunft in der intuitiven Erkenntnis ist keine reine Kalkulation. Sie meint das Begreifen der Dinge in ihrer Bedeutung im Lichte des Ganzen der Realität.[44]

Zum einen wird in der dritten Erkenntnisgattung die Art des eigenen Erkennens reflektiert. Ewigkeit wirkt als Methode des Verstehens, die in dieser Gattung selbst zum Erkenntnisgegenstand wird. „Daraus ergibt sich, daß die Methode nichts anderes ist als die reflektierte (ins Bewußtsein erhobene) Erkenntnis oder die Idee von der Idee."[45]

Die ins Bewusstsein erhobene Erkenntnis beinhaltet sowohl die Reflexion über die Art des Erkennens als auch über das Ziel des Erkennens. Die Erkenntnis einer Erkenntnis meint so zum anderen auch das Bewusstwerden ihres Ursprungs, die Erkenntnis ihres Seinsgrundes, also Gott. Die adäquate Erkenntnis wird so im Be-

---

[41] B. *de Spinoza*, Abhandlung (s. Anm. 2), (16).
[42] Vgl. *E. E. Harris*, Salvation from Despair (s. Anm. 32), 11.
[43] Vgl. ebd., 13.
[44] Vgl. ebd., 256.
[45] B. *de Spinoza*, Abhandlung (s. Anm. 2), (38).

wusstwerden ihrer selbst zur Fülleerfahrung, da sie sich an der göttlichen Seinsfülle orientiert und in ihr begründet wird. Mit der Erkenntnis geht Freude einher, sobald sie sich ihrer selbst bewusst wird.

Weiterhin wird in der Erkenntnis *sub specie aeternitatis* die Notwendigkeit selbst, aus der heraus alle Dinge existieren, in ihrer Ursächlichkeit zum Erkenntnisobjekt. Zentral wird dabei die Frage: Warum sind die Dinge notwendig? Worin gründet sich diese Notwendigkeit?

Die Erkenntnis *sub specie aeternitatis* verändert die Wahrnehmung der gewonnen Erkenntnisse aus der zweiten Gattung der Erkenntnis, indem sie die als logisch erkannten Zusammenhänge in der Welt als göttliche Notwendigkeit versteht. Alle Notwendigkeit kann von der wesenhaften Notwendigkeit der Substanz deduziert werden und kann so als unbedingt wahr betrachtet werden. So ist die Erkenntnis der dritten Gattung die „Erkenntnis dessen, was die Form der Wahrheit ausmacht, und die Erkenntnis des Verstandes und seiner Eigenschaften und Kräfte"[46].

Die Notwendigkeit der Dinge ist immer schon Folge aus der Notwendigkeit Gottes, wird allerdings erst in der dritten Erkenntnisart auch dieser zugeordnet. Erkennender und Erkanntes treffen sich in der adäquaten Erkenntnis in der Notwendigkeit, aus der heraus sie aus der Substanz folgen. „Die Notwendigkeit der Erkenntnis und des Erkannten verbindet die Strukturen des Erkennens des Geistes mit den Strukturen der Natur".[47]

Bernard Rousset sieht in der Kohärenz zwischen subjektiver Idee und Objekt und in der Notwendigkeit, aus der beide aus der Substanz hervorgehen, die positive Bestimmung der Ewigkeit.[48] Die Idee von Notwendigkeit ist dabei nicht durch eine Dauer bestimmt, denn Notwendigkeit steht über einer bestimmten Zeit oder einem bestimmten Raum. Ewigkeit ist in der Zeit vermittelt durch die eine immerwährende Notwendigkeit, aus der heraus alle Dinge sind und entstehen.[49]

---

[46] Ebd., (105).
[47] F. *Amann*, Ganzes und Teil (s. Anm. 28), 228.
[48] Vgl. B. *Rousset*, La Perspective Finale de L'Ethique et le Problème de la Cohérence du Spinozisme. L'Autonomie comme Salut, Paris 1986, 70.
[49] Vgl. ebd., 70.

Die Erkenntnisse unter der Art der Ewigkeit sind sowohl begleitet von der Gewissheit, dass sie wahr sind,[50] als auch von der *Amor Dei Intellectualitas*. Die Erkenntnis unter der Art der Ewigkeit ist keine rein geistige Entität, sie umfasst auch die körperliche Dimension des Menschen. Diese Art der Erkenntnis ist für den Menschen mit dem Affekt der Liebe verbunden. Die Erkenntnis *sub specie aeternitatis* ist eine erfahrbare Realität, in der die Einheit zwischen Subjekt und Objekt greifbar wird.

Die Erkenntnis des Ganzen ist dementsprechend kein inhaltliches Wissen, sondern das Ergriffensein von einer unbedingten Wahrheit, die den Menschen in seiner Wesenheit betrifft und eine Einheit zwischen Erkennendem und Erkanntem herstellt. Als solche ordnet sie das menschliche Wahrnehmen der Welt, des Anderen und des Eigenen neu.

Ewigkeit ist im Menschen eine entstehende und fortschreitende Kraft, die an die Entwicklung von Erkenntnis und Liebe gebunden ist. Ewigkeit wird begriffen als Werden und Wandlung.[51] So findet sich in Spinozas Erkenntnistheorie ein präsentisch eschatologisches Moment:

> „Die wahre Unsterblichkeit kann nicht durch Zeit und Dauer begriffen werden, [...] sie kommt nur dem zu, was unter der Art der Ewigkeit begriffen wird und was im Denken selber als Teilnahme an der Ewigkeit erfahren ist."[52]

Der Mensch nimmt im Erkennen der Dinge *sub specie aeternitatis* teil an der Ewigkeit Gottes. So verlegt Spinoza die Erfahrung der Ewigkeit in das Diesseits.

Spinoza, der die ewige Substanz mit der tätigen Natur gleichsetzt, hebt auf einen Begriff von Ewigkeit ab, der keine transzendentale Wirklichkeit beschreibt, sondern eine durch intuitive Erkenntnis greifbare Aktualität. Die Erkenntnis des Seins selbst meint die Erkenntnis einer Wahrheit, die den Menschen in seiner Ganzheit umfängt. Sie wirkt nach als eine Haltung, die der Mensch zu dem ihn Umgebenden einnimmt. Das Prinzip der Ewigkeit, oder das Prinzip des einen Seins, ist der Zugang zur Welt, der den Denkhorizont offen

---

[50] Vgl. *B. de Spinoza*, Ethik (s. Anm. 1), II, Lehrsatz 43, Beweis.
[51] Vgl. B. Rousset, La Perspective Finale (s. Anm. 48), 73.
[52] K. Jaspers, Spinoza (s. Anm. 24), 56.

hält für alles, was ist und sein kann. Das Über-sich-Hinausgreifen jedes Erkenntnisinhaltes ist nicht mehr Grund des Verzweifelns, sondern Möglichkeit der Sinnerfahrung. Das Streben des Menschen führt nicht ins Leere, sondern verweist auf die ewige Seinsfülle. Mit der Erkenntnis unter der Art der Ewigkeit verbindet sich die Gewissheit der Sinnhaftigkeit des eigenen (strebenden) Daseins. Dies kann gerade im Kontext zunehmender Verwissenschaftlichung als verzweiflungsüberwindende Füllererfahrung gedeutet werden. Der Mensch ist kein rein von der Umwelt determiniertes Geflecht von Kausalzusammenhängen; ihm inhäriert ein „Mehr", das sich nicht unter rein naturalistische Erklärungsmodelle fassen lässt. Der Begriff *Gott* markiert den größtmöglichen Erkenntniszusammenhang, der jeder Erkenntnis ihren Sinn gibt. Spinoza spricht diesem Erkenntnisprozess in seiner Ethik soziale und politische Tragweite zu.

4. Die Befreiung des Menschen zur Autonomie durch Erkenntnis des Selbst als Teil des göttlichen Seins

Die Erfahrbarkeit von Fülle kann gefördert werden, indem Strukturen geschaffen werden, die sich an der Erkenntnis des Ganzen orientieren. Nach Spinoza besteht unsere höchste Glückseligkeit in der Erkenntnis Gottes. Diese wiederum leitet dazu an, „nur das zu tun, was Liebe und Pflichtgefühl erheischen"[53].

Der Mensch ist nicht nur erkennendes, sondern auch handelndes Subjekt. Sein Handeln folgt dabei seinem Streben nach Seinserhaltung und -steigerung. Erst durch die adäquate Erkenntnis der eigenen Natur kann dieses Streben sukzessive Befriedigung erlangen.

Der Mensch, als Modus Gottes, existiert, wie bereits gezeigt wurde, qua Notwendigkeit des Wesens Gottes. Analog zur Substanz handelt und erkennt auch der Mensch ausschließlich aufgrund von Notwendigkeit. Diese Notwendigkeit, die den Menschen stets determiniert, stellt das Erkenntnisziel des Menschen dar. Der Mensch tut nichts grundlos. Jedoch hat er zumeist keine Kenntnis über die Gründe seines Handelns, weswegen er als passiv und leidend bezeichnet wird.[54] Durch Erkenntnis wird der Mensch sich seiner eige-

---

[53] B. de Spinoza, Ethik (s. Anm. 1), II, Lehrsatz 48, Anmerkung.
[54] Vgl. ebd., III, Def.2.

nen inneren Notwendigkeit bewusst und erlangt so eine adäquate Vorstellung seines eigenen Wesens und kann sich ihm entsprechend verhalten. Erst diese Erkenntnis macht den Menschen zum aktiv Handelnden. Aktivität erscheint so als Moment der Selbsterkenntnis.

Die Erkenntnis des Selbst (das Selbst-Bewusstsein) ermöglicht dem Menschen das Handeln entsprechend seiner erkannten Natur, was Spinoza als Freiheit bezeichnet. Diese Freiheit stellt sich als Folge der Erkenntnis ein. Sie realisiert sich erst in der Erkenntnis der Bezogenheit auf Gott. Das höchste Gut ist die Erkenntnis Gottes, die Glückseligkeit bewirkt. Diese Glückseligkeit meint auch die Freiheit des Menschen. Spinoza verwendet die Begriffe Heil, Glückseligkeit und Freiheit synonym.[55]

Die Freiheit des Menschen gründet sich in der Erkenntnis *sub specie aeternitatis*.

Ewigkeit als erkenntnistheoretischer und ontologischer Grundbegriff wird nun von Bernard Rousset in der Wirkung ihrer Erkenntnis gedeutet als „vollkommen autonome Aktivität eines Einzelwesens". Er sieht sie „im Gegensatz zu seinem Dasein in Abhängigkeit von ihm äußerlichen Individuen, [sie] ist insofern gleichbedeutend mit Spinozas Begriffen der Notwendigkeit, des adäquaten Handelns und der Freiheit."[56].

Rousset deutet Ewigkeit als Identität von Essenz und Existenz, die sich, als Eigenschaft der Substanz, auch im endlichen Modus in Teilen verwirklichen lässt. Diese Identität zeigt sich in der Kohärenz der erkannten inneren Notwendigkeit des Einzelnen und der universalen Notwendigkeit, als Ordnung des Ganzen der Welt. Ewigkeit meint in dieser Deutung eine Seinsweise oder eine Art des Selbstseins, die sich aktiv, der eigenen Notwendigkeit folgend am Ganzen orientiert.[57] Die Erkenntnis der Ewigkeit, als göttliche Seinsfülle, wird gedacht als Möglichkeitsbedingung der Autonomie des endlichen Subjekts.

Der Mensch realisiert seine Freiheit in der Erkenntnis seiner Notwendigkeit. Das wirft Fragen auf: Wie kann menschliche Freiheit innerhalb eines Systems gedacht werden, das auf Notwendigkeit und Determination basiert?

---

[55] Vgl. ebd., V, Lehrsatz 36, Anmerkung.
[56] K. *Hecker*, Allgemeine Ontologie (s. Anm. 40), 45.
[57] Vgl. B. *Rousset*, La Perspective Finale (s. Anm. 48), 101.

Spinoza leugnet den freien Willen des Menschen.[58] Der Mensch tut nichts aus einem freien Entschluss heraus. Der Mensch ist in seinem Handeln stets determiniert, entweder durch das (unbewusste) Folgen äußerer Einflüsse oder durch das (bewusste) Entsprechen der inneren Notwendigkeit.

Er kann sich durch adäquate Erkenntnisse von den äußeren Einflussfaktoren distanzieren und sucht in seinen Handlungen seiner inneren Notwendigkeit zu folgen. Freiheit zeigt sich für Spinoza nicht in als frei empfundenen Handlungsentscheidungen, sondern als Be-freiung von inadäquaten Vorstellungsweisen hin zur Erkenntnis und so Entsprechung des eigenen Seins. Die Erkenntnis unter der Art der Ewigkeit ist die Befreiung des Menschen von seinen Leidenschaften. In der Selbsterkenntnis, die die Erkenntnis der Notwendigkeit seiner eigenen Natur einschließt, wird der Mensch zum autonom Handelnden und somit frei.

Erst wenn der Mensch adäquate Ideen bildet, wird er zum Handelnden, da er sich im Erkennen der äußeren Ursachen seines Handelns bewusst wird und sich von ihnen löst. Der Mensch handelt erst dann wirklich, wenn er weiß, was ihn zu diesem Handeln bewegt. So ist auch erst der Mensch frei, der sich und sein Handeln erkennt. Freiheit geht mit Selbsterkenntnis unbedingt einher. Gleich seines Erkenntnisstandes handelt der Mensch dabei immer entsprechend seines Strebens nach Seinserhaltung, was Spinoza als sein Wesen begreift. Dieses Streben wird so nicht begriffen als ein Mangel an etwas, sondern als die Fähigkeit des Menschen, seinem Sein zu entsprechen. Das Streben bei Spinoza richtet sich nach der Erkenntnis dessen, was für den Menschen seinssteigernd ist. Im Gegensatz zur evolutionsbiologischen Lebensdeutung des Lebens als Überleben zeigt sich das Streben bei Spinoza als eine der Selbstreflexion zugängliche Erfahrung der ewigen Notwendigkeit, die sich auf das Ganze der Wirklichkeit als unendliche Seinsfülle hin orientiert und von da aus Sinn und Ziel erhält. Das Leben des Menschen ist eingebettet in einen größeren Sinnzusammenhang, der das strebende Dasein des Menschen als ein notwendiges und sinnvolles begreift und in dem auch das Dasein des Anderen gleichermaßen enthalten ist. Somit kann das Streben nach Seinserhaltung des Anderen dem Eigenen nicht entgegenstehen, da sie beide Sinn und Ziel in und aus derselben Substanz er-

---

[58] Vgl. *B. de Spinoza*, Ethik (s. Anm. 1), II, Lehrsatz 35, Anmerkung.

halten. Die evolutionsbiologische Leitidee des *Survival of the fittest* wird spinozistisch durch den gemeinsamen Sinn- und Seinsbezug alles Seienden ausgehebelt.

Aus der adäquaten Erkenntnis des Selbst und der Natur folgt notwendig ein Handeln, das sich an den Prinzipien der Vernunft orientiert. Das Erstrebenswerteste ist das, was mit der eigenen Natur und der Natur des Ganzen übereinstimmt.

> „Die Idee der Freiheit muß mit der Kausalität der Welt kompatibel gedacht werden. Der richtige Begriff von Freiheit liegt nicht auf der gleichen Ebene wie affektive Handlungen, sondern folgt aus einer richtigen Theorie der Notwendigkeit der Kausalität der Welt."[59]

Das, was der Mensch dieser vernünftigen Erkenntnis folgend erstrebt, kann dementsprechend nichts sein, was dem Sein der anderen Menschen widerspricht. Der freie Mensch, also derjenige, der in seinem Handeln seiner adäquat erkannten Natur folgt, begehrt unmittelbar das, was zum Erhalt allen Seins beiträgt.[60] Der Mensch, der sich in seinem Handeln an der vernünftigen Erkenntnis orientiert, sucht dementsprechend zugleich diese Erkenntnis mit anderen zu teilen, damit auch andere dadurch davon profitieren können.

> „Es gehört auch zu meinem Glücke, mir Mühe zu geben, daß viele andere dieselbe Erkenntnis haben wie ich und daß ihr Erkennen und Wollen mit meinem Erkennen und Wollen völlig übereinstimmt."[61]

Freiheit bei Spinoza orientiert sich am Ganzen der Welt, denn sie setzt die Erkenntnis des Selbst des Menschen voraus, das sich in diesem Ganzen gründet. Der Mensch, der frei handelt, handelt in Übereinstimmung mit der Notwendigkeit, aus der heraus alles aus dem Ganzen folgt. Der Handelnde muss einen Begriff des Ganzen haben, den er seinem Tun zugrunde legt und worauf er sein Handeln ausrichten kann. Denn Freiheit meint die „aktive Partizipation jedes Einzelnen am sinnhaften Ganzen der Wirklichkeit"[62]. Der Mensch als Teil des Ganzen nimmt durch die freie Handlung teil an dessen Vollkommenheit.

---

[59] F. *Amann*, Ganzes und Teil (s. Anm. 28), 199.
[60] Vgl. *B. de Spinoza*, Ethik (s. Anm. 1), IV, Lehrsatz 35.
[61] *B. de Spinoza*, Abhandlung (s. Anm. 2), (14).
[62] K. *Hecker*, Allgemeine Ontologie (s. Anm. 40), 41.

Die unbedingt wahre Erkenntnis, als die Erkenntnis des Seins, ist die, die den Erkennenden in die Freiheit führt. Dies ist Inhalt der Erkenntnis *sub specie aeternitatis:* Die Erkenntnis des Seins in Gott ist das Autonom-Werden des Subjekts, womit sich der Mensch als „partiell ewig [realisiert]."[63]

Die menschliche Freiheit oder Autonomie als Partizipation am ewigen Ganzen beschreibt eine in der Praxis sich entfaltende Form präsentischer Eschatologie. Freiheit ist dabei im Menschen kein *fait acquis*, sondern wird von Spinoza gedeutet als Potenzialität, als Möglichkeit des prozesshaften Selbst-Werdens des Menschen durch Erkenntnis. In diesem Sinne meint Freiheit die Entfaltung menschlicher Seinsfülle.

Spinozas Freiheitsbegriff erscheint als fruchtbares Element in der von Ralf Miggelbrink umrissenen theologischen Debatte um die Frage nach der menschlichen Freiheit.[64] Was ist die anthropologische Grundbestimmung? Ist es das Ausgerichtetsein auf die Wahrheit oder das Entlassensein in die Freiheit? Wann ist der Mensch tatsächlich frei?

Spinoza formuliert Freiheit als „eine feste Existenz, die unser Verstand durch die unmittelbare Vereinigung mit Gott erhält, um sich selbst Ideen und außer sich Wirkungen hervorzubringen, die mit seiner Natur wohl übereinstimmen, ohne daß doch seine Wirkungen irgendwelchen äußeren Ursachen unterworfen wären, durch die sie verändert oder verwandelt werden könnten."[65]

Spinozas Freiheitsbegriff orientiert sich an der Seinsfülle Gottes als dessen Grund und Ziel. Die Erkenntnis *sub specie aeternitatis*, als geistige Vereinigung mit Gott, bewirkt die Transformation des menschlichen Wahrnehmens und Handelns in das wahre Selbstsein des Menschen, das als Freiheit bezeichnet wird. Somit erscheint Spinoza anschlussfähig an die von Ralf Miggelbrink prägnant formulierte Position Karl Rahners, nach der die „Deutung des menschlichen Erkenntnisstrebens als Moment einer ekstatischen Grundbewegung des menschlichen Geistes hin auf die absolute Seinsfülle

---

[63] Ebd., 45.
[64] Vgl. *R. Miggelbrink*, Lebensfülle (s. Anm. 3), 74–80.
[65] *B. de Spinoza*, Kurze Abhandlung (s. Anm. 5), Kap. 26 (9).

Gottes, die in der gläubigen Annahme Gottes als das eigentliche Wesen des Menschen erkannt und bejaht wird"[66].

Der handelnde Mensch ist der erkennende Mensch und so ist jedes Handeln, wenn es aus der erkannten inneren Notwendigkeit folgt, mit Freude und Lust verbunden, denn es entspringt aus dem eigenen Inneren. Die Fülle-Erfahrung resultiert aus der Erkenntnis über handlungsdeterminierende Faktoren, denn der Mensch wendet sich in dieser Erkenntnis seinem eigenen Sein (als Handelndem) zu. Handeln ist das bewusste Sein. Durch adäquate Ideen entfaltet der Mensch seine Seins- und so auch seine Handlungskraft. Lebensfülle ist bei Spinoza zwar ein erkenntnisgebundenes Geschehen, wird aber erst dann wirklich Aktualität, wenn sie sich in der Art des menschlichen Handelns spiegelt.

5. Die Erkenntnis des Ganzen als höchste Glückseligkeit des Menschen

Die alles in sich schließende Substanz, begriffen als Einheit der Natur, schließt, in Form ihrer endlichen Modifikationen, die eigene Differenz in sich ein. Vermittlung geschieht durch den Menschen als erkennendes, selbst-reflexives Subjekt, dem die unendliche Substanz nicht nur als Möglichkeitsgrund seines Verstehens inhärent ist, sondern als intuitive Erkenntnis auch zum Objekt menschlichen Verstehens wird. Die Erkenntnis *sub specie aeternitatis* zeichnet sich durch ihre Ungreifbarkeit aus und gleichzeitig als tiefe Gewissheit der Wahrheit des eigenen Seins als begründet in Gott. Die intuitive Erkenntnis Gottes ist begleitet von der Erfahrung der Seinsfülle. Spinoza begreift sie als *Amor Dei Intellectualitas*, als geistige Liebe zu Gott, oder als Liebe, mit der Gott sich selbst liebt. In der intellektuellen Liebe zum unbedingt Anderen manifestiert sich die Verbindung zwischen Ewigkeit und Endlichkeit als erfahrbare Wirklichkeit. Der Mensch stößt in der Erkenntnis der Ewigkeit an seine epistemischen Grenzen. Diese Grenze aber ermöglicht die Wahrnehmung von Fülle, indem durch sie die ungreifbare Individualität jedes Erkenntnisgegenstandes gewahrt bleibt.

Die Erfahrung der unbedingten Andersheit der ewigen Substanz, deren Modus der Mensch dennoch ist, erlaubt es, alle Dinge sowohl

---

[66] R. *Miggelbrink*, Lebensfülle (s. Anm. 3), 77.

als Modifikationen der einen Substanz zu erfahren als auch deren Andersheit wertzuschätzen. Die Substanz breitet sich aus in der unendlichen Vielheit der Dinge. Die Vielfalt des Seienden ist der Ausdruck göttlicher Seinsfülle. Die Erkenntnis unter der Art der Ewigkeit führt in eine Haltung der Akzeptanz der Unverfügbarkeit. Und so auch zur bedingungslosen Bejahung des Anderen. Ewigkeit in diesem Sinne beschreibt im Menschen die Wahrnehmungshaltung, die er zum Seienden einnimmt.

Spinoza beschreibt das Ziel des menschlichen Lebens als Erkennen; als Erkennen der Welt, des Eigenen und des Anderen und als die daraus resultierende Haltung. Das erkennende Leben ist das sinn*erfüllte* Leben. Das ethisch richtige Verhalten resultiert notwendig aus Erkenntnis. Der Erkenntnisprozess ist der Weg des Menschen hin zum Sein selbst, der Weg zur ihn erfüllenden Glückseligkeit und Freiheit. Der Mensch ist im Begegnen, im Handeln und im Erkennen orientiert auf das eine Sein. Die Erkenntnis dessen ist Halt, Ziel und Sinnstiftung. Sie schließt gleichzeitig das Eingebettetsein des Menschen in das große Ganze ein.

Spinoza weiß gleichzeitig um die Schwierigkeit, die diesem Erkenntnisweg innewohnt. Der Mensch hat immer auch inadäquate Vorstellungen und die Art, unter der er die Dinge erkennt, sind nicht beständig. Glückseligkeit und Lebensfülle sind die Resultate eines Erkenntnisweges, in dem die adäquate Erkenntnis immer wieder neu erlangt und bewahrt werden muss.

Spinoza ist nicht primär ein Philosoph, der *über* Lebensfülle schreibt. Er ist ein Philosoph, der *durch* sein Schreiben Lebensfülle erfahrbar macht, indem er Erkenntnisse evoziert. Lebensfülle ist das Ergriffenwerden vom Sein, das im Menschen wirkt, aber mehr ist, als er selbst. Das Leben wird dort als Fülle erfahrbar, wo sich diese Erkenntnis als Ergriffenheit in Haltung und Begegnung widerspiegelt und so eine Offenheit kultiviert für das Entdecken und das Erkennen des göttlichen Seins in seinen vielfältigen Ausdrucksformen.

„Lebensfülle" im Licht der Ideenlehre Johann Friedrich Herbarts

Rainer Bolle

1. Der evolutionsbiologistische Mainstream als Herausforderung für ein heutiges Konzept der „Lebensfülle"

Ralf Miggelbrink hat in seinem Buch „Lebensfülle" einen traditionell *theologischen* Begriff reformuliert. Anlass ist die expansive Dominanz einer der Lebensfülle entgegengesetzten, aber alle Wissenschafts- und Lebensbereiche überschreitenden evolutionsbiologistischen Grundhaltung.[1] Diese übernimmt im Verbund mit Theorien der von ihr bereits infizierten Nachbarwissenschaften zugleich die Funktion einer pseudowissenschaftlichen Rechtfertigung des gesellschaftlichen Spiels ökonomischer Kräfte und Herrschaftszusammenhänge.[2] In dem Maße, in dem sich Menschen diesen Kräften nicht entziehen können, in dem sie auch die offen und verdeckt angebotene Indoktrination zur oberflächlichen Harmonisierung ihrer Lebenswelt annehmen, entfremden sie sich faktisch von sich selbst, verraten ihre eigene und die fremde Freiheit und Menschenwürde und entziehen sich schon unwillkürlich dem Horizont biblischer Botschaft.

Die Antwort Ralf Miggelbrinks ist also eine notwendige, nicht nur aus *theologischer*, sondern auch aus *gesellschaftlicher* Sicht. Denn eine Gesellschaft besteht aus einem Zusammenhang von Menschen, und wenn man die ursprüngliche Bedeutung des Begriffs genau nimmt, sogar aus einer Gemeinschaft von Menschen. D. h. dort, wo die Menschen als Wesen der Freiheit und Würde sich selbst und einander entfremdet werden, wo sie im Kampf um die Ressourcen[3] in Konkurrenz zueinander aufgehetzt werden, da *ist* überhaupt keine Ge-

---

[1] Vgl. *R. Miggelbrink*, Lebensfülle. Für die Wiederentdeckung einer theologischen Kategorie (Quaestiones disputatae 235), Freiburg 2009, 31f.
[2] Vgl. ebd., 22.
[3] Vgl. ebd., 18.

sellschaft. Da kann kein wirklich geselliges Leben stattfinden, geschweige denn ‚des Lebens Fülle' empfunden oder auch nur erahnt werden.

Andererseits ist für die Empfindung der Fülle grundsätzlich *auch* die Erfahrung des Mangels bedeutsam. Das räumt am Ende indirekt auch Ralf Miggelbrink ein.[4] Was die Evolutionsbiologie aus opportunistischen Gründen gerne nivellieren will, gilt aber trotzdem: Für den Menschen als Freiheitswesen ist nicht allein entscheidend, was er vorfindet. Alles, was er vorfindet, beeinflusst ihn zwar mehr oder weniger. Aber es determiniert ihn nicht im strengen Sinne. Das eigene Zeitalter, die jeweilige Gesellschaft, das eigene Milieu, die Familie, die Geschwisterkonstellation – das alles ist wichtig, aber ebenso entscheidend ist, was der Einzelne daraus macht. Es ist entscheidend, welche Möglichkeiten er erkennt und wie er diese Möglichkeiten ‚mit Leben füllt', selbst dann, wenn er sich in dieser Hinsicht in einer religiösen Grundhaltung als in besonderer Weise ‚beschenkt' interpretiert.

Mit anderen Worten, der evolutionsbiologisch konstatierte Mangel ist gar nicht das *Haupt*problem. Das Hauptproblem ist die materialistisch-pessimistische Auslegung dieses Mangels. Aus dieser Auslegung ergibt sich, dass der gesellschaftlich deformierte, ängstlich-nervöse, auf sich selbst zurückgeworfene, menschenfeindlich gegen die eigene Gattung gerichtet, völlig verirrt lebende Egoist zum Prototyp natürlichen Menschseins erklärt wird. Das ist ein Problem. Vielleicht können Probleme auch gelöst werden. Um aber ein Problem überhaupt lösen zu *wollen* – das unterscheidet nach Herbart den Willen von der Begierde[5] – braucht man das Zutrauen, dass man das Problem auch lösen *kann*. Wenn man aber schon *weiß*, dass man es *nicht* lösen kann, weil ‚wissenschaftliche Erkenntnis' hier eine Naturgesetzlichkeit suggeriert, dann *will* man auch schon gar nicht mehr. D. h. die Sehnsucht nach einer Lösung könnte angesichts dieser Einsicht noch bleiben, aber der Wille nicht.[6]

---

[4] Vgl. ebd., 61 f.
[5] Vgl. *J. F. Herbart*, Allgemeine Pädagogik. Aus dem Zweck der Erziehung abgeleitet [1806], in: ders., Pädagogische Schriften, hrsg. v. *O. Willmann/T. Fritzsch*, Bd. 1, Osterwieck/Harz u. Leipzig 1913, 360.
[6] Vgl. ebd.

Und genau darum geht es hier. An diesem anthropologischen Grundproblem egoistischer Konkurrenzorientierung *soll* sich gar *nichts* ändern. Im Gegenteil: Eine vom wissenschaftlichen Fokus her partikularistische empirisch-analytische Einzelwissenschaft wie die Biologie schickt sich nun an, einen mythologischen Fundamentalanspruch unter dem Deckmantel der Wissenschaftlichkeit zu verbreiten. – Mythologisch, weil die Botschaft für die empfangende Ökonomie ist: Der Mensch *ist* so, weil er von Natur aus schon so ist ... Wie es war im Anfang, so auch jetzt und alle Zeit und in Ewigkeit. Amen!

Und die Ökonomie braucht – um ihrer Effizienz willen – genau dieses Bild, diese Dienstleistung der Biologie und all der übrigen Naturwissenschaften, die auf diesen Zug mit aufspringen, um das, was sie (die Ökonomie) im Umgang mit den Menschen tagtäglich reproduziert, unwiderruflich zu bestätigen und – weil es ja auch von Natur aus nicht anders sein kann – zu legitimieren.

Die Ökonomie versteht sich ‚erkenntlich' zu zeigen. Denn umgekehrt ist der unvergleichliche Aufstieg und Erfolg der Biologie sowie aller Naturwissenschaften und Technischen Wissenschaften, die auf dieser ‚Welle mitschwimmen' können, die Bestätigung ihrer eigenen materialistischen Philosophie. Insofern nämlich die Ökonomie für die materielle Grundlage des Lebens zuständig ist, können in diesem Sinne – evolutionstheoretisch gedacht – diejenigen Menschen, aber auch Wissenschaften am besten ‚überleben', die sich ihr am besten anpassen.

Mir bleibt an dieser Stelle nur noch einmal festzustellen, dass das Menschen- und Lebensbild der Lebenswissenschaft Biologie als Evolutionsbiologie ein völlig deformiertes und reduktionistisches ist und dass auch die Ökonomie bei all ihrer Macht, die ihr die bürgerliche Gesellschaft verschafft hat, weder das ganze Leben noch den ganzen Menschen trägt. Glücklicherweise gilt aber auch umgekehrt: die bürgerliche Gesellschaft hat zwar die Ökonomie stark gemacht, geht aber selbst nicht im Kapitalismus auf. Das will ich in einem nächsten Schritt genauer auseinanderlegen.

2. Rahmenbedingungen heutiger Theologie im Kontext der bürgerlichen Gesellschaft

Kennzeichen der bürgerlichen Gesellschaft ist, dass alle gesellschaftlichen, politischen und ökonomischen etc. Schlüsselpositionen von Bürgerlichen besetzt sind. – Selbst der Papst ist ein Bürgerlicher.

Umgekehrt war aber der Bereich der Religion, der Kirche, des Christentums nie das besondere Steckenpferd des Bürgertums, was auch nun im Zuge der fortschreitenden bürgerlichen Herrschaft immer offensichtlicher wird. Die Welt des Bürgertums ist die *Weltlichkeit*, das bürgerliche Erwerbsleben, die Ökonomie vor allem, zweitens das Handwerk, also die Welt der technischen Problemlösungen und drittens – mit einigen Einschränkungen – die Aufklärung und die Welt der Wissenschaft. Dass auch letztere inzwischen zunehmend in den Bannkreis von Ökonomie und Technologie gezogen wird, versteht sich fast von selbst aus der geschichtlichen Dynamik der bürgerlichen Interessen und des daran gebundenen spezifisch säkularen Gesichtskreises.

Und doch ist die bürgerliche Gesellschaft bei all ihrer Säkularität mehr als das. Sie ist zugleich Trägerin einer bürgerlich-humanistischen Freiheitstradition, ohne die selbst die Französische Revolution (als erste europäische bürgerliche Revolution) in all ihrer Widersprüchlichkeit schon im Keim erstickt wäre.

Und das ist es nicht allein. Ohne diese Freiheitstradition wäre es wohl kaum zu einer Erklärung Allgemeiner Menschenrechte gekommen. Dass die Allgemeinverbindlichkeit der Menschenrechte unter den Bedingungen der zunehmenden Ökonomisierung aller Lebensbereiche überhaupt nichts Selbstverständliches oder auch Naheliegendes ist, aber dennoch massiv eingefordert wird, das zeigt u. a. unsere aktuelle Diskussion um Inklusion. Inklusion will ja alle bisher eher Ausgegrenzten einschließen und ganz besonders namentlich auch diejenigen, von denen in Richtung ökonomischer Effizienz weniger zu erwarten ist. Ich will damit sagen: Selbst wenn wir uns in Inklusionsfragen nicht gleich schon in einem nicht-ökonomisierten Raum befinden, so gilt doch der Hinweis: Wenn es um die Fülle des Lebens selbst geht, dann ist auch in unserer Gesellschaft die Ökonomie wirklich nicht alles.

3. Herbart, ein Denker des frühen 19. Jahrhunderts – und der theoretische und gesellschaftliche Kontext seiner Philosophie damals bis heute

Ich habe in meinen bisherigen Ausführungen trotz meines Vortragstitels nur einmal kurz Herbart erwähnt. Das hat vor allem damit zu tun, dass Ralf Miggelbrink in seinem Buch Lebensfülle sich zunächst einmal mit naturwissenschaftlichen Theorien aus dem 20. Jahrhundert auseinandersetzt, die ihrerseits bereits als Wirkungsgeschichte eines Werkes aus dem Jahre 1859 begriffen werden können. 1859, das ist 18 Jahre nach dem Tod Herbarts. Es versteht sich von selbst, dass zumindest dieses Buch in seiner Philosophie keine Rolle spielen konnte.

Herbarts Zeit ist die erste Hälfte des 19. Jahrhunderts. Dies ist auch die Zeit seiner Praktischen Philosophie. Und so fragt sich: Wie kommt nun das ‚Licht der Herbart'schen Ideenlehre' aus dem beginnenden 19. Jahrhundert auf die Miggelbrink'sche „Lebensfülle" des beginnenden 21. Jahrhunderts?

Herbart war protestantischer Herkunft, aber kein Theologe. Und soviel ist gewiss: Der Begriff „Lebensfülle", noch dazu in dem von Ralf Miggelbrink gemeinten Sinne, spielt in Herbarts durchaus umfangreichen aktiven Wortschatz allem Anschein nach noch keine Rolle. Herbart war Philosoph. Innerhalb der Philosophie war *einer* seiner besonderen Schwerpunkte die Praktische Philosophie.

Auch wenn sich Praktische Philosophie, nicht nur bei Herbart, zu Beginn des 19. Jahrhunderts nicht mehr theologisch begründete, sondern auf ‚eigenen Beinen' zu stehen geneigt war, so entstammte sie doch eindeutig der bürgerlichen Freiheitstradition.

Aus heutiger Sicht würden wir darüber hinaus sagen: Herbart war nicht nur Philosoph, sondern auch Psychologe und Pädagoge. Aber für ihn war dies kein wesentlicher Unterschied: sich mit psychologischen und pädagogischen Fragen theoretisch zu beschäftigen hieß zu philosophieren. Beides, Psychologie und Pädagogik, waren für ihn noch ganz eindeutig philosophische Disziplinen. Und das ist auch für unseren thematischen Zusammenhang nicht unerheblich, weil es – speziell bei Herbart – einen ganz engen Zusammenhang zwischen Psychologie, Pädagogik und praktischer Philosophie gibt. So etwas denkt heute niemand mehr zusammen. Dieser enge Zusammenhang muss nun allerdings thematisch als Ersatz gelten für ein Thema, das Herbart selbst noch nicht bearbeiten konnte. Und dieser

Ersatz könnte dann vielleicht am Ende genau dasjenige ‚Licht' spenden, mit dem von Herbart her, dem Nicht-Theologen, auf den Begriff der „Lebensfülle" geschaut werden kann.

Mein folgender Argumentationsgang geht nun also von der Psychologie über die Pädagogik zur Praktischen Philosophie. Ohne Psychologie und Pädagogik wäre Herbarts Praktische Philosophie eigentlich entwurzelt und die Beziehung zwischen den Praktischen Ideen und der möglichen Lebensfülle bliebe abstrakt.

Beginnen wir kurz mit der Psychologie. Hier hat Herbart für die Psychologie des 19. Jahrhunderts Bahnbrechendes geleistet, ohne dass dies von der Nachwelt immer angemessen gewürdigt worden wäre.[7] Er hat nämlich die traditionelle Vermögenslehre, die auch heute, insbesondere von der evolutionstheoretisch angepassten Psychologie, immer noch ganz selbstverständlich rezipiert wird, einfach aufgelöst – zumindest theoretisch.

Die Möglichkeit hierzu gab ihm der Vorstellungsbegriff. Allen Vorstellungen, die ein bestimmter Mensch überhaupt hat, gemeinsam ist, dass sie im Laufe seiner Lebensgeschichte über sinnliche Eindrücke und deren Verarbeitung Zugang zur individuellen *Seele*[8] bekommen. Die Vorstellungen werden nun als *Kräfte* vorgestellt, die angeregt durch bestimmte Lebenssituationen, äußere und innere, vom Unterbewusstsein ins Bewusstsein ‚aufsteigen' und in diesem auch bewusst verarbeitet werden können. Sie sind zumindest insofern ‚frei' beweglich, als sie in Herbarts Vorstellung nicht durch bestimmte Vermögen in bestimmte ‚geistige Räume gesperrt' werden und aus diesen nicht so ohne weiteres ‚entkommen' können. Andererseits sind sie auch nicht absolut frei, sondern im Prinzip so frei, wie sie mit anderen Vorstellungen verbunden sind.

Herbart stellt sich also die Vorstellungen als kleinste kognitive und zugleich auch affektive Einheiten wie Kräfte vor, die bei einer bestimmten Gelegenheit vom Unterbewusstsein ins Bewusstsein aufsteigen können, sofern sie nicht von anderen Vorstellungen daran gehindert werden. In gewissem Sinne konkurrieren auch die Vorstellungen miteinander. Aber sie können keinen Egoismus begründen.

---

[7] Vgl. M. *Kaiser-El-Safti*, Einführung, in: J. F. *Herbart*, Lehrbuch zur Psychologie, hrsg. v. M. *Kaiser-El-Safti*, Würzburg 2003, VII.
[8] Herbart schämte sich des Begriffs der *Seele* noch nicht, wodurch ersichtlich wird, dass bei ihm die Psychologie ihren Gegenstand noch nicht verloren hatte.

Denn gerade als einzelne Vorstellungen haben sie überhaupt keine Chance ins Bewusstsein zu treten. Sie können überhaupt nur „Gewicht" bekommen, wenn sie sich zusammenschließen bzw. wenn sie vom denkenden und empfindenden Subjekt zusammengeschlossen werden.

Die Konkurrenz findet auch nicht im Bannkreis der Materie statt, sondern allenfalls der Psyche bzw. des Geistes. Das ist ein Unterschied. Die Vorstellungen selbst verletzt es nicht, wenn sie keine Bedeutung haben. Umgekehrt ist es aber für das Individuum selbst äußerst relevant, welche Vorstellungsverknüpfungen es vollzieht oder wo es Vorstellungsverknüpfungen unbearbeitet zulässt. Denn seine Vorstellungswelt ist seine innere Welt. Für deren Ordnung ist das denkende und empfindende Subjekt selbst verantwortlich, ob es als Wesen der Freiheit um diese Verantwortung weiß und sie wahrnimmt, oder nicht.

Die Freiheit, Einfluss nehmen zu können auf die eigene Vorstellungswelt, mit ihr eine Gedankenwelt, einen Gedankenkreis zu entfalten und mit diesem Gedankenkreis in einer bestimmten Weise sein Handeln zu bestimmen: Das ist dann die von der Psychologie ausgehende Erziehungs- und Bildungsaufgabe der Pädagogik.

Die Pädagogik präsentiert sich damit in der Mitte zwischen Psychologie und Praktischer Philosophie.[9] Die Praktische Philosophie gibt das Ziel und den Zweck der Pädagogik an, den Herbart kurz als Moralität fixiert. Die Psychologie – und darin ist sie echte pädagogische Psychologie – weist den Weg zu diesem Ziel.[10] Die Pädagogik übernimmt die Koordination. Ihr großes Programm lässt sich mit den Schlagworten: Förderung eines vielseitig interessierten Gedankenkreises durch einen erziehenden Unterricht *und* Unterstützung einer sittlich-moralischen Charakterbildung durch eine bildend verstandene „Zucht".[11]

Ich kann hier an dieser Stelle Herbarts pädagogische Gesamtkonzeption nicht weiterverfolgen. Es geht mir nur darum deutlich zu

---

[9] Vgl. *J. F. Herbart*, Umriß pädagogischer Vorlesungen [1835/41], in: ders., Pädagogische Schriften, hrsg. v. *O. Willmann/T. Fritzsch*, Bd. 2, Osterwieck/Harz u. Leipzig 1914, 10 f.
[10] Vgl. ebd.
[11] Diesen letzteren Begriff hätte er für heutige Ohren besser durch einen besseren ersetzt, – hat er aber nicht.

machen: Über 2000 Jahre hat die Pädagogik – im Prinzip bis heute – die beiden Aufgaben „Erziehung" und „Unterricht" sorgfältig getrennt und dadurch vor allem inzwischen den Unterricht selbst, nicht zuletzt den schulischen, zur relativen Bedeutungslosigkeit, die Erziehung zur relativen Wirkungslosigkeit verdammt, den Erfolg von beidem dem relativen Zufall überlassen. Dies geschieht in einem vollständigen Gegensatz zu Herbart, der mit Hilfe seiner Grenzen überwindenden Vorstellungspsychologie Erziehung und Unterricht zusammendenken konnte.

Die Frage könnte sein: Warum nimmt unsere Gesellschaft sogar das völlige Vergessen dieser Zusammenhänge in Kauf und riskiert dabei, dass die Resultate pädagogischer Bemühungen weiterhin Zufallsprodukte bleiben und hinter den eigentlichen Möglichkeiten zurückfallen?

Die Antwort ist nach allem bisher Gesagten gar nicht so schwer. Sie wird leichter, wenn wir noch einen weiteren Begriff Herbarts bedenken, der eigentlich auch aus seiner Psychologie kommt, aber vor allem in seiner Pädagogik einen festen Sitz hat und darüber hinaus jede praktische Philosophie und wissenschaftstheoretische Position und Diskussion wie überhaupt den eigenen und fremden Standpunkt sehr erhellen könnte.

Der Begriff heißt Gesichtskreis. Er wird in der klassischen Pädagogik nur bei Herbart verwandt, ist aber nicht seine Wortschöpfung. Diese stammt ursprünglich aus dem 17. Jahrhundert und verfolgte zunächst das Interesse, einen deutschen Begriff für den ursprünglich aus dem Griechischen entlehnten Begriff Horizont zu schaffen. Nun hat der Begriff Gesichtskreis im Deutschen noch ein paar Konnotationen, die beim Begriff Horizont, wohl auch grundsätzlich vorhanden, aber nicht so leicht erkennbar sind und Herbart die Gelegenheit geben, sein Denken in besonders vorteilhafter Weise zu präzisieren.

Der Gesichtskreis hat wie jeder Kreis einen Mittelpunkt. Das ist der eigene Standpunkt. Von jedem Mittelpunkt aus ist weitestgehende Umsicht möglich. Aber jede Sicht ist auch zielfixiert, also höchst selektiv und blendet damit alles aus, was im toten Winkel der eigenen Zielperspektive liegt. Das kann ausgeglichen werden. Die Ausgleichsmöglichkeiten sind prinzipiell gegeben durch eine möglichst weitgehende Um-Sicht. Alles andere erforderte eine Standpunktverlagerung.

Der Begriff des Gesichtskreises ist bei Herbart schon aus Dokumenten seiner Studienzeit nachweisbar.[12] Die entscheidende Textstelle ist allerdings sein Eröffnungssatz in der Allgemeinen Pädagogik:

„Was man wolle, indem man erzieht und Erziehung fordert: das richtet sich nach dem Gesichtskreise, den man zur Sache mitbringt.
Die meisten, welche erziehen, haben vorher ganz unterlassen, sich für dies Geschäft einen eigenen Gesichtskreis zu bilden; er entsteht ihnen während der Arbeit allmählich, er setzt sich ihnen zusammen aus *ihrer* [kursiv R. B.] Eigentümlichkeit und aus der Individualität und den Umgebungen des *Zöglings* [kursiv R. B.]."[13]

Überträgt man diese Wahrnehmung des frühen 19. Jahrhunderts auf die heutige Zeit, dann lässt sich meines Erachtens ein Dreifaches feststellen:
1. Es hat sich an den Voraussetzungen, unter denen heute Erziehung im Allgemeinen stattfindet, grundsätzlich nichts Entscheidendes geändert.
2. Die weitgehend vom Zufall bestimmte Bildung des Gesichtskreises geht weiterhin weitgehend unbewusst vonstatten. Ebenfalls unbewusst ist in der Regel auch die *Abhängigkeit* der eigenen sogenannten *Erfahrungen* von diesen Zufälligkeiten.
3. Wer also etwas anderes tut, wer etwas anderes versucht, der erfährt auch etwas anderes.[14]

Nun werden aber allzu oft die bloß zufälligen Erlebnisse in Verbindung mit der sich irgendwie ergebenden Gesichtskreisperspektive subjektiv zu absoluten Erfahrungen hochstilisiert. Und man glaubt dann, je länger man solche Erfahrungen macht, umso erfahrener sei man und die längste Erfahrung sichere automatisch Expertentum.
Für diese Logik hat Herbart nur Polemik übrig: „Die Erfahrung des 90-jährigen Dorfschulmeisters", sagt er, „ist die Erfahrung seines 90jährigen Schlendrians."[15]

---

[12] Vgl. *J. F. Herbart*, Einige Bemerkungen über den Begriff des Ideals, in Rücksicht auf Rists Aufsatz über moralische und ästhetische Ideale [1796], in: ders., Werke, hrsg. v. *K. Kehrbach/O. Flügel*, Bd. 1, Langensalza 1887/1964, 6.
[13] *J. F. Herbart*, Allgemeine Pädagogik (s. Anm. 5), 230.
[14] Vgl. ebd., 233 f.
[15] Ebd.

Was wäre die Alternative? Die Alternative wäre, sich nicht blind dem Zufall zu überlassen, d. h., sich nicht den eigenen Marotten und auch den real existierenden gesellschaftlichen Kräften unreflektiert zu überlassen, sondern sich einen eigenständigen Gesichtskreis zu bilden, der die eigenen und gesellschaftlichen Voraussetzungen nicht außer Acht lässt, der aber vor allem auf den Sinn und den Zweck der Erziehung selbst ausgerichtet ist. Diesen bringt wenige Jahre vor Herbart schon Immanuel Kant auf den Punkt:

> „Kinder sollen nicht dem gegenwärtigen, sondern dem zukünftig möglich bessern Zustande des menschlichen Geschlechts, das ist: der Idee der Menschheit und deren ganzer Bestimmung angemessen, erzogen werden."[16]

Wir nähern uns dem Orientierungspunkt praktisch philosophischer Verantwortung. Herbart fixiert in diesem Sinne die pädagogische Aufgabe auf die Unterstützung von Moralität nicht nur als höchstem, sondern als *ganzem* Zweck der Erziehung. Damit wird der unmittelbare Zusammenhang Herbarts praktischer Philosophie und Ideenlehre auch mit der Pädagogik unterstrichen. Die Pädagogik ist die wichtigste Bedingung dafür, dass die Ideen im menschlichen Leben überhaupt eine Rolle spielen. Von selbst tun sie das nämlich nicht.

Statt in diesem Zusammenhang auf die Übereinstimmungen und Differenzen zu Kant einzugehen, nur noch einmal eine kurze Bemerkung zur fundamentalen Bedeutung des Gesichtskreises und warum es wichtig ist, dass dieser nicht dem Zufall überlassen wird: Nur das, was im Fokus des Gesichtskreises ist, hat auch Aussicht darauf, den Gedankenkreis zu dominieren und umgekehrt wieder den Gesichtskreis auszurichten. In diesem Sinne verdankt sich – bei Herbart – sowohl die Wahrnehmung eines Menschen, als auch das, was anschließend sein *bewusstes* Handeln ausmacht, der durch Gesichts- und Gedankenkreis gerichteten Ubiquität der Vorstellungen.

Die Frage war, *warum* diese ungemein wertvollen zentralen Errungenschaften der Herbart'schen Psychologie, Pädagogik und praktischen Philosophie heute so wenig faktische Beachtung finden. Die Antwort ist ganz einfach: Sie liegen schlicht außerhalb des gesell-

---

[16] *I. Kant*, Über Pädagogik, in: *ders.*, Werke, Bd. 10, hrsg. v. Wilhelm Weischedel, Darmstadt 1983, A 17.

schaftlichen Gesichtskreises. Dieser wird bestimmt durch den von Ralf Miggelbrink bereits beschriebenen Paradigmenwechsel. Und dieser Paradigmenwechsel fokussiert eben ganz andere Interessen. Und selbst wenn der dabei angerichtete Schaden offensichtlich ist und täglich größer wird, so stört das das System nicht. Denn die Schäden können vom System autopoietisch absorbiert werden. Jeder Schaden bringt Reparaturen, bringt Arbeit, bringt Geld, bringt oft sogar Profit.

Und jetzt ist die Frage: Welches Individuum, das von klein auf auf *diesen* gesellschaftlich sanktionierten Gesichtskreis abgerichtet wird, soll sich dem – so ohne weiteres – entziehen?

Denn bei wem *solch* ein Gesichtskreis erst einmal *fixiert* ist – das ist ja die Tragik aller Charakterbildung, auch nach Herbart, der *kann* – von sich aus! – gar nicht auf andere Gedanken kommen und wären sie auch noch so naheliegend. *Naheliegend* ist auch im ‚toten Winkel'.

Der zweite Punkt ergibt sich daraus: Auch das Konzept der „Lebensfülle" – bei all seinem inneren Reichtum gegenüber dem schnöden Materialismus – könnte es ganz ähnlich gehen wie Herbarts Psychologie, Pädagogik und praktischer Philosophie. D. h., auch Ralf Miggelbrinks „Lebensfülle" liegt außerhalb des gesellschaftlichen Gesichtskreises. Nun könnte das, was außerhalb eines bestimmten Gesichtskreises liegt, im Vergleich miteinander sehr unterschiedlich und sogar gegensätzlich sein. Das scheint mir *hier* aber nicht der Fall zu sein. So will ich denn die These wagen:

Die Bildung des vielseitig interessierten Gedankenkreises, gar des gleichschwebend vielseitig interessierten Gedankenkreises, die sich an der praktischen Philosophie und ihren fünf praktischen Ideen orientiert, kann als Herbarts Beitrag zum Konzept der „Lebensfülle" verstanden werden.

Wie hier „Fülle" zu verstehen ist, das können zum Teil die Ideen selbst zeigen. Sicher ist freilich, dass es sich hier *nicht* um ein gleiches Konzept mit anderen Worten handeln kann, allenfalls um ein analoges Konzept, schon allein, weil die Ausrichtungen der Gesichtskreise verschiedene sind.

Ralf Miggelbrinks „Lebensfülle" speist sich aus der Tradition jüdisch-christlicher Theologie, die aber eben nicht zuletzt *auch* eine Freiheitstradition ist. Und hier liegen die entscheidenden Berührungspunkte. Herbarts Konzept, das auf *seine* Weise auch den Begriff der „Lebensfülle" verdient, leitet sich von der bürgerlichen Freiheitstradition her, sofern diese rückgebunden ist an die Spielregeln sozialer Verantwortung.

4. Die zehn praktischen Ideen und die darin begründete Eigenart der Herbart'schen „Lebensfülle"

Herbart hat mit seiner Vorstellungspsychologie nicht nur innerhalb der Pädagogik die Grenze zwischen Erziehung und Unterricht überwunden. Er hat in seiner praktischen Philosophie auch die Grenze zwischen Rechtslehre und Tugendlehre, wie sie in Kants Metaphysik der Sitten noch konstitutiv ist,[17] überwunden.[18] Und die Sterilität des einsamen kategorischen Imperativs, der auf alles mögliche Generalisierbare bezogen werden können muss, ersetzt Herbart durch eine Orientierung an fünf voneinander unabhängigen und mithin nicht hierarchisch auseinander abgeleiteten Grundideen. Ihre Bezugsgröße ist immer auch das moralisch urteilende Individuum. Schließlich ergänzt Herbart diese fünf *ursprünglichen* Ideen durch fünf *abgeleitete* Ideen, die jeweils einen Transfer vom Individuellen ins Gesellschaftliche unternehmen.

Die ursprünglichen Ideen sind: Innere Freiheit, Vollkommenheit, Wohlwollen, Recht und Billigkeit.[19] Die wesentlichen Unterscheidungsgründe dieser fünf Ideen ergeben sich daraus, dass sie – ästhetisch betrachtet – drei unterschiedlichen Elementarverhältnissen zugeordnet werden können. Die ersten beiden beziehen sich auf das Selbstverhältnis: Ich-Ich,[20] die mittlere Idee auf das Ich zu einem fremden Du und die beiden verbleibenden Ideen auf das reale zwischenmenschliche Verhältnis zu einem Gegenstand oder mehreren Gegenständen.

Innere Freiheit und Vollkommenheit beziehen sich auf den inneren Menschen, das Wohlwollen auf die Vorstellung des Willens eines fremden Du. Das Wohlwollen ist auch noch innerlich, während die Ideen von Recht und Billigkeit nach außen gerichtet sich auf den

---

[17] Vgl. *I. Kant*, Metaphysik der Sitten in zwey Theilen, Königsberg [A 1797, B 1798], in: Kant, Werke, Bd. 7, hrsg. v. Wilhelm Weischedel, Darmstadt 1983.
[18] Vgl. *J. F. Herbart*, Allgemeine Praktische Philosophie [1808], in: ders., Sämmtliche Werke, hrsg. v. *G. Hartenstein*, Bd. 8, Leipzig 1851, 45 f.
[19] Vgl. ebd., 33–73.
[20] Vgl. ebd., 37.

realen Willen beziehen, der konflikthaft zwischen Personen um eine Sache, um einen Gegenstand entstehen könnte. Die Idee des Rechts soll dafür sorgten, dass ein solcher Konflikt gar nicht erst entsteht. Sollte er entstehen, sollte das bestehende Recht dabei verletzt werden, dann greift die Idee der Billigkeit, die danach trachtet, einen Ausgleich zu schaffen für erlittenen Schaden und die dabei den Schädiger in die Pflicht nimmt. Sie gilt aber nicht nur dem *Schadens*ausgleich, sondern auch als ausgleichendes Prinzip für empfangene *Wohltaten*. In diesem Fall werden dann dem Empfangenden die *Pflicht zu Gegenwohltaten* zugemutet. Wie sehr die Ideen in ihrer Einseitigkeit nicht für sich alleine stehen können, sondern der übrigen bedürfen, um ein ethisches Gesamtbild abgeben zu können, macht folgender Umstand deutlich:

Das Wohlwollen, das Herbart manchmal auch als *Güte* bezeichnet, will prinzipiell *allen* fremden Willen wohl und berechnet dabei nicht, was sie wirklich wollen, nicht einmal, ob sie viel oder wenig wollen, oder ob das berechtigt ist, was sie wollen.

Das Prinzip des Rechts begrenzt den Gesichtskreis auf die Vermeidung des Streits. Daraus ergibt sich die Konsequenz: Gäbe es eine rechtliche Einigung, die auch noch so ungleiche Verhältnisse bedeutete, die Beteiligten aber zufrieden sind, dann ist dem *Recht* damit bereits Genüge getan. *Nicht* aber der Idee der *Billigkeit*. Sie unterliegt dem Anspruch der *Gleichheit* und ist bei ungleicher Verteilung um Ausgleich bemüht. Auf der anderen Seite könnte es nun bei der Billigkeit auch recht *pedantisch* zugehen. Und das würde es wahrscheinlich auch, gäbe es nicht die Idee des unbedingten Wohlwollens.

Ginge es aber nicht allein darum, wie sich äußere rechtliche und moralische Verhältnisse regeln ließen, sondern auch darum, die *persönlichen* Voraussetzungen zu schaffen, um sich überhaupt auf ein an den Ideen orientiertes Leben einzulassen, dann sind Innere Freiheit und das Streben nach persönlicher Vervollkommnung gefragt. Das Streben nach Vervollkommnung ist allerdings kein Herbart'scher Begriff. Er ist stattdessen bei mir von der Rousseau'schen *perfectibilité* hergeleitet.[21]

---

[21] Vgl. *R. Bolle,* Jean-Jacques Rousseau. Das Prinzip der Vervollkommnung des Menschen durch Eduktion und die Frage nach dem Zusammenhang von Freiheit, Glück und Identität. Münster/New York/München/Berlin ³2012, 111–127;

Ich wollte damit verhindern, dass Herbarts Idee der Vollkommenheit in ihrer praktisch gemeinten Ausrichtung, gerade ausgesprochen, schon falsch verstanden wird. Die Idee der Vollkommenheit ist ganz formal gemeint und bezieht sich nicht zuletzt auf den „erziehenden Unterricht".[22] Dieser sollte ja in der Kultivierung eines gleichschwebend vielseitigen Interesses bestehen. Der Begriff der Vielseitigkeit meint eine Qualität bzw. Eigenschaft der Person.[23] Interesse meint einen spezifischen Gemütszustand dieser Person.[24] Es ist nicht zu verwechseln mit außerhalb der Person liegenden Gegenständen oder Personen, auf die sich freilich das Interesse richten kann.[25] Und wenn das Interesse das tut, *dann* sind diese Gegenstände oder auch Personen für die sich interessierende Person *interessant*, sonst nicht. Das Interesse ist also nicht mit dem potenziell Interessanten zu verwechseln. Die Herbart'sche Unterscheidung ist also ausgesprochen wichtig, obwohl ihr im Allgemeinen keine Bedeutung beigemessen wird.

Praktisch bedeutet diese Unterscheidung: statt Millionen potenziell interessanter *Gegenstände* zu kategorisieren – wie es in sog. „Lehrplänen" in wesentlich bescheidenerem Umfang gemeinhin geschieht – kategorisiert Herbart einfach nur das *Interesse selbst*, das ja die *Bedingung* dafür ist, dass für das Individuum überhaupt etwas interessant ist. Die Kategorisierung des Interesses macht für Herbart diese Angelegenheit total überschaubar. Er kategorisiert also nicht Millionen von möglichen interessanten Gegenständen des Unterrichts, sondern sechs Einzelbereiche des Interesses, die er dann als *Seiten* der Vielseitigkeit des Interesses bezeichnet.[26] Drei der sechs Seiten sind *erkenntnisorientiert* und überwiegend *kognitiv* ausgerichtet, die drei anderen *teilnahmeorientiert* und überwiegend *affektiv* ausgerichtet. Erstere Seiten beziehen sich auf: Empirie, Spekulation und Geschmack. Die teilnahmeorientierten Interessen sind Teil-

---

J.-J. Rousseau, Diskurs über die Ungleichheit. Discours sur l'inégalité. Kritische Ausgabe des integralen Textes, hrsg. v. *H. Meier*, Paderborn ⁶2008, 101/103.

[22] *J. F. Herbart*, Umriß pädagogischer Vorlesungen [1835/41] (s. Anm. 8), 18.
[23] Vgl. *J. F. Herbart*, Allgemeine Praktische Philosophie [1808] (s. Anm. 16), 272.
[24] Vgl. ebd., 285.
[25] Vgl. *J. F. Herbart*, Pädagogisches Gutachten über Schulklassen und deren Umwandlung, nach einer Idee des Herrn Regierungsrat Graff, in: ders., Pädagogische Schriften, hrsg. v. *O. Willmann/T. Fritzsch*, Bd. 3, Osterwieck/Harz u. Leipzig 1919, 111f.
[26] Vgl. *J. F. Herbart*, Allgemeine Pädagogik [1806] (s. Anm. 5), 284f.

nahme am Menschen, Teilnahme an der Gesellschaft und Teilnahme am „höchsten Wesen". Bei Teilnahme am Menschen meint Teilnahme eine Anteilnahme am Mitmenschen, ein Mitempfinden für seine Befindlichkeiten, ein Sich-Hineinversetzen in seine Lage. Eine solche Teilnahme ist überhaupt nicht selbstverständlich, denn sie ist beispielsweise für einen Egoisten aufgrund seiner spezifischen Ausrichtung des Gesichts- und Gedankenkreise kaum möglich. Deshalb dürften uns bei mangelndem Teilnahme-Interesse eines Menschen halbherzige Verhaltensmodifikationen, die lediglich taktisch angelegte äußere Anpassungsleistungen wären, nicht irritieren. Die Teilnahme am Menschen steht mithin für ein ethisches Interesse. Die Teilnahme an der Gesellschaft steht für ein politisches Interesse, was allein schon durch den Teilnahmebegriff nicht verwechselt werden darf mit einem egoistischen Ausbau des eigenen Machtinteresses. Die dritte Teilnahme ist für Herbart die Teilnahme am „höchsten Wesen", also die Qualität der Gottesbeziehung in der Religion. Diese dritte Teilnahme soll dort, wo es um das Ganze des Lebens geht, nicht zuletzt einen Ausgleich schaffen zwischen den unvermeidlichen Einseitigkeiten der ethischen und politischen Interessen.[27]

Diese sechs Einzelinteressen oder Seiten des Gesamtinteresses sind normalerweise in der unkoordinierten individuellen Lebensgeschichte zunächst einmal in der Regel recht unterschiedlich entfaltet worden, manche sogar vielleicht fast gar nicht. Der Herbart'sche Bildungsauftrag ist nun alle diese Seiten des Interesses *ausgleichend* zu behandeln. In die Gesichts- und Gedanken*kreis*-Metaphorik Herbarts übertragen heißt das: Würde man sich alle Interessen von der Mitte ausbreitend als ausfüllend den Bereich je eines Sechstels des Innenraumes eines Kreises vorstellen, so könnte erst dann, wenn alle Interessen *gleichermaßen* – im Sinne eben des *gleichschwebend* vielseitigen Interesses – bedient werden, der Kreis zu seiner definitionsgegebenen ‚Rundung' kommen. Man könnte auch sagen: erst dann käme der Kreis zum Vollen. In diesem Sinne „zum Vollen kommen" ist für Herbart der tiefere bzw. metaphorische Sinn der ‚Idee der Vollkommenheit'.[28]

Ausgehend von einem solchen Verständnis der ‚Idee der Vollkommenheit' wird vielleicht erahnbar, in welchem Sinne sich Her-

---

[27] Vgl. ebd., 324–336.
[28] *J. F. Herbart*, Umriß pädagogischer Vorlesungen [1835/41] (s. Anm. 8), 18.

barts praktische Philosophie, hier in ihrer bildungstheoretischen Auslegung, auf spezifische Weise dem Miggelbrink'schen Begriff der „Lebens*fülle*" angleicht, zumal ja auch hier deutlich wurde, dass auch aus bildungstheoretischer Sicht die „Fülle" nicht ohne Religion zu „leben" ist.

Bis jetzt ging es aber nur um die ‚halbe' praktische Philosophie bzw. die halbe Herbart'sche Ideenlehre. Die andere Hälfte entfaltet Herbart dadurch, dass er aus den fünf ursprünglichen praktischen Ideen jeweils eine ins Gesellschaftliche abgeleitete Idee formuliert und zwar systematisch und in umgekehrter Reihenfolge. Die Idee der Billigkeit entspricht die gesellschaftliche Idee des *Lohnsystems*, der Idee des Rechts die des *Rechtssystems*. Aus der Idee des Wohlwollens leitet er die Idee des *Verwaltungssystems* ab, was vielleicht manche auf den ersten Blick begrifflich irritieren könnte. Aus der Idee der Vollkommenheit, die sich ja letztlich in der Kultivierung des vielseitigen Interesses bewegt, die Idee des *Kultursystems* und schließlich aus der Idee der Inneren Freiheit die Idee der „Beseelten Gesellschaft".[29] Diese Ableitungen gelingen ihm wieder überhaupt nur auf der Grundlage seiner Vorstellungspsychologie. Denn mit ihrer Hilfe kann er das einzelne Individuum als Mikrokosmos der Menschheit, mindestens aber der Gesellschaft verstehen.

Herbart trägt damit nicht nur dem Umstand Rechnung, dass es eine uneinholbare Differenz von Idee und Wirklichkeit gibt, dass sich Lebenspraxis, will sie denn die „Fülle" überhaupt in den Gesichtskreis nehmen, sich in diesem Spannungsfeld bewähren muss. Herbart trägt andererseits dem Umstand Rechnung, dass ein Individuum in dieser Kontinuität zwar auf das Ganze (der Menschheit) einwirkt und seine „Spuren" hinterlässt,[30] mitnichten aber das Ganze bestimmen kann. Auch das Ganze muss im gleichen Geist dem Individuum entgegenkommen.

Wie schon in den ersten beiden Kapiteln dargelegt, sind diesem Unternehmen – um die Menschheit in eine ganz *andere* Richtung zu bewegen – gleichwohl zahlreiche individuelle, gesellschaftliche, menschheitliche, selbst wissenschaftliche Grenzen und Widerstände

---

[29] Vgl. *J. F. Herbart*, Allgemeine Praktische Philosophie [1808] (s. Anm. 16), 74–106.
[30] Vgl. *W. von Humboldt*, Theorie der Bildung des Menschen (Bruchstück), in: ders., Werke, Bd. 1, hrsg. v. A. Flitner/K. Giel, Darmstadt ⁴2002, 235.

gesetzt. Somit gilt andererseits: Um die Begrenztheit jenes Unternehmens mit Zuversicht und Sinn-Erfüllung auszuhalten, bedarf es jenseits eines kritischen Blicks auf die Realität der „Fülle-Zusage" der Offenbarungsreligion.

Systematisch-theologische Perspektiven

Dramatik der Lebensfülle

Ralf Miggelbrink im Gespräch mit René Girard und der Innsbrucker Dramatischen Theologie

Józef Niewiadomski

1. Narrativer Prolog

„Ich habe ein Problem!" Mit diesen Worten begrüßt Eric Lomax die Runde seiner Kameraden.[1] Alles ehemalige englische Offiziere, die 1942 beim Fall von Singapur von den Japanern gefangengenommen und als regelrecht malträtierte Sklaven beim Bau der Eisenbahnlinie Burma-Thailand geschunden wurden. Seit Jahren begegnen sie sich bei Veteranentreffen. Die meisten von ihnen wurden von den Japanern gefoltert, am meisten wohl Eric selber, der im Lager ein Radio konstruiert habe, deswegen auch der Spionage bezichtigt wurde. Brutalstes Schlagen und stundenlange entsetzliche Folterungsprozeduren im geschlossenen Kellerraum – welch ein Symbol für die erdrückende Macht der Immanenz[2] –, bei denen dem Opfer Wasser in die Kehle hineingepumpt und so die Panik des Ertrinkens hervorgerufen wurde, standen da auf der Tagesordnung. Im Wahrnehmungshorizont des Opfers verdichteten sich die stundenlangen Misshandlungen in der Beziehung Opfer – Übersetzer. Dieser ist nämlich für das Opfer zum Sinnbild der Folterer geworden, hat er doch als einziger mit dem Opfer auch sprachlich kommuniziert. Seit der Rückkehr nach England lebt die Gruppe weiterhin im Krieg.

---

[1] Für die Nacherzählung der authentischen Geschichte: *E. Lomax*, The Railway Man, London 1996.

[2] *K. Sternberg* weist in ihrem Beitrag über Baruch Spinoza (hier in diesem Band) auf die Formel: „Deus sive natura" hin; die Folterungsprozesse im geschlossenen Kellerraum legen eine analoge Formel nahe: „Deus sive cella" und verdeutlichen mutatis mutandis die erkenntnistheoretischen Grenzen des Immanentismus, der das Opfer und die Täter zu einem ausweglosen mimetisch strukturierten Teufelskreis verdammt. Um die „geschlossene Decke der Folterkammer" zu durchbrechen, braucht es notwendigerweise einer Intervention „von außen", den – wie auch immer definierten – Transzendenzbezug.

Traumata sorgen für die Vergegenwärtigung des damals erlebten Infernos. In Gesprächen und in der Phantasie wird immer und immer wieder das Szenario der Rache durchgespielt und die Folter mit umgekehrten Rollen reinszeniert. Das mimetisch strukturierte Begehren macht dabei die Opfer zu Tätern, verleiht dem beschädigten Leben die Lebensenergie und den Status einer scheinbar gelungenen Selbstbehauptung, gar die Illusion der „Fülle des Lebens". Außerhalb der Folterkammer, die ihre Vorstellungskraft kolonialisiert hat, kann es nämlich für sie kein Leben geben. Nun hat aber Eric ein Problem. Im Zug ist ihm zufällig eine Frau begegnet, in die er sich verliebt hat. Auch Patti findet Gefallen an Eric und sie heiratet ihn, ohne zu ahnen, in welchen Abgründen dieser Mensch lebt. Die Traumata ihres Mannes, seine Schreie und sein pathologisches Verhalten – auch oder gerade im Schlafzimmer – setzen ihr zu, doch die Mauer des Schweigens der Opfer grenzt sie aus dem beschädigten Leben aus. Sie findet keinen Zugang zu der das Leben der Opfer bestimmenden Folterkammer. Trotzdem liebt sie ihren Mann; er selber bekommt aber langsam ein Problem mit seiner Verliebtheit, weil nach und nach Risse entstehen in der geschlossenen Decke seines seelischen Kellers, in dem er – scheinbar selbstbestimmt – seit dem Ende des Krieges lebt. Die mimetisch bedingte Erstarrung seiner Identität beginnt damit zu zerbröckeln. Als die Gruppe zufällig entdeckt, dass der Übersetzer noch am Leben ist, gar Führungen im ehemaligen Lager veranstaltet, bekommt Eric den Auftrag, an den Ort des früheren Infernos zu reisen, sich zu rächen und den Übersetzer umzubringen. Zur Besiegelung dieses Auftrags nimmt sich einer seiner Freunde das Leben: so wird der Auftrag zur Rache zum Inbegriff des letzten Willens eines der Opfer. Doch wird der Auftrag zu diesem Akt der Stellvertretung nicht nur nicht ausgeführt, sondern auf eine überraschende Art und Weise transformiert.

Warum dieser Rückgriff auf die Lebensgeschichte eines ehemaligen Soldaten bei einem Symposium zur „experimentellen Erprobung eines theologischen Leitbegriffes"? Wohl nicht nur deswegen, weil ich selber beim ersten Blick auf die Einladung zum Symposium über die „Lebensfülle" unwillkürlich an den Film: „The Railway Man"/dt. „Die Liebe seines Lebens" denken musste.[3] Die filmische Geschichte

---

[3] Im Jahre 2013 wurde der biographisch angelegte Roman von E. Lomax – zum Zeitpunkt, als die beiden Protagonisten der erzählten Geschichte: Eric und Patti

dramatisiert auf vortreffliche Art und Weise – und dies trotz aller Sentimentalität, gar der Überschreitung der Grenze zum Kitsch, die ja bei derartigen Produktionen gang und gäbe ist – die von Miggelbrink in unzähligen Anläufen rekonstruierte Kategorie der „Lebensfülle".[4] Im Vorwort zu seinem Werk bekennt Miggelbrink freimütig:

> „[D]ie theologische Kategorie der Lebensfülle sollte [...] die positive Antwort bilden auf die Fragen, die meine vor zehn Jahren vorgetragene Forderung nach der Wiederentdeckung des zornigen Gottes aufgeworfen hatte: Wie ist denn die Gotteswirklichkeit jenseits seiner gnädigen und zornigen Zuwendung zum Menschen so zu denken, dass Zorn und Gnade als Gestalten geschichtlicher Wirksamkeit Gottes verstehbar werden?"[5]

Der Revitalisierung des Allmachtsbegriffes skeptisch gegenüberstehend, möchte Miggelbrink den Begriff „einer sich mitteilenden, dy-

---

noch am Leben waren – durch den Regisseur J. Teplitzky, mit Colin Firth/Jeremy Irvine und Nicole Kidman in den Hauptrollen, verfilmt.

[4] Auch wenn Ralf Miggelbrink in seinem Buch „Lebensfülle" (*R. Miggelbrink, Lebensfülle. Für die Wiederentdeckung einer theologischen Kategorie* (Quaestiones disputatae 235), Freiburg i. Br. 2009) den Begriff „dramatisch" öfters verwendet, gar Konturen einer „dramatischen Pneumatologie" andeutet (187–193) und in diesem Kontext auch die „inkarnatorische Dramatik des göttlichen Geistes" in Verbindung bringt mit dem Ansatz der „Innsbrucker Schule" (191), schlussendlich die „dramatische Theologie der Erlösung des Fleisches" (215) anvisiert, gilt sein Augenmerk logischerweise dem Aspekt des Pleromatischen. Damit droht aber das Konflikthafte zu verblassen. In seiner allerersten Begriffsbestimmung des „Dramatischen", die Raymund Schwager in seiner Dissertation vorgenommen hat, warnt er vor allzu schneller Vorwegnahme der Versöhnung: „Wo [...] der Mut zu dieser Dramatik fehlt und die Versöhnung vorschnell gesucht wird, dort dürfte nicht mehr der allumfassende Geist am Wirken sein, sondern eher eine götzenhafte Verabsolutierung sichtbarer Strukturen sich abzeichnen." (*R. Schwager*, Das dramatische Verständnis der Kirche bei Ignatius von Loyola, in: *M. Moosbrugger* (Hrsg.), Raymund Schwager Gesammelte Schriften Bd. 1: Frühe Hauptwerke, Freiburg i. Br. 2016, 250. Diesem Anliegen will Miggelbrink prinzipiell auch Rechnung tragen: „Wer [...] vom Heil Gottes spricht, ohne den Zorn Gottes wahrgenommen zu haben, der steht in Gefahr, einem Gott das Wort zu reden, der nicht der christliche ist, dessen Heilsbotschaft steht in der Gefahr, der Heilsbotschaft jener Propheten zu gleichen, mit denen Jeremia zu konkurrieren hatte." (*R. Miggelbrink*, Der zornige Gott. Die Bedeutung einer anstößigen biblischen Tradition. Darmstadt 2002, 124) Vgl. auch die Grundsatzüberlegungen zu „dramatischer Hermeneutik" in *R. Miggelbrink*, Der Zorn Gottes. Geschichte und Aktualität einer ungeliebten biblischen Tradition, Freiburg i. Br. 2000, 542–556.

[5] *R. Miggelbrink*, Lebensfülle (s. Anm. 4), 11.

namischen, belebenden ursprünglichen Fülle des Seins" ins Gespräch bringen.⁶ Die zehn Jahre nach der Veröffentlichung der „Lebensfülle" erfolgende „experimentelle Erprobung" dieser Kategorie geschieht im folgenden Beitrag durch die Verknüpfung systematischer theologischer Reflexionen, die auf dem Innsbrucker Boden im Umkreis von Raymund Schwager⁷ entstanden sind, mit den Gedanken Miggelbrinks. Für den roten Faden zeichnet die angesprochene, filmisch verarbeitete authentische Biographie von Menschen verantwortlich, in deren Leben sich die biblisch bezeugte Lebensfülle Gottes auf unerwartete Weise regelrecht inkarnierte.

Mit der Gestalt der Patti bricht nämlich in den Interaktionszusammenhang ehemaliger Soldaten und sklavisch behandelter Arbeiter des Burma-Thailand-Eisenbahnprojektes, von schwerst geschädigten Menschen also, eine Person ein, die Miggelbrink als eine „freie Aneignungsgestalt" jener Logik qualifizieren würde, die aus der Fülle schöpfend die „gewaltfinalisierte Deformation der Intersubjektivität des Menschen" zu überwinden hilft.⁸ Unter dem Einfluss der heilenden Fülle, aus der seine Frau ihre Identität begründet – sie ist ja nicht ein Opfer, auch nicht das Opfer ihrer Entscheidung zur Ehe –, vermag sie sukzessive das deformierte Begehren von Eric durch ihre Liebe zu verändern. Sie schenkt sich selber dem Geschädigten als Gabe, weil sie ihre Verliebtheit im wahrsten Sinn des Wortes in diese Beziehung hinein inkarniert, damit auch die Decke der seelischen Folterkammer ihres Mannes durchbricht. Die Folgen der damit stattfindenden Transformation werden bei der Erfüllung des Racheauftrags auf dramatische Art und Weise sichtbar.

---

⁶ Ebd.
⁷ Zum expliziten Bezug Miggelbrinks zu Schwager vgl. *R. Miggelbrink*, Mimetische Theorie, Dramatische Theologie. Forschungsprojekt „Religion – Gewalt – Kommunikation – Weltordnung". Ein Literaturbericht, in: Theologische Revue 100 (2004), 179–188; *ders.*, Systematischer Gehalt und Potential von Raymund Schwagers Zugang zum altkirchlichen Dogma, in: *M. Moosbrugger/J. Niewiadomski* (Hrsg.), Auf dem Weg zur Neubewertung der Tradition. Die Theologie von Raymund Schwager und sein neu erschlossener Nachlass, Freiburg i. Br. 2015, 161–174; *ders*, Dein Wille geschehe! Transzendentale Freiheitslehre und Dramatische Theologie, in: *J. Niewiadomski* (Hrsg.), Das Drama der Freiheit im Disput. Die Kerngedanken der Theologie Raymund Schwagers, Freiburg i. Br. 2017, 102–115.
⁸ *R. Miggelbrink*, Lebensfülle (s. Anm. 4), 192.

Am Ort des früheren Infernos angekommen, versucht Eric zwar Schritt für Schritt die Folterpraktiken, die er erlebt hat, mit den spiegelverkehrten Rollen zu reinszenieren. Im Kreuzverhör konfrontiert er den Übersetzer mit der Wahrheit seines verbrecherischen Handelns. Er macht dies auf eine analoge Art und Weise, wie er selber zum Geständnis seiner angeblichen Spionage gedrängt wurde. Diese Konfrontation wird zu einem Akt der gelungenen Aufklärung über das damals Vorgefallene. Doch als Eric sich daran macht, auch die Schläge zu reinszenieren, unterbricht er in letzter Sekunde den Schlag, genauso wie er auch den tödlichen Messerstich nicht auszuführen vermag. So kehrt der Stellvertreter nach England zurück, ohne den Auftrag zur Rache erfüllt zu haben, wird aber dann von einem Brief des Übersetzers überrascht, in dem sich dieser für das „Öffnen seiner Augen" und die damit erfolgte Aufklärung über seine Rolle im makabren Spiel der Folter bedankt. Daraufhin reist Eric zum zweiten Mal nach Burma, nimmt diesmal seine Frau mit und auch einen Brief, in dem er dem Täter seine Vergebung zuspricht. Die nun stattfindende Begegnung zwischen Opfer und Täter wird zum heilenden Ereignis für beide. Beide Männer sind Subjekte und Stellvertreter zugleich. Der all die Rollen der Täter in sich vereinigende Übersetzer – Takashi Nagase – entschuldigt sich, das Opfer – Eric Lomax – spricht ihm seine Vergebung zu. Beide Männer werden Freunde und bleiben es auch bis zu ihrem Tod. In seinem Roman fasst Lomax seine Erfahrungen folgendermaßen zusammen: „I felt that I had accomplished more than I could ever have dreamed of. Meeting Nagase has turned him from a hated enemy, with whom friendship would have been unthinkable, into a blood-brother. If I'd never been able to put a name to the face of one of the men who had harmed me, and never discovered that behind that face there was also a damaged life, the nightmares would always have come from a past without meaning. And I had proved for myself that remembering is not enough, it simply hardens hate. […] It was only a moment, for we both knew we should be there. I said then: ‚Sometime the hating has to stop'."[9] In einer der letzten Szenen des Films sagt Patti zu ihrem Mann: „Ich habe Angst um dich gehabt, dass du so enden

---

[9] *E. Lomax*, The Railway Man, (s. Anm. 1), 244. Das Buch hat als Motto ein Zitat aus der Offenbarung des Johannes: „Ich war tot, doch nun lebe ich […] Schreib auf, was du gesehen hast." (Offb 1,18f).

wirst, wie der Freund, der sich umgebracht hat." „Er hat dich nicht gehabt", antwortet Eric – deutet damit auch den Wert des Einbruchs einer transformierenden heilenden „Fülle" in seinen gewaltsam verschlossenen seelischen Keller an.

2. Ralf Miggelbrinks Rezeption der Mimetischen Theorie von René Girard

Die Mimetische Theorie von René Girard stellt seit Jahrzehnten die Inspirationsquelle für Ralf Miggelbrink dar.[10] Er bewertet deren Leistung als Infragestellung der Mentalität des Mangels, verortet in ihr gar den prinzipiellen Widerstand zu allen Mängeltheorien. Der Stellenwert dieser Diagnose wird deutlich, wenn man sich vergegenwärtigt, dass Miggelbrink unsere kulturelle Gegenwart als eine Epoche sieht, die von einem perversen Fokus dazu verleitet wird, das Leben bloß im Modus der „Mangelobsession" wahrzunehmen. Das Begehren sei aber nicht ein Indikator des Mangels, vielmehr „eine Gestalt des interaktiven In-Beziehung-Tretens von Menschen […] Der Begehrende missinterpretiert sich selbst, wo er glaubt, seine Unzufriedenheit ziele auf den Besitz des Begehrten, also auf den Ausgleich eines empfundenen Mangelzustandes. Das Begehren zielt in Wirklichkeit nicht auf die begehrte Sache, sondern auf den, der diese Sache schon besitzt und der in seinem vermeintlichen Glück zunächst zum Modell und sodann zum Konkurrenten wird."[11] Humanisiert durch Religionen – und dies sowohl in der archaischen Form des Opfers als auch in der biblischen Form der Opferinfragestellung – lebt das Begehren aus dem Pleroma. Die Fülle beendet nämlich das Begehren nicht, sondern stimuliert dieses regelrecht. Sie heilt die

---

[10] Vgl. den allerersten Satz in R. *Miggelbrink*, Lebensfülle (s. Anm. 4): „Den persönlichen Anstoß zur Frage nach der Lebensfülle Gottes bildete die Beschäftigung mit der Mimetischen Theorie, wie sie so kreativ an der theologischen Fakultät Innsbruck verfolgt wird." (11) Seit seiner 1999 in Innsbruck erfolgten Habilitation („Der Zorn Gottes. Eine systematisch-theologische Untersuchung zu einem Motivkomplex biblischer Theologie in praktischer Absicht" (s. Anm. 4) hat sich Miggelbrink immer wieder mit der Mimetischen Theorie beschäftigt; vgl. v.a. seine Einführung zu der Neuübersetzung des „dritten" Hauptwerkes von R. *Girard*, Das Ende der Gewalt. Analyse des Menschheitsverhängnisses, Freiburg i. Br. 2009, darin R. *Miggelbrink*, Einführung, 11–22.
[11] R. *Miggelbrink*, Lebensfülle (s. Anm. 4), 60.

deformierten Formen des Begehrens, verdichtet sich deswegen vornehmlich in der Haltung der Hingabe. Die Kategorie der Fülle wiederentdeckend muss Miggelbrink die Folgerungen Girards im Kontext seiner Reduktion der Offenbarungslogik auf Ethik der Überwindung des Begehrens kritisieren. „Die Mimetische Theorie handelt von der Überwindung der Begierde in ihrer destruktiven Kraft am Beispiel Jesu von Nazareth. Die Fülletheologie fragt nach dem Ermöglichungsgrund der in der Mimetischen Theorie beschriebenen Überwindung."[12] Eine solche Kritik steht in der Traditionslinie von Augustinus, der klar erkannte, dass „Sittlichkeit keine Frucht menschlicher Anstrengung sein kann".[13] Nicht die „asketische Selbstüberwindung" steht also auf dem Programm einer von der Fülletheologie inspirierten Spiritualität, sondern der Beitrag zur Gestaltung einer „humanen Kultur der Fülle".[14] Mit dieser „deutlichen Absetzung" von Girard in diesem Zusammenhang geht Miggelbrink Hand in Hand mit den kritischen Anfragen von Raymund Schwager. Dieser hat zwar den Grundduktus von Girards Denken wie kaum ein anderer Denker als theologiegenerierende Revolution verinnerlicht[15], bereits aber in der ersten Phase seiner Korrespondenz mit Girard moniert, dass der Gewaltverzicht nur in der Kraft des Heiligen Geistes möglich ist. „Eine Frage bleibt: Wie können die Menschen auf Gewalt verzichten? Die Antwort ist: Der Geist verwandelt langsam das Herz der Menschen und macht sie zu diesem Verzicht fähig."[16] Konsequent auf dieser Linie – oder auch parallel dazu – denkend, müsste man die Leistungskraft der von Miggelbrink konzeptualisierten Kategorie der Lebensfülle in diesem Zusammenhang gerade in der Heilung des deformierten Begehrens sehen, einer Hei-

---

[12] Ebd., 20.
[13] Ebd., 21.
[14] Ebd., 67.
[15] Zum theologischen Profil von Schwager vgl. J. *Niewiadomski*, Dogma und dramatische Geschichte als Schlusspunkt einer theologischen Biographie, in: M. *Moosbrugger/J. Niewiadomski* (Hrsg.), Auf dem Weg zur Neubewertung der Tradition. Die Theologie von Raymund Schwager und sein neu erschlossener Nachlass, Freiburg i. Br. 2015, 135–160. Zum konfliktuell-kreativen Verhältnis Schwager-Girard vgl. M. *Moosbrugger*, Die Rehabilitierung des Opfers. Zum Dialog zwischen René Girard und Raymund Schwager um die Angemessenheit der Rede vom Opfer im christlichen Kontext, Innsbruck 2014.
[16] R. *Schwager*, Briefwechsel mit René Girard, in: N. *Wandinger/K. Peter* (Hrsg.), Raymund Schwager Gesammelte Schriften, Bd. 6, Freiburg i. Br. 2014, 129.

lung, die wegen der Intersubjektivität nur in pleromatischer Logik möglich ist.

Welche – über das Konzept der Mimetischen Theorie hinausgehende – Nuancen der Intersubjektivität bringt die Fülletheologie in den Trialog Miggelbrink-Girard-Schwager hinein? Es ist vor allem die Dimension der Leiblichkeit, die für Miggelbrink bei der Rekonstruktion seines „kommunikativ-intersubjektiven Begehrens" gleichsam fast ins Zentrum rückt. Der so gefasste Begriff

> „beruht auf den menschlichen Erfahrungen friedvoll-fördernder Mobilisierung menschlicher Vorstellungskraft in einer von Wohlwollen getragenen zwischenmenschlichen Bezogenheit des Gebens und Nehmens, bei dem der Austausch der Gaben lediglich die äußere Seite einer inneren Bezogenheit der Tauschenden auf einander ist, die symbolische Repräsentanz der Liebe, die sich als solche auf die leibliche Existenz der Liebenden bezieht."[17]

Das interaktive In-Beziehung-Treten von Menschen vollzieht sich in deren Leiblichkeit auf eine kaum zu übertreffende Art und Weise.

Nun spielt in der im Prolog beschriebenen Lebensgeschichte der gefolterten Offiziere die Leiblichkeit in ihrer ganzen Ambivalenz eine zentrale Rolle. Nach und nach überblendet die leibliche Präsenz des Liebespaares Patti und Eric[18] das Horrorszenario der Folterung des Leibes des Opfers. Man könnte fast sagen, die Leiblichkeit trägt gerade in diesem Kontext einen fundamentalen Beitrag zur Ahnung dessen bei, was wahre „Lebensfülle" bedeutet. Nun stellt sicher der Folterungsprozess die Verdichtung dessen dar, was Miggelbrink als „gewaltfinalisierte Deformation der Intersubjektivität des Menschen" qualifiziert.[19] In die Perspektive der Mimetischen Theorie hineingestellt, erscheint der Folterungsprozess als perfekte und perfide Vollendung dessen, was Girard mit dem Begriff „double" beschreibt.[20] Im geschlossenen Kellerraum erleben sich nach und nach

---

[17] R. *Miggelbrink*, Lebensfülle (s. Anm. 4), 67.
[18] Von der ersten Begegnung im Zug, bei der gegessen und getrunken wird, über die zarten Annäherungs- und Kussversuche bis hin zur expliziten leiblichen Vereinigung, aber auch den Szenen, in denen Patti den von Albträumen geschüttelten Eric in ihren Armen hält, schlussendlich der Versöhnungsszene, in der sich alle weinend umarmen, sind die positiven Aspekte der Leiblichkeit der Protagonisten permanent in der Handlung anwesend.
[19] R. *Miggelbrink*, Lebensfülle (s. Anm. 4), 192.
[20] Vgl. R. *Girard*, Das Ende der Gewalt (s. Anm. 10), 37: „Die Rache als Kettenre-

sowohl der Täter als auch das Opfer im mimetischen Taumel und folglich auch im Rausch der Allmacht. Denn auch die von Hass erfüllte Ohnmacht des Opfers mutiert im Kontext mimetischer Gesetzmäßigkeit zur Allmacht, zur destruktiven Illusion der Fülle, aus der heraus das Opfer in seiner Phantasie zum Spiegelbild des Täters wird. Gerade die geschlossene Folterkammer verengt den Wahrnehmungshorizont der Handelnden derart stark, dass die von Miggelbrink in seiner Rekonstruktion der Mimetischen Theorie ins Zentrum gerückte „primordiale Wichtigkeit des Anderen für das Ich"[21] dort buchstäblich mit Händen zu greifen ist. Die Folterpraxis zielt ja auch nicht auf die Beendigung des Prozesses; für diese gewaltförmige Dynamik des Begehrens stellt der Tod des Opfers eher einen Unfall dar. Worum es geht, sind neue stimulierende Impulse aus der Vision einer pervertierten Fülle. Paradox formuliert könnte man sagen: wenn die Kategorie der Fülle – gemäß der von Miggelbrink erfolgten Rekonstruktion – die Logik des himmlischen Geschehens im Alltag erdet,[22] so weist das Täter-Opfer-Verhängnis in Folterungsprozessen auf die geerdete Hölle hin. Und dies schon gerade deswegen, weil beide Identitäten durch das sprichwörtliche „Teufel komm raus" unauflöslich miteinander verbunden sind. Somit verdichtet gerade das Opfer-Täter-Verhängnis jene Einsicht von Girard, die auch für Miggelbrink von fundamentaler Bedeutung ist: „Offensichtlich ist Menschen das Gefühl, den Anderen zu dominieren, wichtiger als der tatsächliche Zugewinn von Überlebensressourcen."[23] Gibt es einen Ausweg aus dem Teufelskreis, den der Folterkeller mit sich bringt? In der Biographie von Eric Lomax wurde der Ausweg durch die „leiblich vermittelte" Gabe, den „Einbruch" der Liebeserfahrung Wirklichkeit. Sind nicht auch andere Auswege denkbar?

Der Film „The Railway Man" bringt eine meisterhaft in Szene gesetzte, desillusionierende Ausbruchsmöglichkeit zur Sprache. In

---

aktion erscheint als der Höhepunkt und die Vervollkommnung der Mimesis. Sie reduziert die Menschen auf die Wiederholung der immer gleichen mörderischen Geste. Sie macht sie zu Doppelgängern, Doubles"; vgl. auch 345: „Damit es den mimetischen double bind im strengen Wortsinn gibt, braucht es ein Subjekt, das unfähig ist, den zweifachen Imperativ des Gegenübers als Modell – ahme mich nach – und als Rivale – ahme mich nicht nach – korrekt zu interpretieren."
[21] R. *Miggelbrink*, Lebensfülle (s. Anm. 4), 63.
[22] Vgl. die Überlegungen zur „Pleromatischen Eschatologie" in ebd., 249–252.
[23] Ebd., 53.

der Unerträglichkeit der Folter schreit Eric nach seiner Mutter: „Mutter hilf mir!" Prompt erfolgt der den Zuschauer zuerst verwirrende Szenenwechsel. Er sieht den gesund aussehenden Soldaten bei seiner Rückkehr nach England. Er klopft an die Tür seines Elternhauses, wird von der Mutter begrüßt und bewirtet. Im anschließenden Gespräch stellt die Mutter allerdings mit derselben Brutalität dieselben quälenden Fragen, die der Übersetzer dem Opfer gerade ins Gesicht schreit. Der Zuschauer wird dessen gewahr, dass sich die Szene bloß im Kopf des malträtierten Opfers abspielt. Der Ruf nach Hilfe der Mutter wird damit nicht nur als Illusion des Gequälten entlarvt, sondern als Ergebnis mimetischer Versklavung geschildert. In der geschundenen und geschädigten Vorstellungskraft des Opfers verdoppelt die erflehte Mutter bloß das Geschäft der Folterer. Der Übersetzer bekommt halt kurzfristig die Maske der Mutter. Ohne die auch leiblich vermittelte „Intervention von außen" scheint es also keinen Ausweg zu geben. Eine solche Folgerung liegt auf der Argumentationslinie von Girard, der die Durchbrechung des sakralisierten Schleiers der Viktimisierungszusammenhänge mit dem Einbruch der „vertikalen Transzendenz" erklärt.[24] Den Höhepunkt des so verstandenen radikalen Aufklärungs- und Offenbarungsprozesses erblickt Girard im Kreuz Christi.

3. „Lebensfülle" und das Drama des Kreuzes

In einer extra kurzen Sequenz des Films „The Railway Man" erblickt man das Opfer in einer Position, die an das Bild des am Kreuz schreienden Jesu erinnert. Damit greift der Regisseur ein Motiv auf, das in der Biographie von Eric Lomax bei der Beschreibung der Folterung ausdrücklich zur Sprache kommt:

> „It went on and on. I could not measure the time it took. There are some things that you cannot measure in time, and this is one of them. Absurdly, the comparison that often comes to my mind is that torture was indeed like an awful job interview: it compresses time strangely, and at the end of it you cannot tell whether it has lasted five minutes or an hour. I do know that I thought I was dying. I have never forgotten, from that

---

[24] R. Girard, Das Ende der Gewalt (s. Anm. 10), 274.

moment onwards, crying out ‚Jesus', crying out for help, the utter despair of helplessness."[25]

Welche Bedeutung spielt nun die „Hermeneutik des Kreuzes" in der Dramatisierung der Theologie der Fülle und damit auch bei der Sprengung des durch die Folterpraxis zugespitzten Opfer-Täter-Verhängnisses?

Bereits in seinen Publikationen zur Thematik des Zornes Gottes hat sich Miggelbrink der fundamentalen Kritik Girards an der sakrifiziellen Deutung des Kreuzes Jesu angeschlossen.[26] „Nichts in den Evangelien legt uns nahe, der Tod Jesu sei ein Opfer – wie immer dieses Opfer auch definiert werde: Sühne, Stellvertretung usw. In den Evangelien wird Jesu Tod niemals als Opfer definiert."[27] Von dieser fundamentalen Weichenstellung Girards inspiriert hält Miggelbrink auch in seiner Theologie der Fülle fest, das Opfer habe keine theonomen Ursachen, sondern anthropomorphe, das Kreuz sei also nicht von Gott gefordert; es sei die Gott aufgezwungene „Vermittlungsgestalt des Pleroma unter der Herrschaft seiner Zurückweisung"[28]. Im Grunde geht diese Position Hand in Hand mit der theologischen Rezeption, aber auch dem teilweise erfolgten Zurechtrücken Girard'scher frontaler Kritik durch Raymund Schwager. Dem Innsbrucker Dogmatiker war zwar klar, dass Girard den Tod Jesu auf Golgotha zuerst als Mord, gar als einen rational verantworteten Mord sah. Für die Strategie einer theologisch fundierten Rationalisierung nach dem Muster des Sündenbockmechanismus steht der Hohepriester Kajaphas mit seinem Satz: „Es ist besser, dass ein einziger Mensch für das Volk stirbt" (Joh 18,14), der das Sündenbockereignis direkt beim Namen nennt und mit dem Willen Gottes legitimiert. Jesus wurde aber als unschuldiges Opfer verurteilt. Er steht damit auch in einer Reihe mit den vielen unschuldigen Opfern. In unserem Zusammenhang rechtfertigt diese Parallelisierung die kurze filmische Bezugnahme auf die Ikonographie der Kreuzesqualen. Ein solcher Zugang zur Interpretation des Golgathageschehens macht aber – so die Meinung Schwagers – keineswegs einen Strich durch

---

[25] E. *Lomax*, The Railway Man (s. Anm. 1), 105 f.
[26] Vgl. R. *Miggelbrink*, Der zornige Gott (s. Anm. 4), 415–419; ders., Der Zorn Gottes (s. Anm. 4), 121 f.
[27] R. *Girard*, Das Ende der Gewalt (s. Anm. 10), 233.
[28] R. *Miggelbrink*, Lebensfülle (s. Anm. 4), 153.

die Rechnung der dogmatisch- soteriologischen Deutung des Kreuzestodes Jesu. In einem fast zweijährigen Briefwechsel präzisierten beide Denker ihre Positionen. Girard stimmte schlussendlich Schwager zu, der seiner Meinung nach das Problem gerade aufgrund theologischer Logik tiefer erfasst hat. Zum einen ging es dabei um die Frage nach der Tiefe der Infizierung des Gottesbildes durch Projektionen, die aus der mimetischen Rivalität entspringen. Sah Girard das Kreuz primär als „Quelle des Wissens" im Kontext der Aufdeckung der Gewaltmechanismen, so vertiefte Schwager diese Sichtweise, wenn er auch von der Überwindung derselben und vom Kreuz als „Quelle des Lebens" sprach.[29] Die Nuancierung ist deshalb von zentraler Bedeutung, weil alle prophetischen Versuche, das mimetische Begehren anders als durch den Sündenbockmechanismus zu kanalisieren, blutige Opfer durch ethisches Verhalten zu ersetzen, trotz aller Fortschritte gescheitert sind. Nicht nur, dass das von den Propheten zur Umkehr aufgeforderte Volk nicht umkehrte, viele Propheten wurden selbst zu Opfern und Sündenböcken einer nicht umkehrwilligen, aber auch nicht umkehrfähigen Menschheit.

Schwager sprach deswegen von der „Katastrophe der Ethik" als der entscheidenden Erfahrung, die den auf das Kreuz fokussierten Erlösungsglauben notwendig macht. Bei seiner Neubuchstabierung der Erlösungslehre[30] hat er zwar den Opferbegriff nicht verworfen, wohl aber stark zwischen der Außenperspektive des Kreuzesgeschehens, in dem dieses als ein Sündenbockereignis wahrgenommen wird, und der Innenperspektive, in der die Transformation der Viktimisierung eines Sündenbocks durch dessen Haltung der Hingabe verwandelt wird, unterschieden.

> „Die Menschen haben Christus geopfert. Er hat es akzeptiert, geopfert zu werden, um zu offenbaren, dass Gott kein Opfer fordert (Hebr 10,5–6). ‚Akzeptieren geopfert zu werden' (obwohl man sich mit Gewalt wehren oder fliehen könnte) wird allgemein ‚sich opfern' genannt. Ich verstehe wohl das gewaltige Problem dieses Vokabulars. Aber ich sehe keine Möglichkeit, dieses Problem endgültig zu lösen. Das Ereignis, durch das

---

[29] J. *Niewiadomski*, Hetzjagden der Gegenwart und die Frage nach dem Kreuz. René Girards und Raymund Schwagers Impulse für eine gegenwartsbezogene Soteriologie, in: Ökumenische Rundschau 64 (2015), 165–183, hier 178–183.
[30] Für den Gesamtentwurf der Dramatischen Soteriologie vgl. R. *Schwager*, Heilsdrama. Systematische und narrative Zugänge, in: J. *Niewiadomski* (Hrsg.), Raymund Schwager Gesammelte Schriften, Bd. 4, Freiburg i. Br. 2015.

Christus den gewaltlosen und nichtsakrifiziellen Gott offenbart, ist ein sakrifizielles Ereignis *aus der Perspektive der Menschen*. Christus teilt diese *Sicht* nicht, er hat eine ganz andere Intention, aber er *akzeptiert* das, was die Menschen tun, völlig. Er akzeptiert es, geopfert zu werden. Auf der inhaltlichen Ebene gibt es also einen vollständigen Bruch zwischen der Intention der Menschen und der Intention Christi, aber auf der Ebene des konkreten Ereignisses herrscht Kontinuität. Wegen der beiden Ebenen muss ein einzelnes Wort zweideutig bleiben."[31]

Wie schon erwähnt, sieht Miggelbrink im Kreuz die Gott aufgezwungene Vermittlungsgestalt des *plērōma*. Reicht diese Formulierung aus, um der Zweideutigkeit, die dem traditionellen Opferbegriff eigen ist, zu entgehen? Muss sie nicht – genauso wie der Opferbegriff selbst – stärker dramatisch konnotiert werden? Miggelbrink sucht der Zweideutigkeit zu entgehen, indem er zum einen festhält, dass „das Bild des Gekreuzigten" nicht die „letztbegründende Wirklichkeit des Christentums" sein kann, weil das Kreuz „nicht die ursprüngliche und primäre Gestalt göttlich-pleromatischer Zuwendung zur Menschheit" sei.[32] Eine solche Folgerung stellt die konsequente Anwendung der These Girards dar, Christus sei nicht deswegen Sohn Gottes, weil er am Kreuz gestorben ist. Nur die „sakralen Gottheiten" beziehen ihre numinöse Kraft aus dem gewaltsamen Szenario ihres Todes, damit auch aus ihrem Opferstatus.

„Vielmehr verweist der Gekreuzigte auf jene größere Fülle, auf die sich der appetitus humanus des Ausgestoßenen und Hingerichteten richten konnte, so dass er nicht der Versuchung erlag, sich auf das fremde Gute als das erstrebenswerte zu konzentrieren."[33] Zum anderen aber reklamiert Miggelbrink – unter Rückgriff auf thomistische Terminologie – zumindest „als theoretische Möglichkeit" den *appetitus ad bonum*, die natürliche Begierde als eine anthropologische Konstante.[34] Nur die „Orientierung der menschlichen Strebekraft auf Gott" kann letztendlich mit der „stärkenden, froh machenden, auch den Leib und seine Sehnsucht befriedigenden Erfüllung des

---

[31] R. *Schwager*, Briefwechsel (s. Anm. 16), 157.
[32] R. *Miggelbrink*, Lebensfülle (s. Anm. 4), 153.
[33] Ebd., 64.
[34] Auch in diesem Kontext berührt sich Miggelbrink mit R. *Schwager*, Mimesis und Freiheit, in: *M. Moosbrugger* (Hrsg.), Raymund Schwager Gesammelte Schriften, Bd. 8: Kirchliche, theologische und politische Zeitgenossenschaft, Freiburg i. Br. 2017, 294–311.

menschlichen Strebens", eben mit dem Inbegriff der vom Autor rekonstruierten „Fülle" gleichgesetzt werden.[35] Beide Dimensionen im pneumatologischen Kontext verbindend kann Miggelbrink von der erlösten Begierde sprechen und darin „so etwas wie ein *naturae humanae reparatae appetitus ad bonum*", „eine erfahrungsdiesseitige Gestalt erlösten Seins" sehen. Auch wenn ich diesen Formulierungen ohne Wenn und Aber zustimmen kann, frage ich mich, ob sie nicht die Brutalität sowohl des Kreuzesgeschehens als auch des Folterszenarios zu verdrängen helfen, damit aber auch die Redeweise von der Gott aufgezwungenen Vermittlungsgestalt des Pleroma noch einmal der Zweideutigkeit ausliefern.

Ist das der Grund, dass Miggelbrink der Innsbrucker Dramatischen Theologie eine derart hohe Wertschätzung entgegenbringt, weil sie den geradezu „empirischen Blick" auf die „fortwährende Dramatik zwischen alltäglicher Gewalt und heilsgeschichtlicher Durchbrechung der Gewalt in ihrer Entlarvung" in den Vordergrund rückt, damit wohl auch etwas zur „Reinigung" seiner eigenen Kategorie beiträgt?[36] Dieser Blick – der es erlaubt, anders als Miggelbrink es tut, der Zweideutigkeit des Opferbegriffes zu entgehen – richtet die Aufmerksamkeit stärker auf die Problematik der Intersubjektivität. Die Handelnden selbst, deren Motivation und Interaktion stehen nun im Zentrum der Reflexion. Die alles entscheidenden Fragen vertiefen das Verständnis der Rollen von Opfern und Tätern, indem sie die Agierenden mit dem zu ihrem Selbstverständnis dazugehörenden Gottesbild verbinden. So ist zu fragen, ob der Gott des Kajaphas, der Gott auf den sich die Täter berufen, identisch sei mit dem Gott Jesu, damit auch mit dem Gott des Opfers? Wie kann eine derartige Differenzierung benannt, vor allem aber aufrechterhalten werden angesichts der Übermacht des mimetischen Taumels – gerade bei der Folterung in geschlossener Folterkammer? Mit seinem dramatischen Zugang wollte ja Schwager nicht nur die unterschiedlichen Akteure im Viktimisierungsprozess benennen, auch nicht nur die plausible Erklärung für die Notwendigkeit der Unterscheidung zwischen Op-

---

[35] R. *Miggelbrink*, Lebensfülle (s. Anm. 4), 64.
[36] Ebd., 191. Natürlich spielt die Frage der Intersubjektivität auch bei Miggelbrink eine wichtige Rolle vgl. v. a. ebd., 175–179, doch bleibt der Augenmerk des Autors eher auf die (pneumatologisch) gedachte „Aufhebung" auch im hegelschen Sinne.

fer und Täter in einem Viktimisierungsszenario angeben, sondern vor allem den Referenzpunkt, von dem aus eine solche Unterscheidung möglich ist, liefern. Welche Argumentationsschritte weist seine Logik aus? Im mimetischen Taumel machen die Menschen Jesus zum Opfer. Er selber entzieht sich aber der mimetischen Rivalität mit den Tätern, weil er sich an den Vater hingibt.[37] Damit wird das „immanente" Schema von „Täter – Opfer", die Gestalt der „pervertierten Fülle" ausdrücklich um einen Agenten „von außen" zu einem „Dreieck" mit einem klaren Transzendenzbezug erweitert. So mögen zwar die Täter über die Leiblichkeit des Opfers verfügen, den innersten Kern seiner Person erreichen sie aber nicht. Denn: dieser ist identisch mit der Beziehung des Vaters zum Sohn. Die Gottessohnschaft Jesu macht ihn gegen den Taumel mimetischer Rivalität gleichsam immun. Indem sich Jesus im Sterben dem Vater hingibt, entgeht er der in jeder Viktimisierung so gefährlich werdenden Symbiose zwischen dem Opfer und dem Täter, unterbricht damit auch das Verhängnis, das beide Rollen auf Teufel komm raus aneinanderkoppelt. Er unterbricht das Verhängnis schon dadurch, dass er aus der Kraft des Vaters in die Anschuldigung, die ja im Namen Gottes erfolgt, nicht einstimmt und an seiner Unschuld festhält. Sein Gott ist ja nicht identisch mit dem Gott des Kajaphas. Die Entmythologisierung der Kreuzigung durch Girard zeigt, dass der „Gott des Kaja-

---

[37] In seinem vor der Begegnung mit Girard verfassten Werk bemüht sich Schwager, Jesus als den radikal Glaubenden darzustellen, dessen Glaube – entgegen allen vorherrschenden wissenssoziologischen, religionssoziologischen und auch psychologischen Reduktionen – „nicht als Produkt unterbewusster Mechanismen und Gesetze" verstanden werden kann: „Sein Glaube gehorchte nicht diesen Mechaniken." Mit Nachdruck weist Schwager darauf hin, dass Jesus „dem Vater", nicht aber „an ein Bild des Vaters" glaubte. Der Unterschied wird vor allem im Kontext der Passion Jesu von Bedeutung. Alle Inhalte des Glaubens, die den Rationalitätsmustern der Wissenssoziologie oder auch der soziopsychologischen Prozesse entsprachen, wurden im Tod Jesu und im Gefühl der Gottverlassenheit „vollständig und restlos ausgebrannt". Was geblieben ist, ist die Hingabe Jesu an den Vater. In der „Kraft des Glaubens" lieferte sich also Jesus „nicht den soziologischen Mechanismen aus, die seine Freiheit mit Hilfe der ultima ratio der kollektivistischen Opferlogik zerstören wollten, sondern dem auf der Ebene der religiösen Empfindung und des Wissens unbekannt gewordenen Vater, der ihn im Glauben zu einem unausdenklichen Akt der Hingabe ermächtigte." R. *Schwager*, Jesus-Nachfolge. Woraus lebt der Glaube?, in: *Moosbrugger* (Hrsg.), Schriften Bd. 1 (s. Anm. 4), 259–422, hier 205–209.

phas" identisch sei mit den Gewaltprojektionen der Täter,[38] während der „Gott Jesu" eine machtvolle Wirklichkeit bleibt. Die Hingabe an seinen Vater ermöglicht ihm aber noch mehr. Er kann auch jene Eigenart mimetischer Rivalität unterbrechen und verwandeln, die sich direkt aus dem Hass des Opfers auf den Täter ergibt. Ein solcher Hass des Opfers schafft ja normalerweise nur oberflächliche Distanz zwischen ihm und den Tätern. Auch wenn in der Fantasie des Opfers der Hass scheinbar den Täter beseitigt, so bleibt dessen Stelle nicht leer. Das Opfer selbst steht in der mimetisch strukturierten Gefahr, an die Stelle der Täter, vor allem der Folterer, zu treten, und ist auf dem besten Weg, sich selbst zu viktimisieren. Aus der Kraft der Hingabe zwischen dem Vater und dem Sohn kann Jesus in den ihn misshandelnden und tötenden Tätern nichts anderes erblicken als das, was er immer schon in den Sündern gesehen hat: Er sieht in ihnen bloß Opfer der Verblendung, Opfer der Sünde, Opfer der Gewalt und damit auch Opfer der eigenen Tat. So handelt er nun als Opfer, er handelt aber anders, als die Opfer in solchen Zusammenhängen normalerweise handeln, wenn sie im Taumel mimetischer Rivalität ihre Peiniger verfluchen und ihnen die Vergeltung und Rache an den Kopf wünschen. Er handelt aber nicht in der direkten mimetisch strukturierten Konfrontation mit den Tätern, sondern ausdrücklich über die Vermittlung eines „Mediators" – Miggelbrink würde ergänzen: „vom Wind des Geistes ermächtigt"[39] –, wenn er betet: da bezieht das Opfer Jesus ausdrücklich auch die Täter in den Aktionszusammenhang mit ein: „Vater, vergib ihnen, denn sie wissen nicht, was sie tun." (Lk 23,34). Schlussendlich unterbricht er das Verhängnis, indem er stirbt, damit auch zur *victima*, zum Opfer des Todes, zum Leichnam, wird. Weil er aber in der Haltung der Hingabe an den lebendigen Vater starb, ist seine Hingabe, sein *sacrificium* im Tod, alles andere als die den Teufelskreis fortschreibende Kehrseite der Tötung. Das Gebet, das nach Raymund Schwager als der Inbegriff des *sacrificiums*, der Hingabe, des soteriologisch verstandenen Opfers zu sehen ist, transformiert das gewaltsame Geschick des Todes und auch den leblosen Leichnam in ein Geschenk der Hingabe. Das Gebet stellt den Akt der Selbstbestimmung das, aber einen, der aus der Kraft der Hingabe des Vaters an den Sohn möglich ge-

---

[38] *R. Miggelbrink*, Lebensfülle (s. Anm. 4), 152.
[39] Ebd., 156.

worden ist. Jesus selbst und nicht diejenigen, die sich seiner Leiblichkeit bemächtigen, diese foltern und zerstören, behält also die Definitionsmacht über den ganzen Vorgang, schenkt uns aber die Ahnung von der darin stattfindenden Transformation durch seine Worte beim letzten Abendmahl: „Nehmt und esst; das ist mein Leib. [...] Trinkt alle daraus; das ist mein Blut" (Mt 26,26–28).[40] Im Kreuzesereignis wird eine solche Transformation in der „vollendeten Normgestalt" greifbar. Damit zeigt sich auch die im Ereignis des Kreuzes „Gott aufgezwungene Vermittlungsgestalt des Pleroma" in ihrer Geschichtsmächtigkeit. Die in der Christologie in der „vollendeten Normgestalt" sichtbare Sprengung und Transformation des Täter-Opfer-Verhängnisses bleibt aufgrund der Wirksamkeit des Heiligen Geistes in den „freien Aneignungsgestalten" in unserem Alltag innergeschichtlich präsent. Zur Verdeutlichung solcher Zusammenhänge gerade im Kontext der Folterungsproblematik sei hier noch auf Jean Améry und seine Erinnerungen hingewiesen. Er hält fest, dass in den stundenlangen Folterprozessen gerade Chassidim und Christen oft eine erstaunliche Resistenz zeigten, weil sie sich den Folterern durch ihre lebendige Gottesbeziehung entziehen konnten, indem sie beteten.[41] Bleibt die derart dramatisierte Kategorie der Lebensfülle in der „vollendeten Normgestalt" in der Christologie sichtbar, so begegnen uns aufgrund der Wirksamkeit des Heiligen Geistes „freie Aneignungsgestalten" immer wieder aufs Neue. In Pattis heilender Präsenz in der Biographie von Eric Lomax konnten wir demzufolge eine solche „freie Aneignungsgestalt" erblicken, den Einbruch der pneumatischen Wirksamkeit Gottes, den unerwarteten „Windstoß"[42], der die Kurskorrektur nicht nur einer – sondern gleich

---

[40] Zum sinnstiftenden Zusammenhang von Abendmahl, Kreuzigung, Auferstehung aus der Perspektive der Dramatischen Theologie vgl. J. *Niewiadomski*, Konturen einer Theologie der Eucharistie, in: M. *Scharer*/J. *Niewiadomski*, Faszinierendes Geheimnis, Innsbruck 1999, 75–105, v. a. 88–96.

[41] J. *Améry*, Jenseits von Schuld und Sühne, München 1966. Auch Miggelbrink weist in seinen Überlegungen über den „*appetitus humanus*" auf die Bedeutung der sich durch das Gebet artikulierenden Gottesbeziehung hin; er zitiert die VV 8 f. des Psalms 16: „Ich habe den Herrn beständig vor Augen. Er steht mir zur Rechten, ich wanke nicht. Darum freut sich mein Herz und frohlockt meine Seele; auch mein Leib wird wohnen in Sicherheit." R. *Miggelbrink*, Lebensfülle (s. Anm. 4), 64

[42] Zur Bedeutung dieser Kategorie im Entwurf von Miggelbrink vgl. den Beitrag von U. *Link-Wieczorek* in diesem Band.

zweier – Biographien ermöglichte: der des Opfers und auch der des Täters. Beide haben sich ja versöhnt!

4. Epilog

Die Nacherzählung einer aus der Kraft der gelebten Fülle erfolgenden Heilung der Beziehung zwischen Opfer und Täter stand am Beginn dieses Beitrags, mit einem narrativen Hinweis schließt der Beitrag auch ab. Es ist dies der Hinweis auf die knapp sieben Jahre dauernde Ehegeschichte von Franziska und Franz Jägerstätter. Nicht nur die Biographie des von den Nazis hingerichteten, inzwischen seliggesprochenen österreichischen Eidesverweigerers[43] lässt sich als eine dramatisierte Fassung der Kategorie „Lebensfülle" begreifen; auch die Lebensgeschichte seiner Frau, die nach der Hinrichtung ihres Mannes 70 Jahre lang zuerst die Anfeindungen ihrer Umgebung, dann aber die wachsende Anerkennung und Bewunderung ähnlich dem Durchgang durch das Fegefeuer erlebt hat, kann als Paradebeispiel einer Existenz gewertet werden, die nicht durch das Bewusstsein des Mangels, sondern durch die geglaubte Fülle strukturiert bleibt. In der Korrespondenz der Eheleute vor der Hinrichtung[44] findet sich sehr oft die Zusicherung: wir sehen uns im Himmel. Es ist dies keine billige Vertröstung. Die tiefgläubigen Katholiken lebten ihre Ehe als Liebesgemeinschaft, in einer Zeit, in der die katholische Ehetheologie über die Liebesbeziehung kein Wort verlor. Aus der Vision und der Erfahrung der Fülle konnte Franz Jägerstätter ressentimentfrei und ohne Hass sterben, aus dieser Vision konnte seine Frau die seelische Folter, die sich in ihrer Umgebung bis in die 70-er Jahre des 20. Jahrhunderts fortsetzte, als „Witwe eines Verräters, den sie selber wie Judas verraten haben sollte" – so die Vorwürfe im nachbarschaftlichen und familiären Umkreis –, mit „österlichen Augen" nicht nur überstehen, sondern ein Leben voller Alltagsqualität führen. Diese insgesamt 77 Jahre lang

---

[43] Zur Lebensgeschichte und Bedeutung dieses zeitgenössischen Märtyrers vgl. M. Scheuer (Hrsg.), Selig, die keine Gewalt anwenden. Das Zeugnis des Franz Jägerstätter. Mit Beiträgen von Jozef Niewiadomski, Wolfgang Palaver und Roman A. Siebenrock, Innsbruck 2007.
[44] E. Putz (Hrsg.), Franz Jägerstätter. Der gesamte Briefwechsel mit Franziska. Aufzeichnungen 1941–1943, Wien 2007.

dauernde Ehegeschichte, in der täglich die Kategorie „Fülle" experimentell erprobt wurde, stellt für mich deswegen ein schönes konkretes Beispiel dessen dar, was eine im Alltag gelebte „pleromatische Eschatologie" zu leisten vermag.

„Der Kelch des Heiligen Geistes ist identisch mit dem Kelch Christi."

Karl Rahners Mystagogie in „Über die Erfahrung der Gnade" und Ralf Miggelbrinks Konzept der „Lebensfülle".

Roman A. Siebenrock

Ralf Miggelbrink hat eine bis heute richtungsweisende Untersuchung zum Gesamtwerk von Karl Rahner vorgelegt, in der die Ekstasis der Liebe mit dem tätigen Weltbezug als Grundachse der Theologie des Innsbrucker und Münsteraner Dogmatikers herausarbeitet worden ist.[1] Aus diesem Grund scheint es mir angebracht zu sein, seine theologische Leitidee „Lebensfülle"[2] mit der „Erfahrung der Gnade" nach Rahner zu vergleichen, weil mit der klassischen anthropologischen Bestimmung „Ekstasis" nicht nur die mittelalterliche Mystik und eine anthropologische Grundstruktur angesprochen wird, sondern auch eine Eigenschaft Gottes mitgemeint ist. Das Wort „Gott" wird bei Rahner als Selbstmitteilung der Liebe zum Heil der ganzen Schöpfung eingeführt. Dabei sollte nicht vergessen werden, dass in diesem Begriff die thomasische Bestimmung mitschwingt, wonach das Göttliche das sich selbstverströmende und kommunizierende Gute[3] sei. In beiden Ausdrucksformen, der ontologischen und der personalen, wird immer die Anteilgabe am gött-

---

[1] R. *Miggelbrink*, Ekstatische Gottesliebe im tätigen Weltbezug. Der Beitrag Karl Rahners zur zeitgenössischen Gotteslehre. Überarb. Diss. Universität Münster 1988/89 (Münsteraner theologische Abhandlungen 5), Altenberge 1989.

[2] R. *Miggelbrink*, Lebensfülle. Für die Wiederentdeckung einer theologischen Kategorie (QD 235), Freiburg 2009. Zusammengefasst in: R. *Miggelbrink*, Die Lebensfülle Gottes. Ein systematisch-theologischer Versuch über die biblische Rede vom Himmel, in: JBTh 10 (2005), 325–356; Lebensfülle Gottes als theologischer Grundbegriff, in: Pastoralblatt für die Diözesen Aachen, Berlin, Essen, Hildesheim, Köln, Osnabrück 58 (2006), 8–15.

[3] *„Bonum est diffusivum sive communicativum sui esse"* (unter anderen Stellen: Summa contra gentiles I. 37; ähnlich auch in: Summa theogiae I-II q 1 a 4 ad 1; De veritate 21. 1 ad 4). Dass schon Thomas das Göttliche in der Form der Selbstmitteilung denkt, hat Manfred Scheuer deutlich hervorgehoben: M. *Scheuer*,

lichen Leben ausgedrückt. Auch die theologische Grundoption „Lebensfülle" impliziert ja nicht nur eine anthropologische Grundoption, sondern charakterisiert jenes „Pleroma", das uns und allen Geschöpfen durch jene Wirklichkeit geschenkt wird, die die Schrift als „Freund des Lebens/*philopsyche*" (Weish 11,26) bezeichnet. Beide Ansätze greifen damit wesentliche biblische Impulse auf und setzen sie soteriologisch mit der Erfahrung der Menschen in der Gegenwart in Beziehung, die aber nicht nur durch Fülle, sondern auch und vor allem durch Mangel, Sehnsucht nach Anerkennung und guten Beziehungen, Verletzbarkeit und Rätselhaftigkeit geprägt wird. Was in der jüngeren theologischen Anthropologie und Fundamentaltheologie in unterschiedlichen Perspektiven entfaltet und als „Vorgaben des Glaubens" eingebracht wird, hat die Tradition mit dem alle unsere Erfahrungen integrierenden Begriff „Kontingenz" benannt. Der Härtefall unserer Kontingenz ist der sichere Tod, ihr Charme die je neue Möglichkeit. Ist das erstere gewiss und sicher, auch wenn derzeit die Unsterblichkeit als technisch-digitales Projekt angegangen worden ist, so ist die mögliche Möglichkeit ewigen Lebens Hoffnung. Niemals können wir als durch die Zeit pilgernde Wesen in diesem Leben das ganze Leben überblicken und niemals werden wir in unserem Leben deshalb die ganze Fülle des Lebens zugleich erfahren können. Denn ein ganzer und zugleich vollkommener Besitz des Lebens wird seit Boethius als Ewigkeit bezeichnet.[4] Wie aber, um es zugespitzt zu sagen, verhalten sich dann Leben, Tod und Ewigkeit in der möglichen Erfahrung des Menschen? „Lebensfülle" müsste als Konzept alle diese Aspekte in der zeitlichen Existenz des Menschen zu deuten vermögen. Mit dieser Perspektive auf die Fragestellung möchte ich nun einige Autoren nennen, die meinen späteren Vergleich prägen werden.

Wie in aller Bedrängnis und Not dem Leben noch zu trauen ist, hat für mich Alfred Delp in einer Weihnachtsbetrachtung 1944 im Gefängnis in Berlin wenige Wochen vor seiner Hinrichtung in eine

---

Weiter-Gabe. Heilsvermittlung durch Gnadengaben in den Schriftkommentaren des Thomas von Aquin, Würzburg 2001.

[4] „Ewigkeit ist des nicht-endenden Lebens ganzer und zugleich vollkommener Besitz/*Aeternitas est interminabilis vitae tota simul et perfecta possessio*" (*Boethius*, Trost der Philosophie. Lateinisch-deutsch. Hrsg. und übersetzt von Ernst Gegenschatz und Olof Gigon. Eingeleitet und erläutert von Olof Gigon, München 1981, 5.

Formulierung gebracht, die mir in den letzten Jahren zur theologischen Leitoption geworden ist:

> „Gott wird Mensch. Der Mensch nicht Gott. Die Menschenordnung bleibt und bleibt verpflichtend. Aber sie ist geweiht. Und der Mensch ist mehr und mächtiger geworden. Laßt uns dem Leben trauen, weil diese Nacht das Licht bringen mußte. Laßt uns dem Leben trauen, weil wir es nicht mehr allein zu leben haben, sondern Gott es mit uns lebt."[5]

Diese bekennende Aufforderung ist mit dem Gesicht zum nahen Ende geschrieben. Sie greift einerseits die biblische Option für das Leben auf (Lev 18,5; Dtn 30), und wird andererseits von der Paulusexegese Norbert Baumerts heute kräftig unterstützt.

Dieser arbeitet heraus, dass die Schlüsselstelle zur Rechtfertigungslehre nicht mit Glauben an Jesus Christus übersetzt werden sollte, sondern als Trauen Jesu (Röm 3,21 f.) selbst zu verstehen sei. In diesem Trauen werden wir des Trauens Gottes selbst bewusst, das als Grundstruktur und bleibende Gabe des Bundes und des Gesetzes die Treue Gottes verbürgt (Röm 3,3). Nicht unser Glaube an Jesus, sondern das Glauben/Trauen Jesu ist unsere Rechtfertigung und unser Heil. Trauen/Glauben sei daher als Beziehungsqualifikation im Bund zu verstehen, und daher ist *„pistis"* (Glaube) nicht gegen den *„nomos"* (Gesetz), sondern als „Hochform des Gesetzes" zu deuten.[6] Das aber bedeutet, dass die ganze Schrift als vielfältige Erzählung und Reflexion zu lesen ist, wie Leben unter den realen Bedingungen unserer Geschichte überhaupt möglich sein kann. Ist dem Leben überhaupt zu trauen, dem realen Leben mit all seinen Abstürzen und Gipfeln? Dadurch aber ist ein christologisches Kriterium eingeführt, das meinen Vergleich tragen wird. Die Gestalt Jesu Christi ist die gelebte und in Hochform verwirklichte Thora, die um des Lebens willen gegeben worden ist.[7]

---

[5] A. *Delp*, Vigil von Weihnachten, in: A. *Delp*, Sämtliche Werke IV. Aus dem Gefängnis, Frankfurt a. M., ²1985, 186–195, 195.

[6] N. *Baumert*, Christus – Hochform von ‚Gesetz'. Übersetzung und Auslegung des Römerbriefs. Paulus neu gelesen, Würzburg 2012, 57–65.

[7] Vgl. R. A. *Siebenrock*, Jesus von Nazareth: das personifizierte Drama von Bund und Tora. Eine erste Annäherung, in: K. *Breitsching/J. Panhofer* (Hrsg.), Jesus. Vorträge der siebten Innsbrucker Theologischen Sommertage 2006 (Theologische Trends 16), Innsbruck 2006, 55–84.

1. „Lebensfülle" als mögliche Möglichkeit

Mir scheint, dass bei Ralf Miggelbrink auch eine starke Motivation zu spüren ist, die mimetische Theorie und die dramatische Theologie grundsätzlich auf die strukturierende Bedeutung des ersten Aktes hin zu lesen.[8] Der erste Akt ist als *„principium/arche"* (Anfang) wirklich ernst zu nehmen: Theologischer Ausgangspunkt ist daher nicht die Frage nach Sünde und deren Überwindung, sondern jene alle Schöpfung umfassende Zusage, wie sie aus der Erfahrung der Selbstmitteilung Gottes von Karl Rahner vorgeschlagen worden ist. Gnade ist die Mitte nicht nur der menschlichen Existenz.[9] Denn das Herz Christi ist die Mitte der Welt.[10]

Die Erfahrung der vergebenden Nähe und Liebe Gottes geht aller Rede von Sünde und Zorn voraus und ist das tragende Prinzip der Christologie, die deshalb einen skotistischen Einschlag haben muss. Das bedeutet, die Menschwerdung des Wortes ist nicht Gottes Antwort auf die Sünde, sondern die innere Entelechie der ganzen Schöpfung.[11] Deswegen ist sie als belebendes Prinzip pneumatologisch zu vermitteln. Insofern Menschen nicht nur rivalisieren und die oft beschriebenen Sündenbockmechanismen ausprägen, sondern auch resignieren, sich der kollektiven Verschwörung verweigern oder einfach am Leben verzweifeln, darf die Gegenwartsmächtigkeit des Wortes nicht auf eine Sündendynamik eingeengt werden. Ich bin der festen Überzeugung, dass eine Theologie der Gnade die Erfahrung der Sünde integrieren kann, umgekehrt ist eine bei der Sünde ansetzende Theologie und Anthropologie dazu nicht in der Lage. „Gnade" bliebe eine bloße Unterbrechung und daher eine nachgetra-

---

[8] R. *Miggelbrink*, Fülle als Kategorie dramatischer Theologie, in: N. *Wandinger/ P. Steinmair-Pösel* (Hrsg.), Im Drama des Lebens Gott begegnen. Einblicke in die Theologie Józef Niewiadomskis, Münster 2011, 250–266.

[9] K. *Rahner*, Gnade als Mitte menschlicher Existenz, in: ders., Sämtliche Werke 25. Freiburg/Basel/Wien 2008, 3–32.

[10] K. *Rahner*, Christus. Das Herz der Welt, in: Sämtliche Werke 7, Freiburg/Basel/ Wien 2013, 162–163.

[11] Hugo Rahner hat diesen Aspekt, der in den Exerzitien des Ignatius schon angelegt ist, in seinem Beitrag zum 60. Geburtstag von Karl Rahner ausdrücklich hervorgehoben: H. *Rahner*, Eucharisticon fraternitatis, in: *J. Baptist Metz/ W. Kern SJ/A. Darlapp/H. Vorgrimler* (Hrsg.), Gott in Welt. Bd. II, Freiburg/Basel/Wien 1964, 895–899, 897.

gene Möglichkeit.[12] Deshalb ist es höchst konsequent, dass Miggelbrink nach einem Buch über den „Zorn Gottes" eine Darstellung zur Wirkung des lebendigen Gottes auf seine Schöpfung vorlegen wollte. „Lebensfülle" ist das Ziel jener Gerechtigkeit, die sich als Zorn gegen alle Tötungsmächte richtet.[13] Auch hier: Gott ist ein Liebhaber des Lebens, der sich verschwendet für das Leben der Anderen und sich als solche Wirklichkeit geoutet hat, die diese Grundoption seines Handelns auch in der Geschichte entschieden durchzusetzen vermag, oder mindestens gewillt zu sein scheint. Aber spottet das nicht aller geschichtlichen Erfahrungen? Bleibt nicht das Leben, nicht nur das menschliche, zutiefst gefährdet und fraglich?

Miggelbrinks Entwurf korrespondiert auch mit einer Option, die für Charles Taylor in einem säkularen Zeitalter von großer Bedeutung ist. Wir hätten „einen Ort der Fülle zu bestimmen, an dem wir uns in moralischer und spiritueller Hinsicht orientieren"[14] sollten. Die Frage von Glauben oder Unglauben ist für Taylor als Rahmen des Erlebens zu begreifen, die er in drei Formen einteilt: Fülle, Formen des Ausgestoßenseins und die verschiedenen Arten des mittleren Zustands.[15] Taylors Option beruht auf einer Analyse des neuzeitlichen Subjekts, das er als „abgeschottetes" auslegt und einem „porösen Selbst" früherer Traditionen gegenüberstellt.[16] Aus diesem Grunde, auch hier stimme ich Miggelbrink zu, kann eine bloß behauptete Freiheits- und Subjektstheologie der Selbsterfahrung des Menschen nicht hinreichend gerecht werden. Dieser Ansatz steht immer in der Gefahr bloße Selbstbehauptung zu sein, weil er vor allem die Erfahrung des Todes und der Kontingenz im Leben nicht gleichursprünglich zu integrieren vermag.

Taylor hat am Ende seines umfangreichen Werkes Charles Péguy gelobt und grundsätzlich für eine Theologie plädiert, die bereit ist, ein universales Gespräch mit allen Jahrhunderten zu führen: „Unser Glaube ist nicht der Gipfelpunkt des Christentums, aber er ist auch keine degenerierte Form. Vielmehr sollte er bereit sein zu einem

---

[12] Diese Perspektive hat ausgearbeitet: *P. Steinmair-Pösel*, Gnade in Beziehung. Konturen einer dramatischen Gnadenlehre, (BMT 27), Wien/Münster 2009.
[13] *R. Miggelbrink*, Lebensfülle, 11.
[14] *Ch. Taylor*, Ein säkulares Zeitalter, Berlin 2012, 20.
[15] Ebd., 23.
[16] Es wäre gut möglich diese Idee auch als Unterscheidung zu nicht-europäischen Vorstellungen einzuschätzen.

Gespräch, dass die letzten 20 Jahrhunderte in ihrer Gesamtheit (die manchen Hinsichten noch mehr) umfasst"[17]. Für dieses Gespräch scheint mir Karl Rahner ein vorzüglicher Wegweiser zu sein. Zum einen speist sich sein Werk aus vielen, ja allen Quellen einer wirklich katholischen Theologie. Zum anderen aber war ihm auch die besondere Gabe eigen, die gesamte Tradition mit der Gegenwart zu konfrontieren.[18] Angstfrei griff er Fragen auf und dachte Ansätze weiter, deren Bedeutung vielleicht erst heute gesehen wird. Auf dem Höhepunkt eines Fortschrittsoptimismus der 60er Jahre wagte er einen Gedanken Friedrich Nietzsches für eine Diagnose der Zeit aufzugreifen: die Selbstabschaffung des Menschen im naturwissenschaftlich-technischen Zeitalter. Der Mensch hat sich selbst zum Experiment gemacht und manipuliert sich bis in alle Voraussetzungen hinein.[19] Beginnt mit der technischen Verwirklichung des Übermenschen, der vom Transhumanismus gefordert und gepredigt wird, die schöne neue Welt oder ist das ein Zeichen für eine säkulare Apokalyptik: die Selbstabschaffung des Menschen? Es ist nicht mehr zu übersehen: die alten Wünsche der Gnosis, ein Leben ohne Tod, Verletzbarkeit und Hinfälligkeit ist zu einem technischen Projekt geworden, das in den Laboratorien der künstlichen Intelligenz entwickelt werden soll.[20]

Was bedeutet in diesem Zusammenhang die überraschende Leseerfahrung, dass Miggelbrink in seiner biographischen Einleitung von Entmächtigung spricht, die sich aber als Gabe erweisen kann? Weist das nicht auf Rahner zurück, der ja seine Gnadentheologie aus der Passion Christi als Aufgabe des Lebens entworfen und daher im

---

[17] *Ch. Taylor*, Zeitalter, (s. Anm. 14), 1243.
[18] Mein leitendes Verständnis des Werkes Karl Rahners habe ich zusammengefasst in: *R. A. Siebenrock*, Karl Rahner SJ (1904–1984), in: *F. W. Graf* (Hrsg.), Klassiker der Theologie. Von Richard Simon bis Karl Rahner. Bd. 2, München 2005, 289.
[19] „Sachlich ist damit gemeint, daß der Mensch das Wesen geworden ist, das sich in allen Dimensionen seines Daseins rational planend selbst manipuliert und darum seine Zukunft nun selbst entwerfen und planen kann. [...] Diese Selbstmanipulation reicht also durch alle Dimensionen des menschlichen Daseins: die Dimension des Biologischen, des Psychologischen (hier darf die Tiefenpsychologie nicht vergessen werden), des Gesellschaftlichen, des Ideologischen (im weitesten und neutralen Sinn des Wortes)." (*K. Rahner*, Die Gegenwart der Kirche, in: ders., Sämtliche Werke 19, Freiburg/Basel/Wien 1995, 255–316, 265–266.
[20] Vgl. *Y. N. Harari*, Homo Deus. Eine Geschichte von Morgen, München 2017.

Horizont der Hoffnung Zukunft erschlossen hatte? Auch Rahner steht für eine Theologie, die sich nicht selbst behauptet. Er konnte deshalb schnoddrig zu sich selbst, sein ganzes theologisches Werk zur Disposition stellen: *„reductio in mysterium"*.[21] Gehört also zur Erfahrung der möglichen Fülle nicht die Bereitschaft alles zu lassen, letztlich auch sich selbst? Rahner spricht immer wieder vom Tod als Tat der Freiheit, die auf Endgültigkeit hin sich in eine Zukunft hinein weggibt, die nicht mehr in unserem Griff steht. Könnte Rahner auf diese, wenn auch auf den ersten Blick befremdliche Weise, von einer möglichen Lebensfülle sprechen? Dieser Frage möchte ich mit einem Schlüsseltext der Gnadentheologie Rahners nachgehen, um abschließend auf die Arbeit Miggelbrinks zurückzublicken.

2. Vom Geheimnis des Lebens

Die ausdrückliche Qualifizierung des Lebens als Ort der Gnade hat nach Karl Rahner ihre umfassende Bestimmung in der Frage, was Leben ausmacht. Er hat sich dazu ausdrücklich nur an zwei Stellen geäußert. In seinem mit dem Lehrer von Ralf Miggelbrink, Herbert Vorgrimler, geschriebenen Wörterbuch entwickelt er eine umfassende Orientierung.[22] Wie üblich ordnet Rahner auch diese Frage in einen ontologischen Gesamtzusammenhang ein. Dieser Gesamtzusammenhang ist als evolutiv, sich dynamisch entwickelnde Gesamtwirklichkeit zu deuten. Insofern wird Leben in die Gesamtdynamik aller Wirklichkeit integriert und spiegelt deren Möglichkeit in höchstem Maße. Leben analysiert er unter zwei komplementären Aspekten: Selbstbewegung und Selbstgestaltung und – im Blick auf die theologische Perspektive – als durch die Finalität Gottes getragene Selbsttranszendenz, als „Ekstatik". Immer aber sieht er Leben als gefährdetes Wunder an. Weil innerhalb einer so charakterisierten Entwicklung auf der nächsten Stufe von Komplexität die frühere bejaht wird, kann Rahner die Stufe des sich selbst reflektierenden und

---

[21] Vgl. *K. Rahner*, Erfahrungen eines katholischen Theologen, in: ders., Sämtliche Werke 25 (2008), Freiburg/Basel/Wien 2008, 47–57.
[22] *K. Rahner*, Leben, in: *K. Rahner/H. Vorgrimler*, Kleines Theologisches Wörterbuch, nunmehr in: *K. Rahner*, Sämtliche Werke 17/1, Freiburg/Basel/Wien 2002, 461–873, hier 684–685.

dadurch sich selbst besitzenden Geistes als die höchste, volle Verwirklichung des Lebens ansehen. Andererseits tritt der Mensch aus sich heraus. Rahner verwendet dafür gerne jene Begriffe, die Ralf Miggelbrink in seiner Rahnerarbeit untersuchte: „Ekstatik" bzw. „Selbsttranszendenz". In seiner philosophischen Anthropologie hat er diese komplementäre Einheit des Menschen erkenntnismetaphysisch als *„reditio subjecti in se ipsum"* und als *„excessus"* herausgearbeitet. Mit diesen Dynamiken rührt der Mensch aber bereits an die Wirklichkeit des lebendigen Gottes. Nur trinitätstheologisch lässt sich nach Rahner diese Dynamik des vollen Lebens (Joh 10,10) als Teilhabe an der göttlichen Wirklichkeit des lebendigen Gottes deuten.[23] Rahner vermittelt dadurch metaphysische Beschreibung („Seinsfülle/*ipsum esse*") mit der biblischen Sprechweise vom „lebendigen Gott". In unserer zeitlichen Existenz aber ist diese Möglichkeit nach Rahner nur in der Teilhabe am Leben Christi möglich, die er mit der Mystik des Paulus auslegt.[24]

Ausführlicher äußert er sich in einem Text von 1965. Auch hier wird das Leben als bedrohte Gabe Gottes eingeführt und an den Selbstvollzug des personalen Geistes gebunden. Insofern ist wissende, freie und selbstreflexive Erfahrung für die Möglichkeit der Lebensfülle unabdingbar. Diese Möglichkeit des Menschen ist aber nicht eigenmächtige Machbarkeit, sondern als Gabe der Fülle Gottes anzusehen. In diesem Zusammenhang vermeidet Rahner den Begriff der Partizipation, sondern spricht von der Selbstmitteilung Gottes als dem Höhepunkt des Gott-Mensch-Verhältnisses, wobei die Kausalitätsfrage nicht ignoriert, sondern als Finalursächlichkeit gedeutet wird. Der Gedanke der Selbstmitteilung schließt den Partizipationsgedanken nicht aus. Vielmehr wird er unmittelbar wieder mit der Trinitätslehre verbunden. Es kann festgestellt werden, dass der Begriff „Leben in Fülle" von Rahner immer mit dem klassischen Begriff der „Seinsfülle" korreliert und trinitarisch gedeutet wird.

Leben sei charakterisierbar durch Selbsttranszendenz und Selbstbewahrung in geschichtlicher sich entfaltender Enthüllung. Mit der biblischen Begrifflichkeit („ruach/pneuma/Geist des Lebens") ver-

---

[23] Vgl. *R. Miggelbrink*, Leben in Fülle. Eine johanneische Verheißung als epochaler Deutungsbegriff des Christentums, in: *K. Wenzel* (Hrsg.), Lebens-Lüste. Von der Ambivalenz der menschlichen Lebensenergie, Ostfildern 2010, 9–21.

[24] *K. Rahner*, Leben (s. Anm. 22), 685.

weist die Schrift auf das konkrete menschliche Leben und seine es konstituierenden Erfahrungen. Rahner legt Wert darauf, dass die Konvergenz von Selbstbesitz und Offenheit dem metaphysischen Partizipationsgedanken nicht widerspricht. Leben hat Anteil an der Fülle göttlichen Lebens, die sich im Werden erweist: „Der christliche Philosoph und christliche Theologe werden diese Selbsttranszendenz, in der ein Seiendes sich selbst in das wesentlich Höhere hinein überbietet und „aufhebt", immer geschehen denken unter der Dynamik des göttlichen Seins und der dauernden göttlichen Schöpfungsmacht."[25] Innerlichkeit und bewusste Selbstgegebenheit in und durch Selbsttranszendenz, von Rahner auch Ekstasis genannt, erfüllen sich in der Rückkehr in die Welt.

> „Dieses eine Leben hat nun nach christlicher Lehre eine höchste Aufgipfelung in der Selbstmitteilung Gottes! Gott ist nicht nur Grund und innerste Dynamik dieser einen Natur- und Geistesgeschichte. Er ist auch ihr Ziel. Nicht bloß als asymptotischer Zielpunkt, auf den hin diese ganze Bewegung orientiert ist, sondern so, daß er sich selbst in seiner eigensten Lebensfülle dem Leben des Menschen als innerste Kraft (Gnade genannt) und als innerstes, in sich selbst sich mitteilendes Ziel schenkt. Dies ist souverän freie, ungeschuldete Selbstmitteilung, aber so die letzte Erfüllung des Lebens, weil das, woraufhin sich das Leben öffnet, jetzt auch sein innerster Grund und sein innerlichster Besitz wird, weil die Welt des Lebens das Leben des Lebens selbst wird: vita aeterna."[26]

Durchgehendes Anliegen Rahners ist es zudem, diese Erfüllung des Lebens, die „vita aeterna" (ewiges Leben) genannt wird, nicht nach dem Tod anzusiedeln, sondern im Alltag der Menschen bereits hier im Werden zu betrachten. Um das aber angesichts der bleibend prekären Lebenserfahrung mit offenen Augen vor dem Leid der Kreatur sagen zu können, werden zwei Schritte miteinander verbunden: Einerseits wird das Leben als Sterben mit Christus ausgelegt, so dass unser wahres Leben in der Zeit immer verborgen mit Christus in Gott ist (Kol 3,4). Andererseits versucht er in seinen mystagogischen Texten zur Erfahrung der Gnade diese durchaus abstrakte Vorstellung als alltägliche Selbsterfahrung des Menschen zu buchstabieren. Dabei fällt auf, dass diese Erfahrung der Gnade, die immer die Er-

---

[25] K. Rahner, Vom Geheimnis des Lebens, in: ders., Sämtliche Werke 15, Freiburg/Basel/Wien 2001, 364–374, 371.
[26] Ebd., 373–374.

fahrung der Selbstmitteilung Gottes ist, durchgehend als Teilhabe am Leben und Sterben Christi interpretiert wird. Das entspricht seinem gnadentheologischen Leitsatz: „*Nostra vita supernaturalis est prolongatio et explicatio vitae Christi*" (Unser übernatürliches Leben ist die Verlängerung und die Auslegung des Lebens Christi).[27] In christologischer Perspektive allein kann die Verheißung des „ewigen Lebens" in allen Phasen des irdischen Lebens buchstabiert werden. Mit seinen mystagogischen Hinweisen zur Erfahrung der Gnade versucht er auf solche Gegenwartsweisen der ewigen Fülle im menschlichen Leben aufmerksam zu machen.

3. Erfahrung der Gnade als Erfahrung des Geistes in radikaler Selbsthingabe

Es bleibt zu beachten, dass Karl Rahner die Erfahrung der Gnade über die Erfahrung des Geistes einführt, und nicht über Sonderphänomene charismatischer Entrückung.[28] Das bedeutet: weil jeder Mensch durch die Geistigkeit dynamischer Überschreitung ausgezeichnet ist, kann jeder Mensch diese Erfahrung der Gnade in seinem Leben entdecken. Theologisch hat Rahner diese These in seinem Gnadentraktat durch die übernatürliche Formalursächlichkeit der Gnade reflektiert und begründet. Damit versteht er die gnadenhafte Ausrichtung des menschlichen Geistes nicht als etwas am Menschen, sondern als Finalisierung des menschlichen Geistes durch Gott auf Gott hin. Man könnte vielleicht sagen: jede Form der Lebensfülle, die wir durchaus in der Form von geglückten Momenten in diesem Leben erfahren[29], ist in der Zeit uns als Hoffnung auf Erfüllung gegeben, sie ist niemals die Erfüllung selbst.[30] Diese mögliche

---

[27] *K. Rahner*, De Gratia Christi / Über die Gnade Christi. Summe der Vorlesungen zum privaten Gebrauch der Hörer bestimmt, in: ders., Sämtliche Werke 5/1 +2, Freiburg/Basel/Wien 2015–2017, 237–1361, 304.
[28] *K. Rahner*, Über die Erfahrung der Gnade, in: ders., Gratia/Gnade, 84–87, 84–85.
[29] *R. Miggelbrink*, Können Christen vom Glück reden? Theologische Überlegungen im Anschluss an eine Wiederentdeckung der Kategorie der Lebensfülle, in: *H. Bedford-Strohm* (Hrsg.), Glück-Seligkeit. Theologische Rede vom Glück in einer bedrohten Welt, Neukirchen-Vluyn 2011, 90–101.
[30] Es sei hier nur angemerkt, dass diese Vorstellung durchaus dem ignatianischen „magis" (Mehr) korrespondiert: *Peter Knauer*, „Unsere Weise voranzugehen" nach den Satzungen der Gesellschaft Jesu, in: *M. Sievernich/G. Switek*

Hoffnung aber, so interpretiere ich Karl Rahner, hat in diesem Leben die Form der Passion Christi. Das bedeutet: dass diese Fülle nur gewonnen werden kann, wenn sie nicht mit Absicht oder auch Gewalt herbeigeführt wird, sondern in der Tiefe der Stille, in der Enttäuschung und des Todes erfahren wird.

Mit den klassischen Begriffen der mystischen Tradition, die heute scheinbar buddhistisch klingen, aber im Grunde gemeinsame Erfahrungen des mystischen Weges zum Ausdruck bringen, beschreibt Rahner die Erfahrung der Gnade. Er spricht vom Loslassen, von einem Sprung ins Bodenlose, von der Möglichkeit der Sinnlosigkeit, von der Unerfüllbarkeit der eigenen Absichten und Wünsche; ja auch von der scheinbaren entsetzlichen Dummheit, die jemand begeht, wenn er ohne jeglichen Erfolg und eigene Befriedigung für andere sich einsetzt, weil er sich gerufen weiß, das Richtige und heute unbedingt Notwendige einsam tun zu müssen.[31] Der Schluss dieses Textes spricht für sich:

> „Der Kelch des Heiligen Geistes ist identisch in diesem Leben mit dem Kelch Christi. Ihn aber trinkt nur der, der langsam ein wenig gelernt hat, in der Leere die Fülle, in dem Untergang den Aufgang, im Tod das Leben, im Verzicht das Finden herauszukosten. Wer es lernt, macht die Erfahrung des Geistes, des reinen Geistes, und in dieser Erfahrung die Erfahrung des Heiligen Geistes der Gnade. [...] Suchen wir selbst in der Betrachtung unseres Lebens die Erfahrung der Gnade. Nicht um zu sagen: Da ist sie; ich habe sie. Man kann sie nicht finden, um sie triumphierend als sein Eigentum und Besitztum zu reklamieren. Man kann sie nur suchen, indem man sich vergißt, man kann sie nur finden, indem man Gott sucht und sich in selbstvergessender Liebe ihm hingibt, ohne noch zu sich selbst zurückzukehren. Aber man soll sich ab und zu fragen, ob so etwas wie diese tötende und lebendigmachende Erfahrung in einem lebt, um zu ermessen, wie weit der Weg noch ist, und wie ferne wir noch von der Erfahrung des Heiligen Geistes in unserem sogenannten geistlichen Leben entfernt leben. Grandis nobis restat via. Venite et gustate, quam suavis sit Dominus! Ein weiter Weg liegt noch vor uns. Kommt und verkostet, wie liebreich der Herr ist!"[32]

(Hrsg.), Ignatianisch. Eigenart und Methode der Gesellschaft Jesu, Freiburg/Basel/Wien 1990, 131–148.

[31] Mir scheint, dass er hier auch das Lebensschicksal seines Mitbruders und Schülers Alfred Delp SJ in Erinnerung haben könnte.

[32] *K. Rahner*, Erfahrung der Gnade, 86–87.

4. Lebensfülle und Selbstentäußerung

Mit meinen mehr aphoristischen Ausführungen erlaube ich mir abschließend eine Rückfrage an Ralf Miggelbrink. Ralf Mittelbrink hat nicht nur mit der Rede vom „Zorn Gottes", sondern auch mit dem Thema „Fülle/Pleroma" eine zentrale Bestimmung der biblischen Tradition zum Ausdruck gebracht und uns in der aktuellen Diskussion eine wichtige Orientierung geschenkt. Deshalb wage ich abschließend persönlich zu fragen: Wie gewinnst Du einen Begriff möglicher Fülle angesichts des Todes und des Scheiterns der Menschen, die nicht einfach nur Folge des mimetischen Kreislaufes des Begehrens und der Gewalt und deshalb nicht nur vorzeitiger Tod ist, sondern in die geschichtliche Existenz des Menschen eingeschrieben bleibt? Du schreibst ja zu Beginn deines Entwurfs von der Passivität und dem Ausgeliefertsein. Biblisch gesprochen könnte meine Rückfrage lauten: Hast Du vielleicht, wie bisweilen die griechischen Väter, Mystiker und Mönche, auch ein wenig über die Freude der Erfahrung des Lichtes vom Berg Tabor den unausweichlichen Gang nach Jerusalem etwas übersehen? Die Verklärung am Berg ist ja Ostern ohne Golgota.

Meine Rückfrage reklamiert nicht eine Kreuzestheologie in der Wirkungsgeschichte der Satisfaktionstheorie eines Anselms von Canterbury. Vielmehr denke ich an eine Kreuzestheologie, die im Loslassen von der Seite des Subjekts her und in der Hingabe und dem Anvertrauen an das Geheimnis Gottes die mögliche Fülle nicht macht, sondern erwarten darf. Weil im Pilgerstand mögliche Fülle nur erfahrbar wird, wenn wir den Wunsch um diese aufgeben und diese mögliche Fülle einfach geschehen lassen. Denn was auch immer ein Geschenk sein mag, als überraschende Gabe ist jedes Geschenk eine größere Freude als in einem kalkuliert erwarteten Empfangen. Hier hilft keine sich selbst behauptende Autonomie weiter, weil diese unter den Bedingungen dieser Geschichte sich immer als bedroht erfährt und daher aus Angst und der korrespondierenden Selbstbehauptung gewaltförmig werden muss. Jeder Ewigkeitsaugenblick, in dem uns mögliche Fülle aufgehen kann, entzieht sich der Machbarkeit. Rahner spricht deshalb scheinbar Paradoxe an, die er in dem Bild vom Kelch Christi sammelt. Und in diesem Kelch Christi ruht auch seine eigene Gottverlassenheit.[33]

---

[33] Chiara Lubich hat im verlassenen Jesus den Beginn der Auferstehung in ihrer

Mich selber leiten zwei Worte Jesu. In einer der wenigen Stellen, an denen die synoptischen Evangelien Jesus über sich selbst und sein Herz sprechen lassen, lädt er mich ein, sein Joch als Verheißung auf mich zu nehmen, weil er gütig und von Herzen demütig sei. Und er verspricht dabei, dass ich Ruhe finden werde (Mt 11,25–30). Das zweite Wort korrespondiert dieser einladenden Verheißung: „Wenn einer hinter mir hergehen will, verleugne er sich selbst, nehme sein Kreuz auf sich und folge mir nach. Denn wer sein Leben retten will, wird es verlieren; wer aber sein Leben um meinetwillen verliert, wird es finden" (Mt 16,24–25). Diese Texte behalten ihre Bedeutung, weil sich in ihnen die Wirkungsgeschichte Jesu Christi im Zeugnis von Glaubenden im Ursprung der Kirche performativ in der Gegenwart entfalten.³⁴ Das bedeutet: In meinem Leben der möglichen Fülle der Verheißung Raum zu geben bedeutet auch, meine Verletzungen und möglichen Verletzungen loszulassen und anzuvertrauen. Fülle aber ist unter den Bedingungen unserer Geschichte Zeichen und Sakrament, das die Hoffnung nährt.

Mystik erahnt und aus dieser Mitte das Charisma einer Einheit aller Menschen empfangen: *Ch. Lubich*, Der Schrei der Gottverlassenheit. Der gekreuzigte und verlassene Jesus in Geschichte und Erfahrung der Fokolar-Bewegung, München/Zürich/Wien 2001.

³⁴ Ohne hier eine bibeltheologische Grundlegung leisten zu können, sei nur vermerkt, dass die Inspiration der Texte sich als Performativität erweist. Diese Texte haben bis heute die Kraft Nachfolge zu bewirken und unser Leben zu ändern. Denn: „In den Heiligen Büchern kommt ja der Vater, der im Himmel ist, seinen Kindern in Liebe entgegen und nimmt mit ihnen das Gespräch auf" (Dei Verbum 21). Die Dogmatische Konstitution über die Offenbarung schreibt dem in diesen Texten zu erschließenden Wort Gottes, eine solche „vis ac virtus" zu, dass es für die Kirche zum „sustentaculum ac vigor, [...] robur, animae cibus, vitae spiritualis fons pura et perennis" wird. Da die deutsche Übersetzung „vis" mit „Gewalt" übersetzt, und dadurch vielleicht in die Irre führt, habe ich hier die lateinischen Begriffe angeführt. Alle diese Begriffe verweisen auf jene Quellen, aus denen sich Lebendigkeit speist. Weil nur der Heiligen Schrift diese Qualität vom Konzil zugeschrieben wird, ist Inspiration wesentlich Performativität und wird in beiden Polen durch den Heiligen Geist allein möglich.

Der Geist macht lebendig

Pleromatische Theologie aus dem Glaubensbekenntnis

Astrid Heidemann

1. Der Geist ist es, der lebendig macht:
   Das Pneuma des Konstantinopolitanums

„Wir glauben an den Heiligen Geist, der Herr ist und lebendig macht, der aus dem Vater (und dem Sohn) hervorgeht, der mit dem Vater und dem Sohn angebetet und verherrlicht wird, der gesprochen hat durch die Propheten."[1]

Höchstlehramtlich verbindlich und ökumenisch verbindend bekennen Christen die dritte Person der Trinität, den Heiligen Geist, als denjenigen, der „lebendig" macht. Der Heilige Geist als Spender des Lebens müsste demzufolge der ideale Protagonist einer Theologie der Lebensfülle sein. Und wirklich: Innerhalb neuerer Publikationen zur Pneumatologie erfreut sich die Verbindung von „Geist" und „Leben" seit Jahren zunehmender Beliebtheit. Das Verständnis des Heiligen Geistes wird heute theologisch eher über „Lebendigkeit" angenähert als über „Erkenntnis", wie dies lange Zeit der Fall war. Maßgeblich für diese Entwicklung war Jürgen Moltmanns Pneumatologie „Der Geist des Lebens".[2] Das *zōopoión* (lebendig machen, das

---

[1] DH 150, 1. Konzil von Konstantinopel 381. Beziehungsweise, näher am griechischen Original: „Wir glauben an das Pneuma, das heilige, herrscherliche und lebendigmachende, das aus dem Vater hervorgegangene, das mit dem Vater und dem Sohn angebetet und verherrlicht wird, das gesprochen hat durch die Propheten" (eigene Übersetzung).
[2] *J. Moltmann*, Der Geist des Lebens. Eine ganzheitliche Pneumatologie, München 1991: „Der ewige Geist ist die *göttliche ‚Quelle des Lebens',* des geschaffenen, des bewahrten, des täglich erneuerten und endlich des ewigen Lebens aller Geschöpfe. Ich habe darum einen *‚ordo salutis'* entworfen, der ganz auf den *Lebensbegriff* ausgerichtet ist [...]" (94). Weitere Pneumatologien mit starkem Lebensbezug sind z. B. *L. Boff,* Der Heilige Geist. Feuer Gottes – Lebensquell – Vater der Armen, Freiburg i. Br. 2014, sowie pastoral orientiert: *M. Freudenberg,* Der uns lebendig macht. Der Heilige Geist in Leben, Glaube und Kirche, Neukirchen-

ewige Leben geben) steht an prominenter Stelle der Glaubensaussagen zum Heiligen Geist. Umso überraschender ist es festzustellen, dass sich keine der bekannten zeitgenössischen katholischen Pneumatologien im Zusammenhang mit dem Konzil von Konstantinopel dieser verlebendigenden Aktivität des Geistes explizit widmet.[3]

Was haben sich die Konzilsväter im vierten nachchristlichen Jahrhundert bei dieser Formulierung gedacht?[4] Haben sie an eine Ver-

---

Vluyn 2018. Dass der Lebensbegriff immer wieder und schon bei Albert Schweitzer auch in Abgrenzung zu der von Hegels Philosophie beeinflussten Geisttheologie formuliert wurde, und so „Leben" und „Erkenntnis" in einen Gegensatz gerückt werden, soll hier nicht Thema sein.

[3] Vgl. *B.-J. Hilberath*, Pneumatologie, Düsseldorf 1994; *B. Stubenrauch*, Pneumatologie – Die Lehre vom Heiligen Geist, in: *W. Beinert* (Hrsg.), Glaubenszugänge. Lehrbuch der katholischen Dogmatik, Bd. 3, Paderborn 1995, 3–156; *ders.*, Art. Heiliger Geist, in: *W. Beinert/B. Stubenrauch* (Hrsg.), Neues Lexikon der katholischen Dogmatik, Freiburg i. Br. 2012, 315–319; ebenso *ders.*, Art. Einwohnung des Geistes, in: ebd., 157–161. Auch *R. Schulte*, Art. Leben V. Systematisch-theologisch, in: LThK³, Bd. 6, Freiburg i. Br. 1997, 714–716 gibt nur in einer poetischen immanenten Trinitätstheologie an: Der Vater gibt Leben, der Sohn/Logos hat Leben vom Vater in sich und gibt es, der Geist ist das einigende Liebesband. Eine proprietäre Verbindung von „Geist" und „Leben" ist hier nicht zu entdecken, maximal wird allen trinitarischen Personen in gleicher Weise „Leben" zugesprochen. Leben wird aber immerhin mit dem Heil des Menschen direkt identifiziert als Fülle (!) des Mit- und In-Gott-Lebens.

[4] Die Konzilsakten des Konzils von Konstantinopel sind verschollen; seine Anweisungen nur aus Sekundärquellen rekonstruierbar, das Symbol über die folgenden Konzilien überliefert. Die das Konzil von Konstantinopel vor- und nachbereitenden theologischen Entwicklungen konzentrierten sich auf die Ausgestaltung der Trinitätslehre, nicht auf die Lehre vom Heiligen Geist. Die theologischen Aussagen des Konzils von Konstantinopel selbst wurden zunächst von Athanasius, später von den Kappadokiern vorbereitet; in unserem Zusammenhang ist besonders Basilius von Caesarea zu nennen, vgl. *W.-D. Hauschild*, Art. Geist/Heiliger Geist/Geistesgaben IV. Dogmengeschichtlich, in: TRE Bd. 12, Berlin 1993, 196–217, hier 199–201. Pia Luislampe OSB hat der Pneumatologie des Basilius eine eigene Dissertation gewidmet, in der die Theologie des Lebens trotz des Titels „Spiritus vivificans" eigentümlich blass bleibt. (Vgl. *P. Luislampe*, Spiritus sanctus vivificans. Grundzüge einer Theologie des Heiligen Geistes nach Basilius von Caesarea, Münster 1981.) Die Ursache ist in der altkirchlichen Theologie zu suchen. Die Gotteslehre, nicht lebendigmachende Wirkung des Geistes war die treibende Kraft der dogmatischen Entwicklungen. Allerdings griffen Kirchenväter und Konzilstheologen auf ältere christliche Formulierungen zurück, die maßgebliche Aussagen über das göttliche Pneuma treffen.

lebendigung des diesseitigen Lebens der Christen gedacht? Oder haben sie dem Heiligen Geist lediglich die Lebendigmachung der Toten als eschatologische Aktivität zugeschrieben? Hauptsächlich wurde das *zōopoión* in das Symbolum aufgenommen, um den Geist auf die Seite Gottes zu stellen, ohne seine Homoousie mit dem Vater auszusagen. Nachdem dieser Begriff neben den anderen antiarianischen Einschüben nicht verhindern konnte, dass es auch im Nachgang des Konzils von Nizäa zu theologische Streitigkeiten und drohenden Schismen über die christologische Frage kam, verwendete man diesmal mit Bezug auf den Geist Gottes nicht philosophische, sondern biblische Begriffe – und zog das Johannesevangelium als Quelle heran. Schöpfung, Leben geben, lebendig machen galten als Proprium Gottes. Das heilige Pneuma als *zōopoión* zu bestimmen hieß folglich, es als göttlich zu bestimmen.

Ist demnach die Bezeichnung des Heiligen Geistes als „Lebensspender" lediglich ein Nebenprodukt der Suche nach einer konsensfähigen Formulierung der Göttlichkeit des Heiligen Geistes ohne eigentlichen theologischen Gehalt? Diese Schlussfolgerung wäre wohl ein wenig voreilig und würde zudem der hohen Bedeutung des Credos mit seinen Formulierungen nicht gerecht. Die Begriffsverbindung von Geist und Leben wird im Nicäno-Konstantinopolitanum aufgegriffen; ihre Geschichte reicht aber sehr viel weiter zurück. Die folgende Spurensuche soll zeigen, inwieweit der Heilige Geist zu Recht als Protagonist der Lebensfülle herangezogen werden kann, inwieweit eine Theologie der Lebensfülle sich als pneumatologische Theologie von ihren Wurzeln her begreifen kann. Um die Abgrenzung vom griechischen *nous* (Verstand, Vernunft) zu erleichtern und Vorbelastungen hinsichtlich des deutschen Begriffs „Geist" und seiner philosophischen Verwendung zu vermeiden, bezeichne ich im Folgenden den (Heiligen) Geist außer für den Bereich des Alten Testaments mit dem aus dem Griechischen entlehnten Begriff „Pneuma".

2. Erlösende Gegenwart Gottes wird als Lebensgabe erfahren und verkündet

Die lebendigmachende Wirksamkeit Gottes und seines Geistes kann in allen drei Glaubensartikeln expliziert werden. Schöpfungstheologie, Soteriologie und Eschatologie sind in frühjüdischer und frühchristlicher Theologie eng miteinander verbunden. Von der Erfahrung, dass Gott befreiend und lebensfördernd wirkt, wird einerseits auf seine Schöpfertätigkeit zurückgeschlossen, andererseits die Hoffnung in die Zukunft projiziert, schließlich bis hin zur Auferstehung der Toten. Die lebensspendende Kraft Gottes wird hebräisch unter anderem mit $rû^ah$ und griech. mit *pneuma* wiedergegeben.

Die biblischen Aussagen zur Verlebendigung verdanken sich der erlösenden Gegenwart bzw. Präsenz Gottes, ihrer Verkündigung und Erfahrung unter den Menschen: aus der Verheißung und Erfahrung, Lebendigkeit und Lebensfülle geschenkt zu bekommen, aus der Erfahrung, dass Leben und Lebensfülle prekär sind, speisen sich die theologischen Aussagen zur lebensschenkenden Wirksamkeit und Gegenwart Gottes und Aussagen zu Bedingungen, an die diese lebensschenkende Kraft gebunden ist. Von dort erfolgen projektiv schöpfungstheologische und eschatologische Verkündigungen. Diese führen negativ von der Erfahrung der sich gegenwärtig nicht einstellenden Gerechtigkeit zur Hoffnung auf jenseitige Gerechtigkeit und positiv von der Erfahrung geschenkten Lebens zur Verkündigung des Lebensspenders als Schöpfergott. Positiv formuliert lässt sich sagen: Aus der Erfahrung, dass Gott als Inbegriff des Guten schon im Diesseits Sinnerfüllung schenkt, speist sich die Hoffnung, dass sich das, was unser Leben im Diesseits trägt, auch über die Todesgrenze hinaus als tragfähig erweisen wird, ja noch mehr, dass das Gute, was wir im Diesseits durch die ständigen Konkurrenzangebote an Lebensdeutungen nur schemenhaft wahrnehmen, im Jenseits voll und ganz wirksam und sich als das eigentlich Wirkliche erweisen wird.[5] Alle Aussagen über Gottes lebensspendende Wirksamkeit ver-

---

[5] Bewusst lege ich den Schwerpunkt auf den positiven Zusammenhang, von der Erfahrung des Guten zur Verkündigung der umfassenden Durchsetzung des Guten am Ende der Zeit und zur Verkündigung des guten Urhebers allen Seins, statt auf den negativen Zusammenhang, der von Bedrängnis und Erfahrungen ausbleibender Sinnerfüllung und Gerechtigkeit auf den Trost des immer anwesenden Gottes verweist, der wahlweise die Welt, das Volk oder die Frommen zur jenseitigen Vollendung führen wird. Beide Zusammenhänge sind wichtig und sollten nicht gegeneinander ausgespielt werden. Auch für die Formulierung des negativen Zusammenhangs ist eine Ahnung von gutem Sinn erforderlich. Die Eigenschaften Gottes können dann bestimmt werden als komparative Eigenschaften: Gott erweist sich als der gegenüber den aktuellen Lebens- und Gesellschaftsbedingungen je Gerechtere, Gütigere, Treuere und Liebendere. Dieses komparative Verständnis der Eigenschaften Gottes hat Klaus Held entwickelt;

danken sich Erfahrungen und Verkündigungen in einer einstmaligen Gegenwart, die von Gläubigen als Offenbarungen Gottes verstanden wurden und werden.

Wenn christlich vom heiligen Pneuma als Lebensspender die Rede ist, können wir davon ausgehen, dass frühe Christen das Pneuma als Leben transformierende Kraft hin zu einem verwandelten, neuen, „auferstandenen" Leben frei von den tödlichen Zusammenhängen dieser Welt verstanden. Von diesen Zusammenhängen her lassen sich die biblischen Quellen, die Geschichte der Aussagen des Konstantinopolitanums und ihre frühchristliche Weiterentwicklung genauer betrachten.

3. Spurensuche in den Büchern des Alten und des Neuen Testamentes

In vielen antiken Religionen ist „Leben" ein Begriff für das Heil.[6] Im Alten Testament meint Leben *(ḥajīm, nœfœš)* das heile, erfüllte Leben, dessen Quelle bei Gott ist (Ps 36,10). Gott ist derjenige, der Leben schenkt, nimmt und verheißt, seine Präsenz bedeutet Leben, die Hinwendung zu ihm und seine Hinwendung zu den Menschen sind mit Lebendigkeit verbunden. Folglich wird er auch als Urheber des Lebens, als *Schöpfer* dargestellt, seine ihm exklusiv zukommende lebensspendende Macht wird in Gen 1 mit einem eigenen Verb *(bara)* ausgedrückt. Dass *rûᵃḥ* (Geist, Hauch), wenn dieser Begriff in Verbindung mit Gott gebraucht wird, Gottes kraftvolle, lebendige Gegenwart und Wirksamkeit ausdrückt, ist naheliegend. Die *rûᵃḥ* Gottes wird damit zum Ausdruck der Schöpferkraft Gottes, aus deren Gegenwart jedes Geschöpf heraus lebt, und ohne deren Zuwendung es seine *rûᵃḥ* aushaucht und stirbt (vgl. Ps 104,29 f.). Die *rûᵃḥ* Gottes und die des Geschöpfes hängen zusammen. Dieser innere Zusammenhang von göttlicher Gegenwart und Leben ist eine der Quellen des später entwickelten, trinitarisch ausformulierten Begriffs des eigenständigen göttlichen Geistes.

---

ich verdanke den Hinweis M. Böhnke (vgl. *K. Held,* Der biblische Glaube. Phänomenologie seiner Herkunft und Zukunft, Frankfurt a. M. 2018; *M. Böhnke,* Geistbewegte Gottesrede. Pneumatologische Zugänge zur Trinität, Freiburg i. Br. 2021, 226 f.).

[6] Vgl. *G. Dautzenberg,* Art. Leben, IV. Biblisch-theologisch, in: LThK³, Bd. 6, Freiburg i. Br 1997, 712–714.

Die enge Verbindung von Gott und Leben wird in vielen biblischen Schriften kausal ethisiert: Wenn sich das Volk zu Gott hinwendet und seine Gebote befolgt, wird sich Gott als lebensspendend erweisen. Lebensimmanente Hoffnungen und Wirkungen werden mit der Hinwendung zu Gott und Gesetz und Leben werden miteinander verbunden. Hier ist eine Wurzel der frühchristlichen Soteriologie, die das heilige Pneuma als Angeld der Lebensfülle versteht und es zugleich mit ethischer Heiligkeit verbindet.

Für den Bereich des Neuen Testaments lässt sich die Aussage, dass das inspirierende und lebensspendende Pneuma eine endzeitliche Gabe an die Glaubenden ist, Exegeten zufolge auf älteste vorliterarische christliche Aussagen zurückführen.[7] Da das Wirken des Pneumas einer geläufigen jüdischen Vorstellung zufolge an die Gegenwart Gottes, seine Einwohnung (*schechina*, erst rabbin.) im Heiligtum, gebunden ist, ist die *rûᵃḥ elohim* seit der Zerstörung des (ersten) Tempels nicht mehr wirksam und wird erst in der Endzeit ihre Wirkung wieder entfalten – eine eschatologische Verheißung, welche die ersten Christen als erfüllt ansehen.[8] „Leben" wird auch im frühen

---

[7] Vgl. *J. Kremer*, Art. πνεῦμα, -ατος, τό, in: *H. Balz/G. Schneider* (Hrsg.), Exegetisches Wörterbuch zum Neuen Testament, Bd. III, Stuttgart ³2011, 279–291, hier 284. Der Empfang des Pneumas ist diesem frühchristlichen Glauben zufolge an äußeren Phänomenen wie Heilungen und ekstatischem Beten erkennbar. Der Überzeugung gemäß inspirierte das Pneuma nicht nur die alttestamentlichen Propheten, sondern bewirkt auch in der Gegenwart des ersten Jahrhunderts die Bezeugung des Evangeliums, speziell in der Bedrängnis.

[8] Vgl. *P. Schäfer*, Art. Geist/Heiliger Geist/Geistesgaben II. Judentum, in: TRE, Bd. 12, Berlin 1984, 173–178. Dem goldenen Zeitalter, das mit der Zerstörung des ersten Tempels endet, entspricht nach Ende der Dekandenzgeschichte jedoch die Zeit der Erlösung, in der der Geist universal wirksam werden wird. Diese eschatologische Verheißung wird von den ersten Christen aufgegriffen und als mit der Verkündigung Jesu und dem Beginn des Reiches Gottes erfüllt verkündet. Andere jüdisch-theologische Strömungen gehen davon aus, dass der Geist in den Rabbinen weiterwirkt oder als Lohn für persönliche Heiligkeit und Torastudium gegeben wird. Die Entwicklung und Interdependenz jüdischer und christlicher Vorstellung von der Präsenz Gottes in Einwohnung, Geist und Logos ist in diesem Zusammenhang sehr spannend, vgl. hierzu den Sammelband *B. Janowski/ E. E. Popkes* (Hrsg.), Das Geheimnis der Gegenwart Gottes. Zur Schechina-Vorstellung in Judentum und Christentum (Wissenschaftliche Untersuchungen zum Neuen Testament 318), Tübingen 2014.

Christentum zur Bezeichnung des Heils verwendet.[9] *Zōē aiōnios*, ewiges bzw. *uneingeschränktes* Leben, kann als Äquivalentbegriff zu „Lebensfülle" verstanden werden.[10]

Besonders das Johannesevangelium formuliert eine Theologie des Lebens, nach der Leben Heilsgabe Gottes ist und für die Frommen von ewiger Dauer.[11] Der aus dem Alten Testament bekannte Zusammenhang von Gesetz und Leben bleibt erhalten. Während bei Paulus das verheißene Leben futurisch-eschatologischen Charakter hat, setzt Johannes den Übergang zum ewigem Leben bereits in der Gegenwart an: „Amen, amen, ich sage euch: wer glaubt, hat das ewige Leben." (Joh 6,47) Es besteht johanneisch eine enge Verbindung von Wahrheit, Leben, Pneuma und Logos. Bei Johannes hat das Pneuma selbst lebensspendende Kraft: „Der Geist ist es, der lebendig macht. Die Worte, die ich zu euch gesprochen habe [Bezug Joh 6,53–58; hier 54: „Wer mein Fleisch isst und mein Blut trinkt, hat das ewige Leben und ich werde ihn auferwecken am Jüngsten Tag."], sind Geist und Leben." (Joh 6,63).[12] Wenn der Beginn ewigen Lebens präsentisch-eschatologisch angesetzt ist, liegt die Annahme nahe, dass sich diese Lebensqualität diesseitig als Lebendigkeit und Lebensfülle äußert.

Unter Rekurs auf solche Stellen des Johannesevangeliums lässt sich scheinbar ein spezifischer Zusammenhang zwischen Pneuma und Leben postulieren. Im Gesamtkontext des Evangeliums kommt dieses Postulat jedoch schnell an seine Grenze: Ausgerechnet im Johannesevangelium als der Schrift des Neuen Testamentes, welche die stärkste Lebenstheologie beinhaltet, bleibt das Pneuma auffällig eng an die Person Jesu gebunden und von ihr abhängig.[13] Das Johannes-

---

[9] Vgl. *L. Schottroff*, Art. ζῶ, ζωή, in: *H. Balz/G. Schneider* (Hrsg.), Exegetisches Wörterbuch zum Neuen Testament, Bd. I, Stuttgart 1980, 261–271, hier 262.
[10] Bei Paulus dagegen steht in soteriologischen Kontexten „Leben" als Gegenbegriff zu „Tod". Pneuma und Sohn/Jesus zeigt Paulus in enger wechselseitiger Verbindung, wobei die Initiative mal bei dem einen, mal bei dem anderen zu liegen scheint. Nach Röm 8,11 kommt dem Pneuma die Aufgabe zu, Jesus und die Gläubigen von den Toten aufzuerwecken und lebendig zu machen.
[11] Vgl. *G. Dautzenberg*, Leben (s. Anm. 6). „Wie mich der lebendige Vater gesandt hat und wie ich durch den Vater lebe, so wird jeder, der mich isst, durch mich leben." (Joh 6,57).
[12] Vgl. auch den Dialog von Jesus und Nikodemus, Joh 3,5–8.
[13] Dies könnte auf eine Reserviertheit des Evangelisten gegenüber denjenigen christlichen Zeitgenossen, die sich auf prophetische Geisterfahrungen beriefen, zurückzuführen sein und dürfte der Institutionalisierung der jungen Kirche ge-

evangelium als das Evangelium einer „Lebenstheologie" fokussiert sich auf Jesus als souveränen Lebensspender,[14] der sich selbst „Leben" nennt. Wenn aber allein Jesus der Spender ewigen Lebens ist, so lässt sich darauf zwar eine Theologie der Lebensfülle, nicht unbedingt aber eine Pneumatologie der Lebensfülle gründen. Die kontrastierende Gegenüberstellung zeigt das besonders deutlich: Bei Markus ist Jesus in der Taufe der Empfänger der göttlichen Pneumagabe. Dass sich das Pneuma Gottes dauerhaft auf Jesus niederlässt, legitimiert seine göttliche Sendung und ist Grundlage der markinischen Offenbarung der Gottessohnschaft. Jesu Sendung ist hier abhängig vom Pneuma. Im Unterschied zu Markus wird Jesus bei Johannes in der Taufe zwar mit dem Pneuma erfüllt, aber dieses Geschehen offenbart dem Täufer lediglich, wer Jesus ist, während Jesu göttliche Herkunft bereits im Prolog mit dem Logos begründet wurde, der „Fleisch" wird in Jesus von Nazareth. In den johanneischen Abschiedsreden ist das Pneuma das *Pneuma Jesu*, das den Seinen nach Jesu Fortgang gegeben wird. Das Pneuma scheint also bei Markus vom göttlichen Vater, bei Johannes hingegen vom Sohn auszugehen.

Eine nähere exegetisch-theologische Untersuchung stellt die Standardinterpretation des johanneischen Christozentrismus, der auf dem Gedanken der Logosinkarnation basiert, infrage. So legt Jörg Frey[15] dar, dass die Inkarnationsaussage im Johannesprolog von der

---

dient haben: Das unkalkulierbare Pneuma wird durch die Bindung an Jesus an die Strukturen der Gemeinde und Kirche gebunden, die nach Paulus Jesu Leib darstellen. Schoonenberg versucht, die Deutung der Abhängigkeit des Pneumas von Jesus bzw. vom Sohn zu reduzieren, indem er eine Personifikation des Geistes zum Parakleten (nach Jesus als dem ersten Paraklet) im Verlauf des Johannesevangeliums ausmacht und konzediert, dass sowohl der Sohn als auch der Geist im Verlauf des Lebens Jesu zu etwas werden, was sie vorher nicht waren, und sich so auch eigenständiger gegenübertreten. Vgl. *P. Schoonenberg*, Der Geist, das Wort und der Sohn. Eine Geist-Christologie, Regensburg 1992.

[14] Vgl. *L. Schottroff*, Art. ζῶ, ζωή (s. Anm. 9), 267–269: Die beiden Lebenswunder Jesu im Johannesevangelium zeigen Jesus als überragenden Wundertäter. Der Zusammenhang von Licht – Lebenswasser – Lebensbrot weist auf die sakramentale Lebensvermittlung. Jesus ist das Leben (11,25; 14,6) in dem Sinn, dass er das Leben gibt.

[15] Vgl. die eindrückliche Darstellung *J. Frey*, Joh 1,14, die Fleischwerdung des Logos und die Einwohnung Gottes in Jesus Christus. Zur Bedeutung der „Schechina-Theologie" für die johanneische Christologie, in: *B. Janowski/E. E. Popkes*

Einwohnungstheologie her konzipiert ist. Diese ist wiederum mit dem Motiv des göttlichen Geistes verwandt. Inkarnation und Geistbegabung Jesu sind aus dieser Perspektive keine theologischen Alternativmodelle, sondern haben ihre Einheit in der Präsenz Gottes. Die Konstruktion der Alternative „Inkarnation" des Gottessohnes oder „Inspiration" Jesu durch das Pneuma Gottes ist späteren Datums. Die spätere christlich-theologische Rezeption des johanneischen Hymnus hat im Logos dann immer den präexistenten Christus gesehen und zu wenig wahrnehmen können, das vor der historischen Ausprägung einer Logoschristologie im Miteinander der christlich-jüdischen Gemeinden die Präsenzgestalt Gottes in der Geschichte in Gottes Geist und in Gottes Einwohnung gesehen wurde. Dabei nahm die „Schechina" das Profil einer mit dem Volk mitwandernden und mitleidenden historischen Präsenzgestalt Gottes im Volke an, in der sich die christliche Inkarnationsrede über die Idee einer personalen Inkarnations-Hypostase Gottes abzeichnet.

Zusammenfassend lässt sich feststellen, dass bei Johannes eine Lebenstheologie vorliegt, die der geläufigen Johannesinterpretation zufolge jedoch nur schwerlich als spezifisch geistgewirkt gedeutet werden kann, weil das Pneuma bei Johannes von Jesus abhängig bleibt. Eine Revision dieser einseitigen Abhängigkeit über die exegetische Untersuchung von Joh 1,14 ist aussichtsreich. Durch sie würde die Interpretation des Pneumas als Gottes Präsenz und Leben vermittelnd gestärkt werden. Eine Pneumatologie des Lebens und der Lebendigkeit lässt sich zudem aus der Zusammenschau mehrerer neutestamentlicher Schriften konzipieren, statt ausschließlich aus dem Johannesevangelium heraus.

In exklusiver Weise repräsentiert das Pneuma Leben jedenfalls eher nach dem Fortgang Jesu. Die Beziehung zwischen Jesus beziehungsweise dem Logos und dem Pneuma in den neutestamentlichen Schriften hat im 20. Jahrhundert vorrangig unter dem Stichwort „Geist-Christologie" verstärkte Aufmerksamkeit seitens systematischer Theologen erfahren.[16] Das Postulat eines spezifischen

---

(Hrsg.), Das Geheimnis der Gegenwart Gottes (s. Anm. 8), 231–256. Diesem Beitrag verdanke ich wertvolle Inspirationen.
[16] Zur Einführung vgl. M. *Doss*, Art. Geist-Christologie, in: LThK³, Bd. 11, Freiburg i. Br. 2001, 87 f.; *K.-H. Menke*, Das heterogene Phänomen der Geist-Christologien, in: G. Augustin (Hrsg.), Mein Herr und mein Gott. Christus bekennen und verkünden (FS Walter Kardinal Kasper), Freiburg i. Br. 2013, 220–257;

Zusammenhangs von Pneuma und Leben erfordert über die Beziehung von Logos und Pneuma hinaus eine entsprechende vollständige Trinitätstheologie. Hier haben die dogmengeschichtlichen Entwicklungen dazu geführt, dass Jesus nicht ohne weiteres als Geistträger angesehen werden kann, sondern vorrangig eine Logos-Christologie vertreten wird. Diese geht mit einer Subsumierung des Pneumas unter den Sohn einher: nicht das Pneuma treibt den Sohn, dies und das zu tun – wofür es Belegstellen im Neuen Testament gibt –, sondern Jesus teilt das Pneuma aus, wie in den johanneischen Abschiedsreden. Dem Pneuma kommt dann kaum noch eine Aktivität originär zu – bis hin zu den bloßen Appropriationen der späteren Trinitätstheologie. Je mehr Hoheit Jesus zugesprochen wird, umso weniger bleibt für den Heiligen Geist übrig, was zum sogenannten Christomonismus der Theologie- und Kirchengeschichte führt. Mit diesen Hinweisen kann die Spurensuche in den biblischen Schriften abgeschlossen werden.

4. Pneuma, Leben und Leiblichkeit in der frühen Theologiegeschichte

Es lohnt ein Blick zu den frühchristlichen Theologen, die den Begriff „Pneuma" in einem weiten Bedeutungsfeld verwenden. Die Patristik unterscheidet, allerdings nur bedingt trennscharf, zwischen Pneuma als theologischer und als anthropologischer Größe.[17] Im theologischen Kontext hat der Begriff „Pneuma" seinen Ort in der Heilsökonomie, es geht also immer um *Wirkungen* des Pneumas. Ontologische Fragestellungen treten erst in Zusammenhang mit den Überlegungen zur Gotteslehre im Umfeld des Konstantinopolitanums in den Vordergrund.

Im Kontext schöpfungstheologischer Aussagen spielt Pneuma eine untergeordnete Rolle, christologische Bezüge dominieren, obgleich sie von der Schrift her schlechter zu belegen sind als ein

---

U. *Link-Wieczorek*, Inkarnation oder Inspiration? Christologische Grundfragen in der Diskussion mit britischer anglikanischer Theologie (FSÖTh 84), Göttingen 1998. Besonders bekannt ist im katholischen Bereich P. *Schoonenberg*, Der Geist, das Wort und der Sohn. Eine Geist-Christologie, Regensburg 1992.

[17] Ich stütze mich im Folgenden vorrangig auf F. *Dünzl*, Pneuma. Funktionen des theologischen Begriffs in frühchristlicher Literatur (Jahrbuch Antike und Christentum, Ergänzungsband 30), Münster 2000.

schöpfungstheologisches Handeln des göttlichen Pneumas. Wie die Betrachtung schöpfungstheologischer Aussagen aus dem Alten Testament zeigt, ist die Verwendung des Begriffs „Pneuma" zur Bezeichnung irdischen Lebens geeignet, schöpfungstheologisch-pneumatologische Bezüge herzustellen. Dies wurde von frühchristlichen Autoren jedoch nicht erkannt bzw. nicht genutzt.[18] Eine Begabung der gesamten Schöpfung durch das göttliche Pneuma kommt nicht in den Blick bzw. wird in Abgrenzung von der Stoa abgelehnt.[19]

Grundlegend bezeichnet Pneuma in anthropologisch-soteriologischem Kontext den Kontakt zwischen irdischer und himmlischer Welt. Dabei wandelt sich der Begriff allmählich von einer eschatologischen Größe (zur Zeit der Naherwartung) zu einer innerkirchlichen Heilsgabe. Parallel macht sich zunehmend Misstrauen gegenüber den unkontrollierbaren pneumatischen Charismen breit. Die Institutionalisierung des Pneumabegriffs, die sich bereits im Johannesevangelium abzeichnet, schreitet voran. Sie findet später in der völligen Subsumierung der Pneumatologie unter Christologie und Ekklesiologie ihren Höhepunkt.[20]

Für die frühchristlichen Theologen bezeichnet „Pneuma" die qualitative Änderung des Christen gegenüber seinem vorherigen Leben.

---

[18] Dies gilt auch und vielleicht gerade für die griechischen Ausdrücke für „sterben" in Mk 15,37 und Joh 19,30: „er hauchte seinen Geist aus" (ἐκπνέω) und „er gab seinen Geist auf" (παραδίδωμι τὸ πνεῦμα). Das *Pneuma*, der Atem der lebendigen Wesen, ist das Schöpfungspneuma Gottes. Im Hinblick auf Jesu Sterben kann das Aushauchen auch als Freisetzung des göttlichen *Pneumas*, dessen Träger Jesus war, verstanden werden; dem *Pneuma* könnten im Ausgang davon bestimmte soteriologische Funktionen rund um Kreuzestod und Auferstehung zugeschrieben werden. Ich illustriere dies lediglich als eine dem antiken Schriftverständnis entsprechende theologische Möglichkeit, von der mir nicht bekannt ist, ob sie von einem Theologen umgesetzt wurde.
[19] Vgl. *F. Dünzl*, Pneuma (s. Anm. 17), 354–366: Der Pneumabegriff im Kontext der Schöpfungstheologie, in Bezug auf die Ablehnung einer Pneumabegabung der gesamten Schöpfung v.a. mit Bezug auf Tatian und Clemens von Alexandrien.
[20] Als eigener Traktat erscheint die Pneumatologie erst wieder im 20. Jahrhundert; die Lehrpläne für den katholischen Religionsunterricht sehen bis heute Einheiten zu Kirche statt Einheiten zum Heiligen Geist vor und ein äußerst hoher Prozentsatz der Predigten zum Pfingstsonntag beginnen mit dem Satz: „Heute feiern wir den Geburtstag der Kirche", womit dann der Wechsel weg von dem abstrakten Thema Heiliger Geist hin zu kirchlichen Zukunfts- und Strukturfragen geschafft ist.

Die heilschaffenden Wirkungen des Pneumas werden spezifisch für Christen ausgesagt, während eine Pneumabegabung für Nichtchristen kaum in den Blick kommt. Die Pneumabegabung kann verloren gehen, z. B. durch Glaubensschwäche in der Verfolgung. Sie stellt ein Angeld auf den eschatologisch noch viel größeren Pneumabesitz und noch größere Einheit mit Gott dar.[21] Pneuma verbürgt unvergängliches Leben. Die Angeldthematik legt in Übereinstimmung mit neutestamentlichen Schriften wie der Apostelgeschichte nahe, dass Christen einen Erfahrungsbezug zur Begnadung mit dem Pneuma hatten und Taufe und Pneumabegabung mit einem neuen Leben der Unvergänglichkeit und Fülle verbanden, eben dem ewigen Leben.

Die Verbindung von „*Pneuma*" und „Leben, Lebensfülle" wirft die Frage der Leiblichkeit und Diesseitigkeit des verheißenen Lebens auf, also die Frage, inwieweit das Fleisch (sarx) bzw. der Leib (sōma) gottfähig ist. Sowohl Pneuma als auch Sarx bezeichnen frühchristlich keine ontologischen, sondern heilsgeschichtliche und moralische Prinzipien. Im Rahmen der soteriologischen Grundkonzeption der Alten Kirche, nach der von einer Erlösung des Menschen in seinem Menschsein, also von einer grundsätzlichen Vereinbarkeit von Leiblichkeit und Pneuma ausgegangen wird, formulieren frühchristliche Schriften bis circa Mitte des zweiten Jahrhunderts ein Sarx-Pneuma-Schema, eine Begabung des menschlichen Fleisches durch das göttliche Pneuma. Dieses wird nach und nach abgelöst durch ein Sarx-Psyché-Pneuma-Schema[22] bei Tatian, Irenäus, Clemens von Alexandrien, Tertullian und Hippolyt. Dem Sarx-Psyché-Pneuma-Schema zufolge verbindet sich das göttliche Pneuma mit einer ihm „ähnlichen" Wesenskonstitution des Menschen, eben dem anthropologischen Pneuma.[23] Die Leiblichkeit des Heils tritt somit theologiegeschichtlich allmählich zurück.

---

[21] Zum letzten Satz vgl. F. *Dünzl*, Pneuma (s. Anm. 17), 246.

[22] Hier lässt sich eine Analogie zur Ablösung des Logos-Sarx- durch das Logos-Anthropos-Schema in der Christologie postulieren – jeweils der Versuch, die Gesamtheit des Menschlichen stärker in den Blick zu nehmen, als dies durch den Begriff „Fleisch" möglich ist.

[23] Irenäus und Tertullian vertiefen den Graben zwischen Schöpfungs- und Erlösungslehre noch zusätzlich, indem sie in Anlehnung an Gen 2,7 nach der Septuaginta davon sprechen, dass dem Menschen bei der Schöpfung im Unterschied zum göttlichen *Pneuma* (πνοή ζωῆς) eingehaucht wurde. Pnoē zōēs gilt als weltlicher Begriff. (Tertullian verwendet die Termini *spiritus* und *(ad)flatus*. Dies

Aus heutiger Perspektive stellt ein rigoroser Moralismus frühchristlicher Schriften die Lebensfülle in den Schatten; die Angst vor der Unerfüllbarkeit ihrer Forderungen tritt an die Stelle vertrauender Lebensfreude. Die Moralisierung ist aber sekundär. Sie muss ihre Wurzeln in der positiven Erfahrung neuen Lebens durch den christlichen Glauben haben und kann als Zeichen der erfahrenen positiven Lebenswende verstanden werden. Bereitschaft zum selbstlosen Handeln entspringt der Erfahrung des Lebens als einer Gabe, die geschenkt ist, aber kein festzuhaltender Besitz ist, sondern die sich entfaltet, indem man sie teilt und weiterschenkt.

Frühchristliche Autoren kennen also eine lebensspendende Kraft des Pneumas. Der Ursprung der meisten Zeugnisse über das göttliche Pneuma scheint erfahrene Heilsökonomie zu sein, die sich in einem neuen Leben ungeahnter Fülle manifestiert. Allerdings ist der Wandel von einer präsentischen soteriologischen Aussage, von der Erfahrung, im Glauben an und in der Taufe auf Jesus Christus den Geist zu empfangen, das eigene Leben von Grund auf umgekrempelt, von unsagbarer Fülle und in neuem Anspruch vorzufinden, hin zu einer eschatologischen Aussage in vollem Gange. Da „ewiges, unvergängliches Leben" sowohl metaphorisch-präsentisch als auch realfuturisch gemeint sein kann, ist nicht immer leicht zu entscheiden, welcher Kontext gemeint ist – nicht selten sind es beide gleichzeitig. Weder „Pneuma" noch „(ewiges) Leben" werden exklusiv für das christliche Heil verwendet, andere Begriffe wie Reich Gottes, Gotteskindschaft, Wiedergeburt, Reinigung, Sündenvergebung finden ebenso Verwendung. Die Ablehnung einer kosmischen Präsenz göttlichen Pneumas, das Verständnis einer ergangenen Offenbarung und eines sich geschichtlich ereignenden Heilsgeschehens in Jesus Christus sind für uns insoweit interessant, als heutige Ansätze einer Theologie des Lebens und der Lebensfülle im Unterschied dazu eine universale Präsenz göttlicher Benevolenz und pneumatisch getragener Lebendigkeit voraussetzen.

---

dient wohl einer Distanzierung von Gnostikern, vgl. ebd., 295–297. Von einer schöpfungsgegebenen Gegenwart des göttlichen *Pneumas* in allem Geschaffenen soll nicht die Rede sein. Diese Anmerkung zeigt, welche Ambivalenzen mit dem Versuch, „Leben" als Inbegriff der göttlichen Verheißung auszusagen, theologiegeschichtlich verbunden sind.

5. Der lebendigmachende Geist als Desiderat heutiger Theologie

Der Glaube an den Geist, der lebendig macht, den *spiritus sanctus vivificans*, ist eine bis heute marginalisierte Aussage des Glaubensbekenntnisses. Selten wird sie explizit thematisiert, und ihr wichtigster Anknüpfungspunkt, Erfahrung neuen Lebens im Heiligen Geist, wird in der Theologiegeschichte weithin ignoriert. Die Schöpfung wird gemeinhin dem Vater zugeschrieben, wiewohl es viele Bibelstellen gibt, auf deren Grundlage man die Bedeutung des Geistes für die Schöpfung explizieren könnte – damit handelt man sich klarerweise die Folgethemen Naturoffenbarung, kosmische Präsenz Gottes, Präsenz des Geistes in anderen Religionen ein. Da theologiegeschichtlich vom gesteigerten Leben und vom Lebensgenuss im Diesseits auch aus Gründen lebensabgewandter Askese in religiöser Hinsicht nicht gesprochen wurde, blieb die Auferstehung von den Toten als mögliches Werk des Heiligen Geistes übrig, aber auch dies wurde theologisch trotz biblischer Anknüpfungspunkte, die sogar die Auferstehung Christi als Werk des Geistes erscheinen lassen (Röm 8,11), nicht aufgegriffen.

Die Rede davon, dass der Geist Gottes, das Pneuma, lebendig macht, ist biblisch gut fundiert und logisch stringent. Der „Sitz im Leben" dieser Rede ist die Erfahrung von Lebensfülle, Wiedergeburt in Verbindung mit der Hinwendung zu Gott. Diese ist beständig in Gefahr, vergessen zu werden. Mit zunehmender zeitlicher Distanz zum Charisma des Ursprungs wird die Verlebendigung durch das Pneuma stärker auf die Auferweckung der Toten im Jenseits beziehungsweise am Jüngsten Tag bezogen, während die verlebendigende Kraft des Pneumas im Diesseits, die Charismen und die prophetische Rede zu Erinnerungen an die Ursprungserzählungen der jungen christlichen Gemeinde und des jüdischen Erbes werden. Da das Pneuma bereits im frühchristlichen Verständnis auch Erkenntnis Gottes vermittelt, kann seine Funktion vorrangig als Glauben und Glaubenserkenntnis bewirkend verstanden werden. Die bereits rund um das Konzil von Konstantinopel intensiv geführte theologische Debatte um die Trinitätslehre, um Wesen und Ökonomie Gottes ist nicht geeignet, reale heilsgeschichtliche Beziehungen der trinitarischen Personen zu den Menschen und zur Schöpfung auszusagen. Sie beschleunigt den theologiegeschichtlichen Prozess, in welchem die Rede vom Geist – zumindest in der westlichen Theologie – abstrakt und lebensfern wird. Die spekulative immanente Trinitätslehre ist ein wirksames Mittel, den Heiligen Geist theologisch unwirksam zu machen. Der Anfang jeder Pneumatologie dagegen war die von Gläubigen erlebte Heilsökonomie. Die mittelalterliche Entfaltung der Gnadenlehre kann als streckenweise gelungener Versuch beschrieben werden, die Rede von der Wirksamkeit des Geistes in anderer Terminologie zum Ausdruck zu bringen. Reformatorische Theologen setzen im 16. Jahrhundert neue Schwerpunkte bei der Rede vom Heiligen Geist, jedoch erneut im Hinblick auf den Glauben; sie sind nicht geeignet, Verlebendigung zum Ausdruck zu bringen.[24] Spiritualisten und Schwärmer, die einer Erfahrung des Geistes großen Raum in ihrer Frömmigkeit einräumen, bleiben innerkirchliche Minoritäten ohne Auswirkungen auf theologische und insbesondere ekklesiale Strukturen.[25] Schließlich lässt sich auch der Unterschied zwischen einer Geist- und einer Lebensphilosophie im 19. Jahrhundert als geradezu klassisches Thema der christlichen Theologiegeschichte verstehen. In der theologischen Rezeption dieser philosophischen Strömungen dominiert wiederum die Gleichsetzung von „Geist" und „Bewusstsein" – trotz der unübersehbaren begrifflichen Unterschiede zwischen νοῦς und πνεῦμα. Die Vergeistigung des Lebens und die Intellektualisierung des Heils über den Zwischenbegriff Pneuma dominiert in der akademischen Theologie trotz immer wieder geäußerter anderer Absichten.

Erst in der zweiten Hälfte des 20. Jahrhunderts wendet sich das Blatt zugunsten der Verbindung von Heiligem Geist und Leben bzw. Lebendigkeit. Damit verbunden ist die Entdeckung einer universalen und kosmischen Dimension des Geistes, die an einzelnen Stellen des Alten Testamentes bereits anklingt. Im 20. Jahrhundert ist mit der Rede von der Heilsuniversalität oder der universellen Präsenz des Geistes die Neujustierung der theologischen Beurteilung außerchristlicher Religionen verbunden. Paul Tillich versteht den Geist als Prinzip allen Lebens und jedweder Kultur.[26] In etlichen neueren Pneumatologien wie den eingangs erwähnten von Jürgen Moltmann,

---

[24] Glauben ist dann immer „Für-wahr-Halten", weniger eine Lebensform des Vertrauens, der Hingabe und Nachfolge, ist mehr Orthodoxie denn Orthopraxie.
[25] Eine Ausnahme sind – als eigene kirchliche Gemeinschaft – die Quäker.
[26] Vgl. *B. Stubenrauch*, Art. Heiliger Geist, in: *W. Beinert/B. Stubenrauch* (Hrsg.), Neues Lexikon der katholischen Dogmatik, Freiburg i. Br. 2012, 315–318. Vitalität ist für ihn „Mut zum Sein" (*J. Moltmann*, Der Geist des Lebens,

Michael Welker und Leonardo Boff[27] ist die verlebendigende Kraft des Geistes als Subtext auch dort vorhanden, wo nicht explizit von ihr die Rede ist. Im Unterschied zu früheren am individuellen Heil orientierten pneumatologischen und gnadentheologischen Ansätzen betonen diese Theologen, dass die verlebendigende Kraft des Geistes in der *Gemeinschaft* wirksam ist, im Miteinander. Das Wirken des Pneumas fördert ethische und soziale Verantwortung in der „Sorge um das gemeinsame Haus"[28]; es verbindet – in Anknüpfung an die Paradestelle vom Pfingstwunder in der Apostelgeschichte – zu einer gemeinsamen Lebendigkeit, welche die Vielfalt menschlichen Lebens, menschlicher Kulturen und Sprachen nicht zerstört, sondern feiert. Diese *Durchsetzungskraft Gottes* (Welker) scheint damit das zu sein, was unsere postmodern-zerrissene Welt zwischen religiösem Fundamentalismus und Säkularismus, in neu erblühenden binären Logiken, am Abgrund kapitalistischer Ausbeutung und ökologischen Wahnsinns zu brauchen scheint – die Zusage, dass neues, erfülltes und erfüllendes Leben möglich ist, in der Feier mit anderem Leben, nicht auf dessen Kosten. Sie steht damit auch in der Tradition von Albert Schweitzers „Ehrfurcht vor dem Leben".[29]

Pneumatologische Neuansätze,[30] welche die Verbindung von Geist und Leben in den Mittelpunkt ihrer Überlegungen stellen, sind geeignet, für eine „theologische Allianz" mit Ralf Miggelbrinks „Le-

---

(s. Anm. 2), 95) und nicht identisch mit der Weltanschauung des Vitalismus, die auch faschistische Züge annehmen konnte.

[27] S. Anm. 2; zudem vgl. *M. Welker*, Gottes Geist. Theologie des Heiligen Geistes, Neukirchen-Vluyn 1992 und, etwas älter, *W. Pannenberg*, Der Geist des Lebens, in: ders., Glaube und Wirklichkeit. Kleine Beiträge zum christlichen Denken, München 1975, 31–56.

[28] *Papst Franziskus*, Enzyklika Laudato si' von Papst Franziskus über die Sorge für das gemeinsame Haus [über www.vatican.va].

[29] Diese für Albert Schweitzers Werk zentrale Wendung ist mit einer Kritik an der neuzeitlichen Subjektphilosophie verbunden, die an dieser Stelle nicht problematisiert werden kann. Wohl am häufigsten zitiert wird Schweitzers ethische Konsequenz „allem Willen zum Leben die gleiche Ehrfurcht vor dem Leben entgegenzubringen wie dem eigenen. [...] Gut ist, Leben erhalten und Leben fördern, böse ist, Leben vernichten und Leben hemmen." (*A. Schweitzer*, Gesammelte Werke in fünf Bänden, Bd. 2, München 1974, 378).

[30] Für eine Übersicht über noch neuere Veröffentlichungen zur Pneumatologie und die in diesen gegebenen theologischen Tendenzen vgl. die ausgezeichnete Übersicht in *M. Böhnke*, Erweise des Geistes ohne Kraft? Neuere Veröffentlichungen zur Pneumatologie, in: Theologische Revue 112 (2016), 443–460.

bensfülle"[31] herangezogen zu werden. Christliche Theologie lässt sich auf dieser Grundlage als eine „Theologie des Lebens"[32] reformulieren, die in den gegenwärtigen gesellschaftlichen Entwicklungen heilsam sein mag.

---

[31] Vgl. *R. Miggelbrink*, Lebensfülle. Für die Wiederentdeckung einer theologischen Kategorie (Quaestiones disputatae 235), Freiburg i. Br. 2009.
[32] Vgl. der gleichnamige Beitrag: *C. Theobald*, „Der Herr und Lebensspender": Zum Ansatz einer Theologie des „Lebens", in: Concilium 36 (2000) 53–69, dessen Ansatz stärker auf das Verhältnis der Theologie zu den Naturwissenschaften bezogen ist.

„Lebensfülle" – Ermöglichung und Herausforderung einer Theologie als Lebenswissenschaft

Michael Quisinsky

1. Einleitung: Warum Theologie als „Lebenswissenschaft"?

Die Lebensfülle Gottes bietet für Ralf Miggelbrink „eine im Vergleich zu den theoretischen Lebenswissenschaften wahrscheinlich erfolgreichere, funktionierende Selbstdeutung des Menschen".[1] Der derzeit gängigen Terminologie zufolge verwendet Miggelbrink hier den Begriff der Lebenswissenschaft im Sinne seines primär naturwissenschaftlichen Gebrauchs. Wenn man nun aber einerseits „nicht behaupten [kann], dass die empirischen Wissenschaften das Leben, die Verflechtung aller Geschöpfe und das Ganze der Wirklichkeit völlig erklären"[2] können und andererseits aber Theologie *scientia Dei* ist, stellt sich mit dem Postulat der Lebensfülle Gottes die Frage, inwiefern die Theologie eine, vielleicht gar *die* Lebenswissenschaft ist. „Leben" wird hierbei natürlich nicht mehr (nur) naturwissenschaftlich betrachtet. Vielmehr stellt die Frage, ob Theologie eine Lebenswissenschaft ist, den Begriff des Lebens selbst in einen weiteren Horizont. Damit erweitert sich auch der Begriff der Lebenswissenschaft. Während ihn Miggelbrink in seinem naturwissenschaftlichen Gebrauch als theoretisch bezeichnet, müsste ein theologischer Begriff von vorneherein theoretisch und praktisch zugleich sein, hat doch das II. Vaticanum Papst Franziskus zufolge mit der Verbindung von Dogma und Pastoral die Theologie in diesem Sinne revolutioniert.[3] Theologie als Lebenswissenschaft müsste deshalb sowohl jeden aus Erfahrung und Reflexion gewonnenen Verständnis-

---

[1] R. *Miggelbrink*, Lebensfülle. Für die Wiederentdeckung einer theologischen Kategorie (Quaestiones disputatae 235), Freiburg i. Br. 2009, 21.
[2] *Papst Franziskus*, Enzyklika Laudato si' von Papst Franziskus über die Sorge für das gemeinsame Haus (über www.vatican.va), Nr. 199.
[3] *Papst Franziskus*, Videobotschaft anlässlich des Internationalen Theologischen Kongresses an der Päpstlichen Katholischen Universität von Argentinien „Santa Maria de los Buenos Aires" (1.–3. September 2015) (über www.vatican.va); vgl.

aspekt bzgl. des Lebens prinzipiell für rezeptionswürdig erachten als auch selbst für Erfahrung und Reflexion von Verständnisaspekten bzgl. des Lebens Rezeptionswürdiges beitragen.

Im Folgenden soll zunächst eine Annäherung an den Begriff der Lebenswissenschaft unternommen werden, wie er gegenwärtig in der Theologie verwendet wird (2). Sodann wird zu untersuchen sein, inwiefern der Begriff der Lebensfülle den Anspruch der Theologie, eine Lebenswissenschaft zu sein, begründen kann (3). In einem weiteren Schritt soll der Frage nachgegangen werden, welcher Art in Inhalt und Struktur die Erkenntnis ist, die im Rahmen einer Theologie als Lebenswissenschaft generiert wird (4). Schließlich ist zu untersuchen, in welchen Horizont von „Wissenschaft" und „Leben" eine Theologie als Lebenswissenschaft führt (5). Ein Ausblick will vom Zusammenhang zwischen Universalität und Konkretion ausgehend aufzeigen, wie christliches Leben und Denken durch eine Lebenswissenschaft Theologie in den Dienst des Lebens gestellt werden (6.).

2. Zum gegenwärtigen theologischen Gebrauch des Begriffs „Lebenswissenschaft"

Der Begriff der Lebenswissenschaft ist für die Theologie zunächst etwas ungewöhnlich. Ich darf mich ihm deshalb mit zwei persönlichen Bezügen nähern.

Zum einen habe ich diesen Begriff vor einiger Zeit verwendet, um den Beitrag von Papst Franziskus zur theologischen Erkenntnislehre zu charakterisieren, wenngleich ich zugeben muss, dies ohne eine weitere Recherche zu diesem Begriff getan zu haben.[4] Die schon genannte wechselseitige Verschränkung von Dogma und Pastoral, die

---

auch *ders.*, Apostolische Konstitution Veritatis Gaudium über die Katholischen Universitäten und Fakultäten (8. Dezember 2017) (über www.vatican.va) Nr. 2.
[4] Vgl. *M. Quisinsky*, Prolegomena zu einer Theologie als Lebenswissenschaft „auf der Grenze". Papst Franziskus und die theologische Erkenntnislehre, in: Theologie und Glaube 107 (2017), 137–156. Zur Theologie von Papst Franziskus auch *M. Tenace* (Hrsg.), Dal chiodo alla chiave. La Teologia Fondamentale di Papa Francesco, Vatikanstadt 2017; *Annette Schavan* (Hrsg.), Relevante Theologie. „Veritatis gaudium" – Die kulturelle Revolution von Papst Franziskus, Ostfildern 2019.

Papst Franziskus zur Grundlage der Theologie macht, gründet in einer wechselseitigen Verschränkung von Evangelium und Leben, in deren Dienst sie zugleich steht. Betrachtet man in diesem Sinne Theologie als Lebenswissenschaft, so ist damit gemeint, dass sie ausgehend von der Auferstehung ein „Mehr" an göttlicher Barmherzigkeit und Liebe sowie in der Folge ein „Mehr" an menschlichem Leben diesseits und jenseits der Grenzen im Leben und der Grenzen des Lebens geltend macht. Ihr natürlicher existentieller wie heuristischer Ort ist von daher „auf der Grenze"[5], wobei alle Grenzen im Leben und Grenzen des Lebens von der Auferstehung her als Überwindung der Grenze zwischen Tod und Leben zu deuten sind.

Zum anderen arbeite ich nur wenige hundert Meter entfernt vom Grab des Theologen Johann Baptist Hischer (1788–1865),[6] das sich auf dem Freiburger Alten Friedhof befindet. Anlässlich seines zweihundertsten Geburtstags charakterisierte Walter Fürst eine „Theologie im Sinne Hirschers" als „Christentums- oder Lebenswissenschaft im Interesse der Menschen".[7] Hirscher wollte insbesondere Dogmatik, Moral- und Pastoraltheologie wechselseitig verschränken, um Leben und Lehre in einer „Theorie des inneren und äußeren christlichen Lebens"[8] bzw. in einer „Orthodoxie des Lebens"[9] zusammenzuführen. Der Begriff der „Lebenswissenschaft", der von Fürst stammt, bezeichnet eine Form von Theologie, die aus dem Leben schöpft und sich in den Dienst am Leben im Sinne der Begründung von und Hilfe zu einer christlichen Lebensführung stellt und dabei

---

[5] Vgl. *ebd.*
[6] Zu Hirscher s. *N. Köster*, Der Fall Hirscher. Ein „Spätaufklärer" im Konflikt mit Rom? (Römische Inquisition und Indexkongregation 8), Paderborn 2007, zum Grab ebd., 14. Aufschlussreicher Teil der Wirkungs- und Rezeptionsgeschichte des Hirscherschen Programms ist der freilich auch seiner eigenen Zeit verhaftete Versuch seines Bewunderers Engelbert Krebs, „Lebenswert(e)" des Dogmas zur Entfaltung zu bringen, vgl. *M. Quisinsky*, Dogma „und" Leben. Der Freiburger Dogmatiker Engelbert Krebs (1881–1950) – ein Theologe des Übergangs?, in: Rottenburger Jahrbuch für Kirchengeschichte 32 (2013), 85–111, bes. 98–99.
[7] *W. Fürst*, Wahrheit im Interesse der Freiheit. Das Theologieverständnis Hirschers, in: *G. Fürst* (Hrsg.), Glaube als Lebensform. Der Beitrag Johann Baptist Hirschers zur Neugestaltung christlich-kirchlicher Lebenspraxis und lebensbezogener Theologie, Mainz 1989, 89–113, 98. Ich verdanke diesen Hinweis Bernd Hillebrand.
[8] Ebd., 103.
[9] Zit. nach ebd., 106.

das Leben als grundsätzlich von Gott verdankt betrachtet. Wenn bei Hirscher letztlich ein praktisches Interesse leitend ist, so strebt er dennoch eine wissenschaftstheoretische Grundlegung auf der philosophischen Höhe seiner Zeit an,[10] die aus der Verbindung von Leben und Lehre heraus bei Jesus Christus ansetzt.[11]

Das Thema „Theologie als Lebenswissenschaft" war jüngst auch Gegenstand zweier jüngerer Veröffentlichungen aus dem evangelischen Bereich, die ihrerseits jeweils eigene Akzente setzen. Zum einen kommt Christoph Markschies in seiner Berliner Antrittsvorlesung das Verdienst zu, zunächst die Herkunft und Begriffsgeschichte des „Modewortes"[12] aufgearbeitet zu haben. Dabei geht er hinter den heutigen naturwissenschaftlichen Gebrauch zurück auf die zwanziger Jahre des zwanzigsten Jahrhunderts, wobei damals wie heute „quasi messianische[] Erwartungen"[13] mit ihm verbunden gewesen seien. Die in den dreißiger Jahren erfolgende „Kontamination dieses Begriffes mit nationalsozialistischer und nationalistischer Ideologie"[14] ist nach Markschies einer der Gründe, warum die deutsche Übersetzung „Lebenswissenschaft" für „life sciences" erst seit den neunziger Jahren in Gebrauch kam, dann allerdings mit großer Wucht. In seiner Analyse des Verständnisses von Leben in der christlichen Antike kommt Markschies zum Ergebnis, dass es hier in erster Linie um an Jesus Christus ausgerichtete Lebensbewältigung und Lebenskunst ging. Für die Frage, ob sich (evangelische) Theologie der Gegenwart als Lebenswissenschaft verstehen sollte, zieht Markschies vier Schlüsse aus dem Vergleich mit der Antike: erstens dürfe die Theologie nicht wieder den Fehler machen, neue medizinische und naturwissenschaftliche Erkenntnisse jahrhundertelang auszublenden; zweitens wendet er sich dennoch gegen eine „transdis-

---

[10] Vgl. W. *Fürst*, Wahrheit im Interesse der Freiheit. Eine Untersuchung zur Theologie J. B. Hirschers (1788–1865) (Tübinger Theologische Studien 15), Mainz 1979, 328–342.448–456 u. ö.
[11] Ebd., 529–531. Die scharfe Kritik von *Köster*, Der Fall Hirscher (s. Anm. 6) an der Hirscher-Interpretation Fürsts betrifft den von diesem ausgemachten Freiheitsbegriff als systematische Mitte, nicht aber Begriff und Sache der in der Kritik nicht genannten „Lebenswissenschaft".
[12] C. *Markschies*, Ist Theologie eine Lebenswissenschaft? Einige Beobachtungen aus der Antike und ihre Konsequenzen für die Gegenwart, Hildesheim 2005, 4.
[13] Ebd., 7.
[14] Ebd.

ziplinäre Lebenswissenschaft"[15], da die bruchlose Übernahme medizinischer Ergebnisse in die Theologie und umgekehrt um deren Eigenwert willen nicht wünschenswert seien; drittens müsse der Begriff des Lebens aufgrund seiner Verbindung mit nahezu allen theologischen Themen äußerst differenziert verwendet werden; viertens schließlich gelte es in Orientierung an Jesus Christus eine „christologische[] Konzentration des Lebensbegriffs"[16], wie sie für die Antike üblich war, behutsam fortzuschreiben und dabei die Parallele zur Antike zu bedenken, dass es damals wie heute einer Definition des Begriffs „Leben" mangele und dass stattdessen vielmehr Charakteristika und Phänomene des Lebens beschrieben und aufgezählt werden. Theologie könne, so Markschies zusammenfassend, nicht Lebenswissenschaft im Sinne eines Teils einer neuen „transdisziplinären Überwissenschaft"[17] sein, ist es aber durchaus im Sinne ihrer Orientierung auf das gelebte Leben hin.

Ebenfalls aus dem evangelischen Bereich stammt ein Tagungsband mit dem Titel „Lebenswissenschaft Praktische Theologie?!"[18] Aus der Fülle des reichhaltigen Materials, das, wenn auch etwas nebeneinanderstehend, vielfältige Fragen von Lebensführung und Lebensdeutung der Gegenwart behandelt, seien zwei Aspekte aus dem Beitrag von Thomas Schlag herausgegriffen. Für ihn liegt einerseits die „Faszination der Lebenswissenschaften [...] unverkennbar in der Fokussierung aller Energie auf eine lebenswerte Gegenwart, die zugleich alle Schatten der Vergangenheit und alle unsicheren Zukunftsaussichten in eine gestaltbare Gegenwart *und* Zukunft hinein verändert."[19] Dies gehe einher mit einem „Verständnis von Hoffnung, das ganz und gar ohne transzendente Bestimmung auskommt".[20] Nichtsdestotrotz könnten andererseits die von den Lebenswissenschaften artikulierten Fragen und Hoffnungen „Anschauungs- und Anknüpfungsmöglichkeiten für eine Praktische Theologie dar[stellen] – vorausgesetzt, sie hat als Lebenswissenschaft einen Begriff von

---

[15] Ebd., 32.
[16] Ebd., 33.
[17] Ebd., 35.
[18] Th. Klie/M. Kumlehn/R. Kunz/Th. Schlag (Hrsg.), Lebenswissenschaft Praktische Theologie?! (Praktische Theologie im Wissenschaftsdiskurs 9), Berlin 2011.
[19] Th. Schlag, Um das Leben wissen. Praktische Theologie und die Verheißungen der Lebenswissenschaften, in: ebd., 97–112, 100.
[20] Ebd.

der Fülle des Lebens, der seinerseits bedeutsame Bezüge zu anderen Wissenschaftsperspektiven herzustellen vermag und die daraus folgenden Erkenntnisse öffentlich zu kommunizieren versteht."[21] In gewissem Sinne sind hierbei die bisher so genannten Lebenswissenschaften Leitwissenschaften, insofern sie die Themen setzen, die dann durchaus auch theologisch eingeholt und vielleicht sogar überholt werden können. Darüber hinaus führt Dietrich Korsch in seiner Schlussreflexion ausgehend vom Zusammenhang von Technik und Religion, aber nicht auf diesen zu beschränkend, ein weiterführendes Argument ein: „Die Theologie als Reflexionsform des Religiösen hat – wenn sie sich als Lebenswissenschaft bezeichnet (und bezeichnen lässt) – schon terminologisch Teil an der Entfaltung des Lebensbegriffs, der Technik und Religion miteinander verknüpft. Auch in einem solchen Verständnis von Theologie hängen diagnostische und programmatische Aspekte zusammen. Denn in eben dem Maße, wie sich die Theologie auf das Leben als religiöses Phänomen bezieht, in demselben Maße trägt sie selbst zur Entfaltung und Steigerung des Lebens bei, indem sie zu verstehen lehrt, dass das Leben durch die Wahrnehmung seiner religiösen Dimension reicher wird. Technik und Religion können, in diesem Sinne, als Medien der Lebenssteigerung begriffen werden."[22] Die von Schlag als fehlend ausgemachte transzendentale Bestimmung der Hoffnung wird hier eingelöst durch die Behauptung, die Religion könne positiv und nachvollziehbar etwas zum Leben beitragen, das diesem ohne sie fehlen würde.

Am Ende dieses Überblicks über die gegenwärtige Verwendung des Begriffs „Lebenswissenschaft" in Bezug auf die Theologie kann als jüngste eine katholische Stimme noch einmal unterstreichen, aus welcher Motivation heraus und mit welcher Zielrichtung dies geschehen kann. In der Festschrift, die Johann Baptist Metz anlässlich seines neunzigsten Geburtstags überreicht wurde, meldet sich mit Antonio Autiero ein katholischer Theologe zu Wort, demzufolge die Frage nach einer Theologie als Lebenswissenschaft im Mittelpunkt vieler gegenwärtiger theologischer Diskurse steht.[23] In der

---

[21] Ebd., 112.
[22] *D. Korsch*, Life science – gelebte Religion – Theologie als Lebenswissenschaft, in: *Kumlehn/Kunz/Schlag* (Hrsg.), Lebenswissenschaft Praktische Theologie?! (s. Anm. 18), 341–344, 344.
[23] *A. Autiero*, Theologie als Lebenswissenschaft? Impressionen und Provokationen im Anschluss an Johann Baptist Metz, in: *H.-G. Janßen/J. D. E. Prinz/M. J.*

Theologie von Johann Baptist Metz sieht Autiero ein Korrektiv gegenüber einem Lebensbegriff, „der unter restriktivem Sinnhorizont und Geschichtsvergessenheit leidet".[24] Demgegenüber könne die Theologie und besonders die theologische Anthropologie „Ressourcen freistellen", die „Lebensgeschichte von Personen und Völkern" als solche und damit zugleich als *loci theologici* zu würdigen, wobei sich dabei für eine Theologie als Lebenswissenschaft die „Zentralität des Leibes als regelrecht heuristischer Ort"[25] darstellt. Weiterhin stellt sich eine Theologie als Lebenswissenschaft „fürsorglich in den Dienst und an die Seite des Lebendigen"[26] und hat deshalb auch eine advokatorische und politische Dimension.

3. Die Frage nach der Begründung: Lebenswissenschaft und Lebensfülle

Wird der Begriff „Lebenswissenschaft" im Rahmen der Theologie in vielfältiger Weise gebraucht, so zeichnet sich ausgehend von dieser bisherigen Verwendung doch eine erste Charakterisierungsmöglichkeit ab. So erwächst eine Theologie als Lebenswissenschaft aus der Verschränkung von christlichem Leben und Denken, ist an Jesus Christus ausgerichtet, steht in umfassendem Dialog und stellt sich in den Dienst an Kirche und Gesellschaft. Jenseits dieser bislang erhobenen und zu entfaltenden und ggf. erweiternden Grundelemente stellt sich natürlich die Frage, inwiefern überhaupt aus dem christlichen Glauben ein Anspruch begründet werden kann, Theologie als „Lebenswissenschaft" zu betreiben und damit zu Erkenntnissen und Perspektiven zu gelangen, die ohne diese Gründung im Glauben wohl nicht möglich wären. Zu fragen ist näherhin, inwieweit der Begriff der Lebensfülle als eine „zeitgemäße Fokussierung des christlichen Credos insgesamt"[27] eine Begründung dieses Anspruchs leisten kann.

Rainer (Hrsg.), Theologie in gefährdeter Zeit. Stichworte von nahen und fernen Weggefährten für Johann Baptist Metz zum 90. Geburtstag (Religion – Geschichte – Gesellschaft. Fundamentaltheologische Studien 50), Münster ²2019, 22–25, 23.
[24] Ebd.
[25] Ebd., 24.
[26] Ebd.
[27] *R. Miggelbrink*, Lebensfülle (s. Anm. 1), 261. In theologiegeschichtlicher Hin-

Der Begriff der Lebensfülle postuliert, aus einem „Jenseits" menschlichen Verständnisses heraus das menschliche Verständnis dessen, was mit Leben überhaupt gemeint ist, zu hinterfragen und zu erweitern. Damit ist er zugleich Ermöglichung wie Herausforderung einer Theologie als Lebenswissenschaft.

Zunächst ermöglicht der Begriff eine Theologie als Lebenswissenschaft. Er gibt ihr aus den der Theo-logie eigenen Mitteln den Zentralbegriff des Lebens vor, den die Theologie mit den nichttheologischen Lebenswissenschaften gemeinsam hat, der zugleich aber nicht einfach von diesen abgeleitet ist. Grundsätzlich bedeutet dies, dass die Theologie zwar nie damit aufhören kann, von anderen wissenschaftlichen und nicht-wissenschaftlichen Erkenntniszusammenhängen zu lernen und sich von diesen radikal in Frage stellen zu lassen, dass sie aber bei aller dialogischen und immer auch korrekturbedürftigen Einbettung in das vielgestaltige menschliche Erkenntnisstreben sich ihrer eigenen erkenntnisgenerierenden Dimension bewusst sein darf.[28] Mit anderen Worten muss Theologie nicht nur nach-denken, sondern kann auch vor-denken. Dabei muss gerade eine Theologie, die vor-denken will, besonders nachdenklich sein, sodass Demut und Bescheidenheit proportional zur Reichweite ihrer Aussagen sein müssen. Gerade dann aber erwächst aus der Verschränkung von Evangelium und Leben im Zusammenspiel von Dogma und Pastoral Erkenntnis, die nicht nur vernünftig eingeholt werden kann, sondern die selbst ein zentraler Beitrag zur Klärung der Frage ist, was überhaupt Vernunft und deren Beitrag zum Verständnis und zur Gestaltung des Lebens ist.

Der theologische Begriff einer auch „jenseitigen" Lebensfülle postuliert gegenüber rein „diesseitigen" Zugängen ein „Mehr" an Leben

---

sicht könnte man sogar fragen, ob es sich nicht um „eine jeder Zeit je unterschiedlich gemäße Fokussierung" handelt.

[28] Die Frage, welche Rolle die vom Glauben und seinen Geltungsansprüchen generierte Erkenntnis im öffentlichen Diskurs spielen kann, diskutiert anregend M. *Breul*, Religiöse Überzeugungen und öffentliche Vernunft. Plädoyer für einen Moderaten Exklusivismus, in: Theologie und Philosophie 90 (2015), 481–503. Vgl. auch seine Analyse der „Doppelstruktur religiöser Überzeugungen": „Ihre kognitiven Gehalte erheben diskursiv begründungspflichtige Geltungsansprüche, ihre regulative Funktion verhindert aber ein Aufgehen in rein theoretischer Erkenntnis" (*ders.*, Religiöse Sehnsucht im zeitgenössischen Atheismus. Schnädelbach, Dworkin, Nagel und die Gottesfrage, in: Freiburger Zeitschrift für Philosophie und Theologie 62 [2015], 310–335, 332).

und seiner Erkenntnis. Dieses „Mehr" ist nicht nur mehr, als es in reduktionistischen Konzeptionen verschiedenster Couleur gedacht wird. Es ist auch mehr, als überhaupt denkmöglich ist und verortet das Denken in einem mehr als denkbar weiten Horizont. Damit fordert der Begriff Lebensfülle eine Theologie als Lebenswissenschaft aber auch heraus. Im Horizont eines „Mehr" zu denken, das letztlich denkunmöglich ist, schließt zunächst die Notwendigkeit ein, das Denkmögliche zu denken. Nur so ist die Herausforderung durch den mehr als denkbar weiten Horizont keine Überforderung des Denkens, aber auch keine Unterforderung des Möglichen. Dabei ist gerade das Streben nach einem weitestmöglichen Verständnis des Lebens keine Anmaßung, denn die Herausforderung durch den Begriff der Lebensfülle besteht ja gerade darin, dem Leben auch dann gerecht zu werden, wenn man bei dessen Verständnis an Grenzen gerät. Und mehr noch beinhaltet der Begriff der Lebensfülle, insofern er eine von Gott her sich gebende und als solche mit menschlichem Denken gar nicht einholbare Fülle meint, die radikalste Relativierung jeden menschlichen Denkens, und zwar einschließlich des theologischen Denkens, wobei diese Relativierung relational zu denken ist und daher so umfassend wie möglich einzelne Erkenntnisgegenstände in ihrer jeweils zu eruierenden Reichweite in je größeren Zusammenhängen von Genese und Leistungsfähigkeit von Erkenntnis verortet. Theologie als Lebenswissenschaft müsste in diesem Sinn eigentlich realistischer als jeder Realismus,[29] und damit innerhalb wie außerhalb der Kirche jeglichem Realitätsverlust abhold sein und ihm aktiv entgegenwirken.

Dies zeigt sich übrigens gerade im Blick auf die Kirche als natürlichem Ort und Zusammenhang der theologischen Rede. Denn die radikalstmögliche Kritik an dem, was in der Kirche und durch die Kirche dem Leben nicht dient und ihm sogar schadet, ist oder müsste

---

[29] Nur am Rande sei vermerkt, dass hier aufschlussreiche Einsichten im theologisch-philosophischen Grundlagendialog zu erwarten sind, vgl. etwa *Ch. Taylor/H. Dreyfus*, Die Wiedergewinnung des Realismus, Berlin 2016. Vgl. erste Überlegungen bei *M. Quisinsky*, L'intellectus fidei à l'heure du „Nouveau réalisme". Une perspective oecuménique sur le dialogue entre théologie et philosophie?, in: Revue des Sciences Religieuses 92 (2018), 201–219; *ders.*, Die Inkarnation – „nur ein Faktum"? Christlicher Realismus jenseits des Faktischen und Postfaktischen, in: *K. Ruhstorfer* (Hrsg.), Zwischen Regression und Progression. Streit um den Weg der katholischen Kirche, Freiburg i. Br. 2019, 184–205.

eine theologisch generierte sein. Denn die göttliche Lebensfülle ist der Anspruch, an dem sich zuallererst die Kirche messen lassen muss und hinter dem sie, die nach LG 8 eine aus göttlichem und menschlichem Element zusammenwachsende „komplexe Wirklichkeit" und „in einer nicht unbedeutenden Analogie dem Mysterium des fleischgewordenen Wortes ähnlich" ist, in ihrer menschlichen Dimension notwendigerweise zurückbleibt und deshalb „zugleich heilig und stets der Reinigung bedürftig" ist, wobei die Lebensfülle ein richtendes und aufrichtendes Kriterium dieser Reinigung ist. Der Begriff der Lebensfülle fordert mit dem theologischen Denken also auch zuallererst die Kirche heraus, in die das theologische Denken eingebettet ist. Dies ist allerdings nicht nur gleichsam *ex negativo* der Fall, weil die Dimension der Lebensfülle Maßstab auch der Kirche ist, sondern auch positiv, weil die Kirche durch den Begriff der Lebensfülle auf ihre eigentliche Mission verwiesen wird. Wenn allerdings durch die Herausforderung „nach innen" Glaubwürdigkeit überhaupt erst ermöglicht und gewährleistet wird, kann die Lebensfülle dann aber auch zu einer Herausforderung „nach außen" werden, wenn Kirche und Theologie sich für das einsetzen, was in der Welt an Potential menschlichen Lebens gegeben ist, was nicht zuletzt auch beinhaltet, prophetisch Einspruch zu erheben, um die Einschränkungen dieses Lebens zu überwinden.

Von der kirchlichen Verortung der Kategorie der Lebensfülle als Ermöglichung und Herausforderung einer Theologie als Lebenswissenschaft her kommen zwei Dimensionen eigens in den Blick, die die Theologie insgesamt formal und inhaltlich strukturieren. Erstens hat die Theologie als Ausdrucksform des kirchlichen Glaubens teil an der sakramentalen Grundstruktur der Kirche, die nach LG 1 „in Christus gleichsam das Sakrament, das heißt Zeichen und Werkzeug für die innigste Vereinigung mit Gott wie für die Einheit der ganzen Menschheit" ist. Sakramentalität kann hier als eine Dynamik gefasst werden, die aus der Lebensfülle hervorgeht und in diese führt. Zweitens konkretisiert diese aus der Lebensfülle resultierende und in sie hineinführende Dynamik die Dimension der Katholizität. Diese ist nicht als gegebene, sondern als stets neu anzustrebende „Fülle" zu denken, in der sich „die göttliche Gabe des fremden und eigenen Lebens"[30] ständig bereichern. Damit ist der Dialog zwischen Kirche

---

[30] R. *Miggelbrink*, Lebensfülle (s. Anm. 1), 260.

und Welt, wie er ausgehend von der Enzyklika *Ecclesiam suam* Papst Pauls VI. und Pastoralkonstitution *Gaudium et spes* des II. Vaticanums als „Heils-Dialog" (*Ecclesiam suam* 72)[31] entfaltet werden kann, in der denkbar umfassendsten Weise zu gestalten. In diesem Horizont der Weite und Fülle ist eine Theologie als Lebenswissenschaft eine wahrhaft „katholische" Theologie, die sich als solche dem Wirken des Heiligen Geistes öffnet: „Die Katholizität erfordert und verlangt diese Spannungspolarität zwischen dem Teil und dem Ganzen, zwischen dem Einen und dem Vielen, zwischen dem Einfachen und dem Komplexen. Diese Spannung aufzuheben widerspricht dem Leben des Geistes."[32] Der Geist, der Leben schafft, hält dabei nicht etwa eine statische Spannung aufrecht, sondern lässt aus dieser Neues hervorgehen.

„Katholische" Theologie ist Ausdruck und Funktion der Kirche als jener dynamische Zusammenhang des Lebens und Denkens, in den die unterschiedlichsten Orte der Erkenntnis Gottes und des Menschen zusammen gebracht werden. Die unterschiedlichen Erkenntnisorte, Erkenntnisformen und in der Folge auch Einzelerkenntnisse aus den Bereichen Glaube und Wissen ent-grenzen sich dabei wechselseitig, ebenso wie sich im Dialog Kirche und Welt jeweils ent-grenzen, weshalb man als Definition des Katholischen die „wechselseitige Ent-Grenzung"[33] ausmachen kann. Dies hat nicht nur ekklesiologische Konsequenzen, sondern betrifft die menschliche Erkenntnis überhaupt, erwächst die Struktur einer „wechselseitigen Ent-Grenzung" doch letztlich aus einem von der Lebensfülle Gottes generierten und auf die Lebensfülle Gottes hin offenen Ver-

---

[31] https://w2.vatican.va/content/paul-vi/de/encyclicals/documents/hf_p-vi_enc_06081964_ecclesiam.html, s. dazu auch *M. Quisinsky*, „La relation entre l'histoire humaine et l'histoire du salut doit être expliquée à la lumière du mystère pascal". Une contribution du synode extraordinaire de 1985 à l'horizon théologique de la réception de Vatican II, in: *ders.*, Katholizität der Inkarnation – Catholicité de l'Incarnation. Christliches Leben und Denken zwischen Universalität und Konkretion „nach" dem II. Vaticanum – Vie et pensée chrétiennes entre universalité et concrétion (d')après Vatican II (Studia Oecumenica Friburgensia 68), Münster 2016, 265–290, 284–286.

[32] *Papst Franziskus*, Videobotschaft (s. Anm. 3); als Zitat auch in *ders.*, Veritatis gaudium (s. Anm. 3), Nr. 4, gefolgt vom Verweis auf das von Papst Franziskus zur Charakterisierung katholischer Vielfalt gebrauchte Bild vom Polyeder.

[33] *M. Quisinsky*, „Katholisch". Leben und Denken zwischen „De-finition" und „Ent-Grenzung", in: Münchener Theologische Zeitschrift 70 (2019), 239–253.

ständnis von Realität.³⁴ Das dergestalt offene bzw. in „wechselseitiger Ent-Grenzung" zu öffnende Verständnis von Realität in ihrer Einheit wie Pluralität ist Horizont der Theologie als Lebenswissenschaft. Ist für diese die Wechselseitigkeit bzw. der Dialog konstitutiv, stellt sich nun aber auch die Frage, was denn die Theologie „vor-denkend" in einen solchen Dialog der Fülle einbringen kann.

4. Die Frage nach der Erkenntnis: Lebenswissenschaft als Glaubenswissenschaft

Ist die Kategorie der „Lebensfülle" Ermöglichung und Herausforderung einer Theologie als Lebenswissenschaft, die den Anspruch erhebt, nicht nur mit Hilfe menschlicher Erkenntnis den christlichen Glauben zu durchdringen, sondern auch umgekehrt mit Hilfe des christlichen Glaubens menschliche Erkenntnis zu generieren, so stellt sich erstens die Frage nach dem Inhalt und zweitens die Frage nach der Struktur der generierten Erkenntnis christlicher Provenienz.

Was die erste Frage nach dem Inhalt christlich generierter Erkenntnis angeht, muss Ralf Miggelbrink zufolge „[e]ine Theologie der Lebensfülle Gottes [...] eine österliche Theologie der Auferweckung Jesu Christi sein"³⁵. Hier stellt sich nicht in erster Linie die Frage, was man sich geschichtlich oder historisch unter der Auferstehung vorzustellen habe. Vielmehr kann in einem ersten Schritt gefragt werden, welcher Anspruch von Wirklichkeitsverständnis und damit auch von Verständnis von Geschichte und Geschichtlichkeit im Glauben an die Auferstehung enthalten ist. Hans Küng hatte seinerzeit die Formel gefunden, dass in der Auferstehung „nicht nichts"³⁶ geschehen sei. Möglicherweise ist gerade die inhaltliche

---

³⁴ Mit *Ch. Bock*, Zeitenfülle. Annäherungen an das paradoxe Verhältnis von Vergänglichkeit und Vollendung (Studien zur systematischen und spirituellen Theologie 52), Würzburg 2017, kann diese Struktur wechselseitiger Ent-Grenzung auch vom Denkmodell der Perichorese her gefasst und dabei trinitarisch grundiert werden.
³⁵ *R. Miggelbrink*, Lebensfülle (s. Anm. 1), 152.
³⁶ *H. Küng*, Christ sein, München 1974, 339 bzw. Neuausgabe *ders.*, Christ sein (Hans Küng Sämtliche Werke 8), Freiburg i. Br. 2016, 440. Wenn ich recht sehe, spielte diese Argumentation im Konflikt um „Christ sein" keine Rolle, vgl. z. B.

Unbestimmtheit der Formulierung Küngs eine formale Stärke, insofern nicht zuerst von außen Kriterien an die mit „Auferstehung" bezeichnete Wirklichkeit herangetragen werden, sondern von der Auferstehung als geglaubter Grenzüberwindung von Tod und Leben her „auf der Grenze" Erkenntnis generiert werden kann. Diese ist zwar immer nur fragmentarisch und diesseitig-kontingent, aber gerade darin Ausweis der geschichtlichen Offenheit christlichen Lebens und Denkens. Was aus diesem „nicht nichts" als radikalstmöglicher negativer Theologie – in einem komplexen Ineinander von vorösterlicher und nachösterlicher Christologie, inner- wie außerchristlichen Wahrnehmungs- und Überzeugungstraditionen sowie insbesondere individuellem Erfahrungshorizont – an positiver Glaubenserkenntnis generiert wird, ist dann jeweils im Dialog mit Vernunftgründen daraufhin zu befragen, inwieweit die darin vorausgesetzte Offenbarung „ihre Überzeugungskraft durch die Evidenz ihres Inhaltes gewinnt", wobei sie sich von der neuzeitlichen Offenbarungskritik darin unterscheidet, „daß dieser Inhalt der Vernunft nicht bereits ursprünglich immanent ist"[37]. In der Dynamik wechselseitiger Ent-Grenzung lässt sich der Glaube an die Auferstehung nicht nur vor der Vernunft bewahrheiten, sondern trägt in gewissem Sinn sogar zur Klärung der Frage bei, was überhaupt Vernunft ist.

Hinsichtlich des durch die Auferstehung geglaubten „Mehr" an Erkenntnis von Realität ist einerseits Miggelbrink zuzustimmen, wenn er schreibt: „Der Zugang zu dieser Wahrheit [der Auferweckung] bleibt denen vorbehalten, die sich in vertrauender Weise mit ihrer Existenz auf das Zeugnis Jesu und seine Botschaft vom Gott der Lebensfülle in einer Welt des verweigerten und knauserig verwalteten Lebens einlassen, die sich in ihrer Praxis, in ihrem Denken und Fühlen von dieser Botschaft der Lebensfülle bestimmen lassen. Paulus nennt den Eintritt in diese Sphäre wirkmächtig erfahrener Lebensfülle ‚Glauben'".[38] Allerdings ist es andererseits dieser Glaube

---

Diskussion über Hans Küngs „Christ sein". Hans Urs von Balthasar, Alfons Deissler, Alois Grillmeier, Walter Kasper, Jacob Kremer, Karl Lehmann, Karl Rahner, Joseph Ratzinger, Helmut Riedlinger, Theodor Schneider, Bernhard Stoeckle, Mainz 1976.

[37] G. *Essen*, Historische Vernunft und Auferweckung Jesu. Theologie und Historik im Streit um den Begriff geschichtlicher Wirklichkeit (Tübinger Studien zur Theologie und Philosophie 9), Mainz 1995, 424

[38] R. *Miggelbrink*, Lebensfülle (s. Anm. 1), 153.

an die Auferweckung als eschatopräsentisches Vollendungsgeschehen des Inkarnationsereignisses, durch den der Anspruch in die Welt kommt, aus einem christlichen Umgang mit der Realität heraus zu einem ein „Mehr" an Verständnis von Realität zu gelangen, das dann auch von Menschen nachvollzogen werden kann, die selbst den Glauben, der dieses Verständnis und damit auch ein gewisses Wissen generiert hat, nicht teilen. Dieser Anspruch hat im Übrigen die europäische Geistesgeschichte in hohem Maße und weit über explizite Glaubensfragen hinaus geprägt.[39] Insofern ist eine Theologie als Lebenswissenschaft zwar „Glaubenswissenschaft"[40], aber sie ist dies in einem spezifischen Sinn. Genauer gesagt ist sie eine wissenschaftliche Form des aufgrund der Auferstehung explizit gewordenen und dabei als aus der Lebensfülle resultierend erkannten christlichen Glaubens an ein „Mehr" an Leben. Zu diesem gehört es insbesondere auch, sich mit jenem allgemein-menschlichen „Glauben" zu solidarisieren und ihn stark zu machen, den Christoph Theobald mit dem Ja zum Leben identifiziert.[41] Diese Solidarisierung, die für eine Theologie als Lebenswissenschaft selbstverständlich ist, hat ihren Grund im Postulat, dass Gottes Ja zum Leben undenkbar stärker ist als das der Menschen und das Ja der Menschen zum Leben gerade durch die Undenkbarkeit seines Stärkerseins des göttlichen Jas stärkt. Von daher steht die Theologie in der Dynamik „wechselseitiger Ent-Grenzung" zugleich im Dienst des Lebens wie sie jede Äußerungsform von Leben stets erst einholen muss.

Bei der zweiten Frage nach der Struktur dieser Erkenntnisgenese kann auf ein vielzitiertes Diktum Karl Rahners verwiesen werden, das übrigens einem am 24. November 1966 vor der Hochschulgemeinde Freiburg gehaltenen Vortrag entstammt.[42] Wenn Rahner recht hat, dass der Christ und natürlich auch die Christin des 21. Jahrhunderts ein Mystiker und eine Mystikerin ist, also einer und eine, der und die etwas erfahren hat,[43] ist Mystik eine erkennt-

---

[39] *K. Ruhstorfer*, Befreiung des „Katholischen". An der Schwelle zu globaler Identität, Freiburg i. Br. 2019, 18–22 u. ö.
[40] Vgl. *M. Seckler*, Art. Glaubenswissenschaft, in: LThK³ 4 (1995), 725–733.
[41] Vgl. z. B. *Ch. Theobald*, Transmettre un Évangile de liberté, Paris 2007, 27.
[42] Vgl. die bibliographischen Angaben in SW 23, 663.
[43] „Der Fromme von morgen wird ein ‚Mystiker' sein, einer, der etwas ‚erfahren' hat, oder er wird nicht mehr sein, weil die Frömmigkeit von morgen nicht mehr durch die im Voraus zu einer personalen Erfahrung und Entscheidung einstim-

nisgenerierende Dimension des menschlichen Lebens, die für das Verständnis von Realität einen eigenen Beitrag leisten kann.[44]

Freilich stellt sich im Rahmen unserer Überlegungen zu einer Lebenswissenschaft im Horizont der Lebensfülle dann die Frage, was mit Mystik gemeint ist bzw. welcher Art die spezifische Erkenntnis ist, die sie generieren kann. Rahner selbst beschreibt im unmittelbaren Fortgang seines berühmten Diktums die Paradoxie des mystischen Erkenntnisgewinns: „Die Mystagogie muß von der angenommenen Erfahrung der Verwiesenheit des Menschen auf Gott hin das richtige ‚Gottesbild' vermitteln, die Erfahrung, daß des Menschen Grund der Abgrund ist: daß Gott wesentlich der Unbegreifliche ist; daß seine Unbegreiflichkeit wächst und nicht abnimmt, je richtiger Gott verstanden wird, je näher uns seine ihn selbst mitteilende Liebe kommt; daß man ihn nie als bestimmten Posten in das Kalkül unseres Lebens einsetzen kann, ohne zu merken, daß dann die Rechnung erst recht nicht aufgeht; daß er nur unser ‚Glück' wird, wenn er bedingungslos angebetet und geliebt wird; aber auch, daß er nicht bestimmt werden kann als der bloß Ferne gegenüber einer Nähe, nicht als Antipol zur Welt, sondern daß er über solche Gegensätze erhaben ist. Schon im Voraus zu solcher Dialektik sind wir ursprünglicher auf ihn verwiesen, und es ereignet sich in Gnade, daß er als der ‚solche', ohne in dem Gestrüpp unserer Dialektik sich zu verfangen, in absoluter Selbstmitteilung ‚unser' Gott sein will und ist."[45]

In dieser komplexen Argumentation liegt eine zentrale Begründung Rahners speziell für die erkenntnisgenerierende Dimension des christlichen Glaubens im Aufweis der paradoxen Grundstruktur,

---

mige, selbstverständliche öffentliche Überzeugung und religiöse Sitte aller mitgetragen wird, die bisher übliche religiöse Erziehung also nur noch eine sehr sekundäre Dressur für das religiöse Institutionelle sein kann" (*K. Rahner*, Frömmigkeit früher und heute [1966], in: SW 23, 31–46, 39–40). Rahner kommt darauf übrigens 1976 im Zusammenhang mit der in den folgenden Jahren zunehmend und heute flächendeckend in ihrer theologischen und „mystischen" Qualität unterschätzten Pfarrei als eucharistisch geprägter territorialer Realisierung von Kirchesein zurück, vgl. *ders.*, Zur Theologie und Spiritualität der Pfarrseelsorge, in: SW 28, 28–47, 38.

[44] Zur Rolle der Mystik als Ursprung der Theologie Karl Rahners s. *R. Miggelbrink*, Ekstatische Gottesliebe im tätigen Weltbezug. Der Beitrag Karl Rahners zur zeitgenössischen Gotteslehre (Münsteraner Theologische Abhandlungen 5), Altenberge 1989.

[45] *K. Rahner*, Frömmigkeit früher und heute (s. Anm. 43), 40.

dass Gott über den Gegensatz von Begreifbarkeit und Unbegreifbarkeit erhaben und ihm gleichsam „jenseitig" ist, aber gerade durch diese Erhabenheit „diesseits" des Gegensatzes von Begreifbarkeit und Unbegreifbarkeit das Potential christlichen Lebens und Denkens immer neu herausfordert und so auch im „Diesseits" der Erkenntnis aus dem „Jenseits" des Paradoxes heben kann, indem die Leerstelle der Paradoxie zum je konkret sich ereignenden veritablen theologischen Ort wird, an dem Lebensfülle sich geben und zum Ausdruck kommen kann. Mit Ralf Miggelbrink gesagt, demzufolge der Ursprungsort des Rahnerschen Diktums der Geheimnis-Begriff im Sinne der „Notwendigkeit einer existentiell-biographischen Veränderung als Möglichkeitsbedingung eines inneren Verstehens der mit dem Geheimnis gemeinten Wirklichkeit"[46] ist, wird „die qualitative Unauslotbarkeit der göttlichen Liebe für den Menschen zur fortdauernden Herausforderung der eigenen Erkenntnis- und Willenskräfte."[47] Was das „Geheimnis" markiert, ist in diesem Sinn, mit Karl Lehmann gesprochen, „nicht bloß bedauerliche Grenze, sondern göttliche Überfülle", die sich dem Menschen gerade dann in ihrer Unbegreiflichkeit erschließt, „wenn er am meisten zu denken wagt, bis an die Grenze geht" und so die Erkenntnis beim Geheimnis „ankommt"[48] – das sich dann aus seiner Fülle heraus gibt, ja geradezu verausgabt. So ermöglicht Gott und näherhin der Glaube an seine in Christi Auferstehung offenbare Lebensfülle Erkenntnis und Lebenswillen und fordert sie heraus. Dabei zwingt das „Nichtbegriffenwerdenkönnen Gottes […] die menschliche Erkenntnis in die Krise, entweder endgültig mit einem überzogenen Anspruch zu scheitern, oder sich in einem qualitativen Sprung in den höheren Akt der lassenden Anerkennung des Anderen in seiner bleibenden Unbegreiflichkeit aufzuheben".[49] Diese Anerkennung des Anderen ist nicht bloß jene Form von Akzeptanz, bei der man möglichst in Ruhe ge-

---

[46] R. *Miggelbrink*, Erkenntnis des Gott-Geheimnisses. Bedeutung und Zukunft von Rahners Theologie der Unbegreiflichkeit Gottes, in: ders. (Hrsg.), Karl Rahner 1904–1984: Was hat er uns gegeben? – Was haben wir genommen? Auseinandersetzung mit Karl Rahner (Theologie. Forschung und Wissenschaft 29), Münster 2009, 149–182, 179.
[47] Ebd., 165 (in Auseinandersetzung mit Thomas Pröpper und Magnus Striet).
[48] K. *Lehmann*, Gott – das bleibende Geheimnis, in: G. *Augustin/K. Krämer* (Hrsg.), Gott denken und bezeugen, Freiburg i. Br. 2008, 129–146, 135.
[49] R. *Miggelbrink*, Ekstatische Gottesliebe (s. Anm. 44), 37.

lassen werden will, sondern der aktiv immer einzuholende Wunsch, dass das Leben des und der Anderen ein Leben im Horizont der Lebensfülle sein möge. Dieser Wunsch ist im Rahnerschen Sinn ein frommer, insofern er den Erweis der sich als Lebensfülle manifestierenden Erhabenheit Gottes im Leben des Anderen, damit aber auch im mit dem Anderen gemeinsamen Leben, zum Gegenstand hat. So ist nicht „die leere Möglichkeit einer offenen Zukunft [...] der Raum, in dem die Sinntotalität vom Menschen allererst zu wirken wäre, sondern der sich offenbarende Gott ist das Anwesen der Sinntotalität in absoluter Nähe, aber nicht als Wissen eines Sinnes, nicht als Dispensierung vom innerweltlichen Kampf um die Zukunft, sondern als der dort und nur dort als absoluter Trost Anwesende, wo das Engagement für die Welt radikal ernst genommen wird in der ekstatischen Liebe."[50] Christliche Mystik, die sich der Lebensfülle verdankt und in diese hineinverweist, lässt in diesem Sinn jeden Gegensatz von *contemplatio* und *actio* hinter sich, eröffnet vielmehr ihren Zusammenhang als Dynamik wechselseitiger Ent-Grenzung.

Vom II. Vaticanum her wird Rahners zunächst formal erscheinende Struktur inhaltlich gefüllt, insofern eine solche Mystik letztlich Ausdruck und Konkretion der Nachfolge Jesu ist und somit in christlichem Leben und Denken vorösterliche und nachösterliche Christologie in wechselseitiger Ent-Grenzung „mystisch" zusammenbindet.[51] So macht Mariano Delgado als mystische Mitte bzw. zentralen „mystische[n] Text"[52] *Gaudium et spes* 22 aus: „Denn er, der Sohn Gottes, hat sich in seiner Menschwerdung gewissermaßen mit jedem Menschen vereinigt". In einer „Mystik der Nachfolge" kann die christlich generierte Erkenntnis inkarnatorisch und näherhin chalcedonensisch gefasst werden. Das christologische Dogma

---

[50] Ebd., 44 f.
[51] „Solche christliche Mystagogie muß natürlich auch wissen, wie Jesus von Nazareth, der Gekreuzigte und Auferstandene, in sie hineingehört" (*K. Rahner*, Frömmigkeit [s. Anm. 43], 40, mit Anm. 12: „Diese hier fehlende Dimension führt erst in die Tiefe des Christlichen im eigentlichen Sinne" – im Rahmen seines Vortrags konnte Rahner hierauf nicht eingehen, war sich dieser Dimension aber mehr als bewusst). Vgl. auch ebd., 45, die Ausführungen zur „Tat des Lebens" und zum „wahre[n] Leben" als eigentlichem Ort dieser Mystik.
[52] *M. Delgado*, Die Menschheitsfamilie oder Die Mystik des Konzils, in: *ders./ M. Sievernich* (Hrsg.), Die großen Metaphern des Zweiten Vatikanischen Konzils. Ihre Bedeutung für heute, Freiburg i. Br. 2013, 422–443, 435.

des Konzils von Chalcedon bildet den Dreh- und Angelpunkt jeglichen christlichen Wirklichkeitsverständnisses, insofern es aus der gelebten Erfahrung und reflektiven Durchdringung des Christusgeschehens resultiert und seinerseits Perspektiven des Lebens und Denkens eröffnet und so in der wechselseitigen Ent-Grenzung seiner Bestandteile „unvermischt, unveränderlich, ungetrennt, unteilbar" erkenntnisgenerierend wirkt.[53] Dabei erfolgt auch das Glaubensbekenntnis „Jesus Christus" im Horizont wechselseitiger Ent-Grenzung.[54] Betrachtet man in diesem inkarnatorisch-chalcedonensischen Sinn die Theologie, so ist diese in dem Maße *scientia Dei*, wie sie *scientia homini* ist, und umgekehrt. Denn jede Erkenntnis über Gott beinhaltet auch eine Erkenntnis über den Menschen, insofern die Erkenntnis als solche ja eine menschliche ist und damit etwas über ihn und seine Möglichkeiten und Grenzen aussagt. Deshalb kann die Theologie Aussagen zum Verständnis des Menschen machen, etwa wenn er von Gott her in seiner Geschöpflichkeit verstanden wird, was im Übrigen dazu führt, dass eine christliche Anthropologie nicht nur vom Menschen sprechen kann.[55] Der von Delgado zitierte Satz des Konzils wäre allerdings unvollständig ohne die Fortsetzung bzgl. der in der Auferstehung sich erfüllenden Heilswirksamkeit der Inkarnation, wonach „der Heilige Geist allen die Möglichkeit anbietet, diesem österlichen Geheimnis in einer Gott bekannten Weise verbunden zu sein" (ebd.). Von daher ist eine chalcedonensisch strukturierte Wirklichkeitserkenntnis ihrerseits Teil einer trinitarischen Entschlüsselung der Wirklichkeit.[56] Eine solche

---

[53] Dazu *R. Miggelbrink*, Verbum Caro. Inkarnation als Schlüsselbegriff christlicher Weltdeutung, in: Trierer Theologische Zeitschrift 115 (2006), 200–2015; *M. Quisinsky*, Inkarnation. Jesus Christus – Ermöglichung und Herausforderung christlichen Lebens und Denkens, in: ders., Katholizität der Inkarnation (s. Anm. 31), 189–236; *ders.*, „Analogia pleromatis" – in der Welt von heute. Inkarnationstheologische Perspektiven auf Neuzeit und Gegenwart, in: ebd., 237–264.
[54] Vgl. *U. Poplutz*, Jesus als Grenzgänger, in: Bibel und Kirche 71/2016, 88–94.
[55] Vgl. deshalb auch die z. B. bei *R. Hagencord*, Gott und die Tiere. Ein Perspektivenwechsel, Kevelaer 2018 oder *M. M. Lintner*, Der Mensch und das liebe Vieh. Ethische Fragen im Umgang mit Tieren, Innsbruck 2017 diskutierten Fragen.
[56] „Für die Christen führt der Glaube an den einen Gott, der trinitarische Communio ist, zu dem Gedanken, dass die gesamte Wirklichkeit in ihrem Innern eine eigentlich trinitarische Prägung besitzt. Der heilige Bonaventura ging so weit zu sagen, dass der Mensch vor der Sünde entdecken konnte, wie jedes Geschöpf ‚bezeugt, dass Gott dreifaltig ist'. Den Abglanz der Dreifaltigkeit konnte man in

Wirklichkeitsentschlüsselung, die Mystik mit Nächstenliebe verbindet und somit Wirklichkeit auch gestaltet, kann mit Jürgen Moltmann auch „perichoretische Gottesmystik" genannt werden.[57]
 Die chalcedonensische Struktur in ihrer trinitarischen Dimension kann vom Begriff der Lebensfülle zu einer produktiven, d.h. erkenntnisgenerierenden, Entfaltung gebracht werden. Dies hat nochmals Auswirkungen auf die Art von Fülle, die dabei gemeint ist. So kann Trinität in diesem pleromatischen Horizont als „innergöttliche Möglichkeitsbedingung der Existenz innerweltlich Verschiedener" gefasst werden, „die als solche sich kommunikativ aufeinander beziehen, wo sie sich auf die Wirklichkeit Gottes als des verbindenden Ursprungs beziehen."[58] Die Struktur „wechselseitiger Ent-Grenzung" erweist sich in diesem Beziehungsgeschehen als dynamische, insofern christliches Leben und Denken aus einer „trinitarischen Dynamik" erfolgen, wie sie Papst Franziskus in seiner Enzyklika *Laudato si'* beschreibt: „Die göttlichen Personen sind subsistente Beziehungen, und die Welt, die nach göttlichem Bild erschaffen ist, ist ein Gewebe von Beziehungen. Die Geschöpfe streben auf Gott zu, und jedes Lebewesen hat seinerseits die Eigenschaft, auf etwas anderes zuzustreben, so dass wir innerhalb des Universums eine Vielzahl von ständigen Beziehungen finden können, die auf geheimnisvolle Weise ineinandergreifen. Das lädt uns nicht nur ein, die vielfältigen Verbindungen zu bewundern, die unter den Geschöpfen bestehen, sondern führt uns dahin, einen Schlüssel zu unserer eigenen Ver-

---

der Natur erkennen, ,als dieses Buch dem Menschen nicht undurchschaubar war und das Auge des Menschen sich nicht eingetrübt hatte'. Der heilige Franziskaner lehrt uns, dass jedes Geschöpf eine typisch trinitarische Struktur in sich trägt, die so real ist, dass sie spontan betrachtet werden könnte, wenn der Blick des Menschen nicht begrenzt, getrübt und schwach wäre. So weist er uns auf die Herausforderung hin, zu versuchen, die Wirklichkeit unter trinitarischem Gesichtspunkt zu entschlüsseln" (*Papst Franziskus*, Enzyklika Laudato si' von Papst Franziskus über die Sorge für das gemeinsame Haus [über www.vatican.va, Nr. 239). Nur nebenbei bemerkt sei, dass diese „ad extra" gerichtete theologische Betrachtung der Wirklichkeit unter trinitarischem Gesichtspunkt „ad intra" zu einer produktiven Komplementarität von Ansätzen wie jenen des Bonaventura und des Thomas von Aquin führt, wobei auch hier die Bewegungen „ad extra" und „ad intra" im Modus „wechselseitiger Ent-Grenzung" erfolgen.
[57] *J. Moltmann*, Der lebendige Gott und die Fülle des Lebens. Auch ein Beitrag zur Atheismusdebatte unserer Zeit, Gütersloh 2014, 150f.
[58] *R. Miggelbrink*, Lebensfülle (s. Anm. 1), 244.

wirklichung zu entdecken. Denn die menschliche Person wächst, reift und heiligt sich zunehmend in dem Maß, in dem sie in Beziehung tritt, wenn sie aus sich selbst herausgeht, um in Gemeinschaft mit Gott, mit den anderen und mit allen Geschöpfen zu leben. So übernimmt sie in ihr eigenes Dasein jene trinitarische Dynamik, die Gott dem Menschen seit seiner Erschaffung eingeprägt hat. Alles ist miteinander verbunden, und das lädt uns ein, eine Spiritualität der globalen Solidarität heranreifen zu lassen, die aus dem Geheimnis der Dreifaltigkeit entspringt" (240). Diese trinitarische Dynamik, die als göttliche menschlich uneinholbar ist, ent-grenzt doch jeden menschlichen Zugriff auf sie. Der Lebensfülle, die sich zunächst in einer „Dynamik der Zuwendung"[59] Gottes äußert, korrespondiert dabei eine „Dynamik des Überstieges"[60], in der der Mensch sich auf Gottes Lebensfülle einlässt. Weil und insofern in dieser erfüllenden Dynamik alles miteinander verbunden ist, erweist sich die von Rahner in ihrer paradoxen und als solche erkenntnisgenerierenden Struktur beschriebene Mystik, die als Christusnachfolge chalcedonensisch strukturiert ist, als ein geschichtliches und näherhin heilsgeschichtliches Ineinander von immanenter und heilsökonomischer Trinität[61], in dem sich in wechselseitiger Ent-Grenzung universale Lebensfülle und konkretes Leben begegnen. Diese wechselseitige Ent-Grenzung von Universalität und Konkretion bringt für eine Theologie als Lebenswissenschaft ein mehr als denkbar weites Verständnis von „Wissenschaft" und von „Leben" mit sich.

5. Die Frage nach dem Horizont: Wissenschaft und Leben zwischen Universalität und Konkretion

Will die Theologie ausgehend vom Begriff der Lebensfülle „Lebenswissenschaft" sein, muss sie sich den Fragen stellen, die sich aus ihrem eigenen Anspruch ergeben. Bei diesen Fragen, die den Horizont der Theologie als Lebenswissenschaft aufzeigen, handelt es sich um die Fragen nach Konkretion und Universalität und ihrem Zusammenhang, der als konstitutiv zu denken ist, ohne dass deshalb

---

[59] R. *Miggelbrink*, Lebensfülle (s. Anm. 1), 235.
[60] Ebd.
[61] S. dazu M. *Quisinsky*, „La relation" (s. Anm. 31), 281–290.

die je eigene Reflexion auf Konkretionen und Universalität überflüssig wäre. Von der Lebensfülle her ist dabei zunächst die Legitimation und der positive Wert von Konkretion in Vielfalt aufzuzeigen, sowie darauf aufbauend nach Modellen zu fragen, die Universalität denken können. Dabei geht es nicht um die Präferenz für dieses oder jenes Modell, sondern um deren jeweilige und in der Folge komplementäre Leistungsfähigkeit mit Blick auf den je lebensfördernden Umgang mit Konkretion im und aus dem Horizont von Lebensfülle.

Hinsichtlich der ersten Frage nach der Konkretion können die Überlegungen recht knapp ausfallen. Denn die Theologie kann vom Gedanken der Lebensfülle her die Vielfalt der Konkretionen sowie das Ineinander von Pluralität und Einheit explizit würdigen, insofern der Glaube an den einen Grund der Vielfalt diesen bezeugt „als den einen Ursprung des Vielen in seiner Vielheit, als die Quelle einer lebendigen Pluralität, die als solche denjenigen, der sie erkennt, auf die freudige Affirmation dieser Vielheit verpflichtet."[62] Der in der Auferstehung offenbar gewordene, chalcedonensisch strukturierte und trinitarisch dynamisierte Gedanke der Lebensfülle verhindert nicht nur die „Entwichtigung aller erkannten Wirklichkeit zum bloßen Medium einer unbestimmt bleibenden Gottesahnung", sondern er bezeugt v. a. auch „die in der Gotteswirklichkeit selbst begründete Werthaftigkeit, Schönheit und Güte des Vielen".[63] In diesem Sinn ist jede Konkretion menschlichen Lebens und Denkens ein *locus theologicus*.

Insofern das Viele aber gerade nicht beziehungslos zu denken ist, stellt sich umso mehr zweitens auch die Frage nach Universalität, d. h. nach „einem umfassenden Modell des Seins"[64] bzw. das „Desiderat einer Metaphysik der göttlichen Lebensfülle".[65] Anhand dreier in der gegenwärtigen Theologie vertretenen Modelle universalen Denkens soll gezeigt werden, dass mit der Kategorie der Lebensfülle eine Vermittlung zwischen mehr als denkbar weiter Universalität

---

[62] R. *Miggelbrink*, Lebensfülle (s. Anm. 1), 234.
[63] Ebd., 234. Vgl. auch ebd., 239.
[64] R. *Miggelbrink*, Lebensfülle (s. Anm. 1), 21.
[65] Ebd. Vgl. auch ebd., 122 die Unterscheidung zwischen einer „Metaphysik des abgeschlossenen sozialen Kosmos" und einer „Metaphysik, die den handelnden Menschen immer auch in einer gründenden Beziehung zur primordialen Fülle überhaupt sieht".

und denkerisch uneinholbarer Vielfalt möglich ist, was den eigentlichen Sinnhorizont einer Theologie als Lebenswissenschaft markiert und ins Werk setzt.

Zunächst legt es sich nahe, ausgehend vom trinitarischen Befund, wonach „alles [...] miteinander in Verbindung" steht, Fragen des Seins unter ihrem relationalen Gesichtspunkt zu betrachten. Verschiedentlich erfolgte dies unter dem Stichwort „relationale Ontologie"[66]. Peter Knauer legt diesbezüglich ein besonders anspruchsvolles Modell vor,[67] das von der erkenntnisgenerierenden Dimension des Christlichen ausgeht: „Der christliche Glaube lässt sich nicht in das mitgebrachte Vorverständnis einordnen, sondern geht seinerseits auf dieses Vorverständnis kritisch und umwandelnd ein (vgl. Mt 9,16-17)."[68] Ausgehend vom christlichen Glauben als „Anteilhaben am Gottesverhältnis Jesu"[69] fasst Knauer die Bedeutung des Wortes Gott „im Sinn der christlichen Botschaft, die beansprucht, ‚Wort Gottes' zu sein, [...] als ‚ohne wen nichts ist'."[70] Von diesem Gottesbegriff ausgehend ist mit Knauer die Geschöpflichkeit und damit „alle Wirklichkeit der Welt" zu erkennen als „restloses Bezogensein auf ... / in restloser Verschiedenheit von ..."[71] So ist für Knauer von Gott „nur dann wirklich die Rede, wenn man sich selbst

---

[66] W. Kasper, Zustimmung zum Denken. Von der Unerlässlichkeit der Metaphysik für die Sache der Theologie (1989), in: WKGS 6 (2014) 300–320, 318; vgl. auch H.-J. Höhn, Gott – Offenbarung – Heilswege. Fundamentaltheologie, Würzburg 2011, 109–149. Zum Ganzen auch J. Splett, Statt des Besitzes: der Bezug. Zur Ontologie von Beziehung. Christliche Überlegungen nach der Begegnung mit Chakzampa Thangtong Gyalpo, in: Theologie und Philosophie 90 (2015), 271–280 sowie B. Harbeck-Pingel, Relationalität von „glauben", in: ders./ W. Schwendemann (Hrsg.), Immer reformieren. Übersetzungen und Neues, Göttingen 2017, 137–148.

[67] Vgl. P. Knauer, Der Glaube kommt vom Hören. Ökumenische Fundamentaltheologie. 7. Auflage, neu bearbeitet, Norderstedt 2015; einschlägige Texte zur „relationalen Ontologie" auch unter www.peter-knauer.de. Wenn Knauer in dieser Untersuchung über den Zusammenhang von Lebensfülle bzw. die Theologie als Lebenswissenschaft zu Wort kommt, soll dies auch ein Versuch sein, der von D. Kraschl, Das prekäre Gott-Welt-Verhältnis. Studien zur Fundamentaltheologie Peter Knauers (ratio fidei 39), Regensburg 2009, 432, bemängelten fehlenden Anschlussfähigkeit des in sich logischen Modells Knauers entgegenzuwirken.

[68] Knauer, Der Glaube kommt vom Hören (s. Anm. 67), 9.
[69] Ebd., 19.
[70] Ebd., 41.
[71] Ebd., 63. Vgl. auch ebd., 42–61.

und alle Wirklichkeit überhaupt als restlos von ihm abhängig versteht."⁷² Im damit einhergehenden Wirklichkeitsverständnis sind nun, anders als in der klassischen Substanzontologie, Relationen als „substanzkonstituierend"⁷³ denkbar. Denkt man hier weiter, stellt sich die Frage, inwiefern Aussagen über Gott auch Aussagen über die Welt und den Menschen sind, zu denen er in Relation steht. In Knauers Modell ist Relation grundsätzlich die Relation von Gott auf die Welt hin und somit eine einseitige. Freilich ist die Welt in die mit dem Heiligen Geist identifizierte Liebe zwischen dem Vater und dem Sohn hineingeschaffen, sodass ihr diese Relationalität nicht äußerlich bleibt.⁷⁴ Die dennoch gegebene „Einseitigkeit" der Relation kann Peter Knauer einerseits mit der herausragenden Rolle des Wortes Gottes, die er seiner Auseinandersetzung mit der protestantischen Theologie und hier insbesondere Gerhard Ebeling verdankt, zunächst durchaus plausibel begründen. Ebenso plausibel und weiterführend sind aber Einwände, die in seinem Modell deshalb eine gewisse Unterbelichtung des Erfahrungsmomentes⁷⁵ und damit zusammenhängend der Geschichtlichkeit ausmachen. Hier zeigt die theologiekonstitutive Dimension der Erfahrung in der Rahnerschen Rede vom Christen als Mystiker, die ihrerseits im Auferstehungsglauben gründet und in diesen hineinführt, dass und wie gerade die dann auch rational eingeholte Erfahrung erkenntnisgenerierend ist.⁷⁶ Zugleich zeigt sich, dass für eine relationale Ontologie entscheidend ist, welche Art von Dynamik die Relationen beinhalten bzw. bewirken. In diesem Zusammenhang fragt Dominikus Kraschl in Auseinandersetzung mit der chalcedonensischen Begründung von Knauers Modell an, inwiefern anstelle einer latent statisch-bipolaren Relation in einer solchen eine „dritte Größe jenseits von Vermischen

---

⁷² Ebd., 63.
⁷³ Ebd., 62.
⁷⁴ Ebd., 114.
⁷⁵ D. *Kraschl*, Das prekäre Gott-Welt-Verhältnis (s. Anm. 67), 341–416.
⁷⁶ Zu dem, „[w]as einer Theologie der Erfahrung noch fehlt", s. A. *Heidemann*, Religiöse Erfahrung als theologische Kategorie. Grenzgänge zwischen Zen und christlicher Theologie, Paderborn 2013, 98. S. auch R. *Siebenrock*, Befähigung zur Erfahrung. Zur dogmatischen Grundlegung der Begegnung mit dem universalen Heilswillen Gottes aus der Mitte des Zweiten Vatikanischen Konzils, in: K. *Baier* (Hrsg.), Handbuch Spiritualität. Zugänge, Traditionen, interreligiöse Prozesse, Darmstadt 2006, 127–145.

und Trennen bzw. Identität und Nicht-Identität"[77] gedacht werden müsste.[78] Anders gesagt kann die für eine Theologie als Lebenswissenschaft zentrale chalcedonensische Struktur ein christlich generiertes Wirklichkeitsverständnis keineswegs als statisches Gleichgewicht ausdrücken,[79] sondern will Leben und Denken durch die wechselseitige Ent-Grenzung zweier Bezugsgrößen in je neue Möglichkeiten und Wirklichkeiten „jenseits" dieser Bezugsgrößen führen, die ihrerseits Ausdruck einer trinitarisch-heilsökonomischen Dynamik sind.

Damit wäre auch noch einmal genauer zu fragen, welche Rollen in einer relationalen Ontologie den Grenzen zwischen „diesseits" bzw. „Diesseits" und „jenseits" bzw. „Jenseits" zukommen, und dies umso mehr, als man im Anschluss an Papst Franziskus die Grenze als Ort theologischer Erkenntnis und von daher die Lebenswissenschaft Theologie als „auf der Grenze"[80] angesiedelt betrachten kann. Denn die vielfältigen Grenzen menschlichen Lebens und Denkens können im Rahmen einer „Glaubenswissenschaft" ja erkenntnistheoretisch auf jene Grenze zurückgeführt werden, die als überwundene im Auferstehungsglauben zentral ist. Von diesem ausgehend entwickelt die relationale Ontologie Thomas Peter Fößels als „sakramentale Ontosemantik"[81] eine ebenso handlungsbezogene wie heuristische Denkform. Fößel entfaltet im Ausgang von der Auferstehung eine relationale und näherhin sakramentale „Hermeneutik des christlichen

---

[77] Eine solche „dritte Größe" mahnt D. *Kraschl*, Das prekäre Gott-Welt-Verhältnis (s. Anm. 67), 429, in Auseinandersetzung mit der chalcedonensischen Begründung von Knauers Modell an.
[78] So auch, Knauer mit Alfred N. Whitehead ins Gespräch bringend, *Th. Franz*, Relationale Ontologie zwischen Glauben und Vernunft, in: *St. Ernst/G. Gäde* (Hrsg.), Glaubensverantwortung in Theologie, Pastoral und Ethik (FS Peter Knauer), Freiburg i. Br. 2015, 87–100, 100.
[79] Dies scheint mir bei allem Verdienst des Nachweises von Hans Joachim Höhn, dass sich die in der Formel von Chalkedon „ausgedrückten Bezüge [...] im Format einer Relationalen Ontologie auslegen [lassen], indem sie auf Hinsichten verweisen, unter denen ein unterscheidendes In-Beziehung-Setzen von Göttlichem und Menschlichem möglich wird" (H.-J. *Höhn*, Gott – Offenbarung – Heilswege [s. Anm. 66], 275), in seiner „Hermeneutik christologischer Dogmen im Format einer Relationen Ontologie" (ebd., 274) nicht stark genug zur Geltung zu kommen.
[80] M. *Quisinsky*, Prolegomena (s. Anm. 4), bes. 149–155.
[81] *Th. P. Fößel*, Offenbare Auferstehung. Eine Studie zur Auferstehung Jesu Christi in offenbarungstheologischer Perspektive, Schöningh 2018, 451.

Wirklichkeitsverständnisses", die „abduktiv vom universalen Konkreten ,Jesus Christus' her angemessen erreicht werden [kann]. Dies ist deswegen der Fall, weil das christliche Offenbarungs- und Wirklichkeitsverständnis seinen (auch profanhistorisch identifizierbaren) Konstruktionspunkt über den kirchlichen Glauben vermittelt im historischen Faktum des Auferstehungs*glaubens* hat"[82], der auf das „überraschende" Auferstehungsereignis verweist, das seinerseits die Suche nach neuen Verständnismöglichkeiten möglich macht.[83] Diese christliche Wirklichkeitshermeneutik bezieht sich auf eine „durch die Begriffe ,Selbstmitteilung' und ,Selbstoffenbarung' lediglich semantisch indizierte, weder intentional noch extentional adäquat aussagbare ,umfassende Wirklichkeit' [...], die als eine theologal qua Schöpfung und Offenbarung ermöglichte und getragene Interaktion und Relationalität zwischen Gott und Mensch [...] verstanden werden kann."[84] Damit ist der Erfahrungsaspekt nicht nur stärker als bei Knauer gedacht, er ist v. a. stärker, da von Gott her vermittelt unmittelbar, in die Relationalität eingeschrieben, die ihrerseits bei bleibender gnadenhafter Vorgängigkeit der Ermöglichungswirksamkeit Gottes nicht mehr rein einseitig gedacht wird. Insofern „es sich qua unio hypostatica um eine theo-anthropologische Interaktion und Relation handelt, die sich auf Gott und die Schöpfung bezieht"[85], sind Interaktion und Relationalität sakramental zu fassen. „In der Inanspruchnahme des Begriffs ,Sakrament' wird damit der abduktiv erreichten Erkenntnis Ausdruck verliehen, dass mit dem ,österlichen Lebensintegral Jesu Christi' (bzw. in klassischer Diktion: mit der Inkarnation) eine Wirklichkeitsveränderung gegeben ist, die sich sowohl auf Gott in seinem Selbst als auch die Schöpfung bezieht: Eben, weil Gott in der Inkarnation eine geschaffene Wirklichkeit zu seiner eigenen Wirklichkeit und damit auch zu seiner eigenen Selbstaussage gemacht hat."[86] Weil in der Auferstehung die Grenze des Todes ebenso anerkannt wie ent-grenzt wird, sind von der Auferstehung her Glaube, Hoffnung und Liebe „relational auf die pneumatologisch universalisierte, österliche und so eschatopräsentisch wirksame *per-*

---

[82] Ebd., 452.
[83] Ich paraphrasiere und verändere hier ein Zitat, das *Fößel*, ebd., von Hans-Joachim Sander übernimmt.
[84] Ebd., 452 f.
[85] Ebd., 453.
[86] Ebd. Vgl. auch ebd., 461–474.

sonale Wirklichkeit Jesu Christi als von dieser evoziert bezogen"[87], und weil diese Bezogenheit reziprok ist, auch wirklichkeits*mit*verändernd. So könnte man sagen, dass durch die von der Auferstehung generierte Erkenntnis Veränderungen der Wirklichkeit je konkret erfolgen, und dass die Konkretionen im Rahmen ihrer ontologischen Relationalität je neu in die Universalität als Denkhorizont von Wirklichkeit führen. Aufgrund ihrer kirchlichen Verortung erfolgt Theologie als erkenntnisgenerierender Ort dieses Zusammenspiels von Universalität und Konkretion im Horizont kirchlicher Sakramentalität. Diese wiederum ist aber gerade nicht exklusivierend, sondern ermöglichend zu denken, indiziert doch „ausgerechnet die konkrete explizite Sakramentalität der Kirche notwendig eine universale implizite Sakramentalität (auch) aller nichtkirchlichen Wirklichkeit, weil sie nur so ihrer Relationalität zum ‚*universale concretum*' entspricht bzw. diese Relationalität vollzieht."[88] Wo in diesem Sinn Relationalität als Zusammenspiel von Universalität und Konkretion gefasst wird, können Konkretionen analog auf Universalität hin und von dieser her betrachtet werden. Umgekehrt kann Universalität als Horizont des je Konkreten in Erscheinung treten, ohne dessen Eigenstand in irgendeiner Weise zu beeinträchtigen, der vielmehr in größtmöglicher Weise gewürdigt wird.[89] Damit tritt der geschichtliche Charakter der Relationalität deutlich zu Tage und es wird möglich, „einen theologischen Begriff von Geschichte zu erreichen, der sich, so trivial dies prima vista klingen mag, von allen anderen Geschichtstheorien und erst recht von allen anderen Geschichtsphilosophien gerade dadurch unterscheidet, dass er ein genuin theologischer bzw. christlicher ist."[90] So bezeichnen denn auch die in bestimmten Phasen ihres Gebrauchs in schwierige Fahrwasser geratenen Begriffe „Geschichtstheologie"[91] und „Heilsgeschichte" oder

---

[87] Ebd., 459.
[88] Ebd., 468. Dies geschieht übrigens auch dadurch, dass die Kirche den Platz Christi freihält und somit „Leerzeichen ihres Souveräns" ist, wie Fößel Gregor Maria Hoff zustimmend zitiert (ebd.).
[89] S. in diesem Zusammenhang auch die Überlegungen zu einem „sakramentalen Universum" bei *G. Predel*, Schöpfungslehre (Gegenwärtig Glauben Denken 4), Paderborn 2015, 98 ff.
[90] *Th. P. Fößel*, Offenbare Auferstehung (s. Anm. 81), 468.
[91] S. dazu besonders auch unter interreligiöser Perspektive *F. Körner*, Religionstheologie als Geschichtstheologie. Dogmatischer Vorschlag, in: *G. de Candia/Ph.*

vielleicht besser „Heilsökonomie"[92], die von der Lebensfülle her konturiert werden können, den Horizont von Theologie als Lebenswissenschaft.

In diesem Sinne ist Karlheinz Ruhstorfers Programm einer „neuen heilsgeschichtlichen Metaphysik"[93] vielversprechend, die auf den ersten Blick so unterschiedlich erscheinende Denkformen wie die Anliegen der klassischen Metaphysik und die heilsökonomische Grundintuition christlicher Wirklichkeitswahrnehmung unter nachpostmodernen Bedingungen fortzuschreiben vermag. Eine solche heilsgeschichtliche Metaphysik „muss insbesondere auch auf die Geschichtlichkeit und damit auch auf die Relativität von historisch gewachsenen Normen und Denkformen reflektieren, mit Pluralitäten und Heterogenitäten zurande kommen und darin die Ausdifferenzierung der *universalen Identität* freilegen. Gerade christliches Denken, das sich seiner *Katholizität* jenseits aller konfessionellen Besonderung bewusst ist, sollte sich – im Horizont trinitarischer Vermittlung von Einheit und Vielheit – der geschichtlichen Dynamik der Wahrheit bewusst sein und eine absolute Freiheit befördern, die den Kräften neoliberaler Skepsis ebenso Widerstand leistet wie neokonservativem Dogmatismus."[94] Eine heilsgeschichtliche Metaphysik kann jenen universal-konkreten Horizont bezeichnen, der der Horizont der Theologie als Lebenswissenschaft ist, sucht sie doch „das Unbedingte im Gefüge des Wissens im Interesse der Lebensmöglichkeiten der Menschen, genauer der *Einzelnen*."[95] Aus diesem Anliegen heraus zielt denn auch das ambitionierte Projekt Ruhstorfers einer Befreiung des „Katholischen" auf eine neue, rettende Identität: „Doch kann es sich hier nicht um eine partikulare Identität – regional oder historisch, also räumlich und zeitlich – handeln. Es ist nicht die Wahrheit der Identität von Denken und Sein (Antike), nicht die nur im Glauben wahrnehmbare Identität des total differen-

---

Nouzille (Hrsg.), Sancta morum elegantia stile e motivi di un pensara teologico. Miscellanea offerta a Elmar Salmann, Rom 2018, 535–541.

[92] Vgl. *M. Quisinsky*, Tradition and Normativity of History within an „Economy of Salvation", in: *ders.*, Katholizität der Inkarnation (s. Anm. 31), 327–344; vgl. auch ders., „La relation" (s. Anm. 31).

[93] *K. Ruhstorfer*, Befreiung des „Katholischen". An der Schwelle zu globaler Identität, Freiburg i. Br. 2019, 126.

[94] Ebd.

[95] Ebd.

ten Gottes (Mittelalter), nicht die dialektisch zu begreifende Identität* von Identität und Differenz (Neuzeit), nicht die erfahrbare Differenz* des Abgrundes als des Fehlens von Wahrheit (Moderne) und auch nicht die Différance als der Aufschub der Präsenz der Wahrheit (Postmoderne). Die neue Identität* fordert ein neues Denken und ein neues Wahrheitsverständnis. Dieser Wahrheit kommt eine neue Verbindlichkeit zu, da sie Verschiedenes verbindet: Geschichte und Gegenwart, Einheit und Vielheit, Idealität und Realität, Theorie und Praxis. Sie zu erfassen fällt noch schwer. Doch wird das Bedürfnis der Zeit immer offenkundiger: globale Identität*."[96] Wie die verschiedenen damit verbundenen und daraus resultierenden Ansprüche miteinander in Verbindung stehen, „ist der weiteren Arbeit der Theoretiker und Praktiker der Wahrheit überlassen."[97] Diese zu leistende Arbeit ist Horizont einer Theologie als Lebenswissenschaft, die sich im Sinne der von Papst Franziskus stark gemachten Konzilshermeneutik als „katholische" Theorie und Praxis der Wahrheit verstehen kann und der Ausdruck der von Papst Franziskus in *Laudato si'* aufgezeigten „globalen Solidarität" ist.[98]

6. Ertrag und Ausblick: „Lebenswissenschaft Theologie" im Dienst des Lebens

Will eine heilsgeschichtliche Metaphysik einen universalen Horizont aufweisen und zugleich aufzeigen, inwiefern dieser die je eigene Würde der Konkretionen des Lebens stärkt, die ihrerseits wieder in den universalen Horizont hineinverweisen, stellt sich die Frage, wie

---

[96] Ebd., 134f. Mit der Schreibweise „*" soll der „Unterschied zwischen der Identität ‚vor' und der Identität ‚nach' der Differenz" (ebd., 50f.) angedeutet werden. Aus der Identität* von Identität und Differenz folgt dann die „Differenz* von Identität und Differenz" (ebd., 62). Dies ist Grundlage für die „Identität**": „Die aktuelle Zeitenwende wird [...] als der Übergang von der postmodernen Kultur der *Différance* zu einer Kultur der *globalen Identität* bestimmt. Um aber die besondere und neuartige Qualität dieser Identität anzudeuten, nenne ich sie *Identität**. Wie der theologische Gedanke der Trinität die innergöttliche Differenz der Personen angesichts der Einheit des göttlichen Wesens bezeichnet, so meint Identität** eine Universalität, die Alterität Raum gibt" (ebd., 38). Ein anderes Wort für „Identität**" wäre übrigens „Versöhnung" (ebd., 221).
[97] Ebd., 135.
[98] S.o.

sich gerade dieser in einer theologischen Aussage faktisch je unterschiedlich enthaltene universale Anspruch immer neu bewährt und, theologisch gesagt, bewahrheiten lässt. Hier stellt eine an der Lebensfülle ausgerichtete Theologie als Lebenswissenschaft mit der „*analogia pleromatis*"[99] eine Denkform zur Verfügung, mit der wie eingangs postuliert Pastoral und Dogma bzw. Leben und Denken, umfassender aber auch Konkretion und Universalität, Differenzdenken und Ontologie, Metaphysik und Heilsgeschichte in einen relationalen Zusammenhang gebracht werden können, der näherhin als wechselseitige Ent-Grenzung charakterisiert werden kann, die wiederum die Komplementarität ins Werk setzt. Ausgerichtet an der von Gott ausgehenden und zu ihm führenden Lebensfülle ist es das Interesse der Theologie als Lebenswissenschaft, übrigens gerade auch als solidarischer Beitrag zum „Empowerment"[100] von Menschen in schwierigen Lebenssituationen, die Relationalität „jenseits" wie „diesseits" wechselseitiger Ent-Grenzungen soweit als möglich einzuholen und dadurch Leben zu verstehen und zu fördern, Leben zu begleiten und zu unterstützen, Leben zu deuten und zu ermöglichen. Theologie als Lebenswissenschaft, die im Horizont einer relationalen Ontologie, sakramentalen Ontosemantik oder heilsgeschichtlichen Metaphysik je ganz aufmerksam für die Manifestationen und Bedürfnisse des Lebens ist, kann von daher durchaus eine „große" Erzählung anbieten: diese besteht darin, in je angemessener Weise viele kleine Erzählungen, die das Leben schreibt, nicht nur zu eröffnen, sondern zur Geltung zu bringen und von Gottes Leben füllen zu lassen, das als Fülle bei aller menschlich inkommensurablen Vielfalt einen menschlich ebenso unergründlichen Zusammenhang des Vielen darstellt.[101] Gerade weil sie realistisch ist, weiß eine solche Theo-

---

[99] R. *Miggelbrink*, Lebensfülle (s. Anm. 1), 14; grundsätzlich M. *Quisinsky*, „Analogia pleromatis" (s. Anm. 53).
[100] G. *Theunissen*, Empowerment und Inklusion behinderter Menschen. Eine Einführung in Heilpädagogik und Soziale Arbeit, Freiburg i. Br. ³2013; N. *Herriger*, Empowerment in der Sozialen Arbeit. Eine Einführung, Stuttgart ⁵2014; vgl. auch K. *Tanner*, God and Creation in Christian Theology. Tyranny or Empowerment?, Oxford 1988.
[101] Insofern geht dies über das Konzept der Christian open narratives, wie es Lieven Boeve entwickelt hat, noch hinaus, vgl. L. *Boeve*, Interrupting Tradition. An Essay on Christian Faith in a Postmodern Context (Louvain Theological & Pastoral Monographs 30), Leuven 2003, 37 u. ö.; *ders.*, God interrupts History.

logie um die mit diesem Zusammenhang verbundenen Schwierigkeiten und so bewahrheitet sie sich insbesondere dort, wie sie aus der Lebensfülle heraus und auf diese hin dazu beiträgt, „dass die Konflikte, die Spannungen und die Gegensätze zu einer vielgestaltigen Einheit führen können, die neues Leben hervorbringt"[102]. Deshalb muss Theologie als Lebenswissenschaft besonders dort dabei sein, wo die „neuen Geschichten und Paradigmen entstehen"[103]. Wenn die aus der Lebensfülle resultierende „Ontologie des Lebens"[104] in der wechselseitigen Ent-Grenzung von „Empfangen und Mitteilen"[105] besteht, wird dieses „neue Leben" konsequent sowohl von Gott her als dem Urheber der Lebensfülle, die Menschen empfangen dürfen, als auch vom jeweils Nächsten her als dem Adressaten der Lebensfülle, die jeder Mensch, der sie erfahren hat, mitteilen darf, gedacht.[106] Die Lebensfülle Gottes, die sich in der Schöpfung wirklichkeitseröffnend gibt und in der Auferstehung wirklichkeitsverändernd offenbar wird, ist das erfüllend-einende Band des sakramentalen Beziehungsgeschehens, in dem der Empfangende ein Mitteilender und der Mitteilende ein Empfangender ist und sich beide Gott verdanken wissen dürfen.

Heilsgeschichte bzw. Heilsökonomie als zentrale Dimension einer Theologie als Lebenswissenschaft wäre dann zu denken als eine universale (göttliche) „Heilsgeschichte", die aus einer Vielzahl von konkreten (menschlichen) „Heilsgeschichten" besteht, die je auf ihre Weise als *„analogia pleromatis"* gelebt und bedacht werden können und dabei je Teil eines umfassenden, gnadenhaft gegründeten und

---

Theology in a Time of Upheaval, New York 2007; dazu u. a. auch *M. Quisinsky*, „La relation" (s. Anm. 31), 277, 288 u. ö.

[102] *Papst Franziskus*, Apostolisches Schreiben Evangelii gaudium des Heiligen Vaters Papst Franziskus an die Bischöfe, an die Priester und Diakone, an die Personen geweihten Lebens und an die christgläubigen Laien über die Verkündigung des Evangeliums in der Welt von heute (über www.vatican.va), Nr. 228 bzw. Veritatis gaudium (s. Anm. 3), Nr. 4.

[103] *Papst Franziskus*, Evangelii gaudium (s. Anm. 102), Nr. 44 bzw. Veritatis gaudium (s. Anm. 3), Nr. 4.

[104] *R. Miggelbrink*, Lebensfülle (s. Anm. 1), 247.

[105] Ebd.

[106] Vgl. in diesem Zusammenhang bes. auch *E.-M. Faber* (Hrsg.), Lebensweltorientierung und Theologie. Herausforderungen einer zeitsensiblen theologischen Lehre und Forschung (Schriftenreihe der Theologischen Hochschule Chur 9), Fribourg 2012.

eschatologisch dynamisierten Geschehens wechselseitiger Ent-Grenzungen sind. Sich – nicht zuletzt mit der Gebetsbitte „Dein Reich komme" und somit im Horizont einer erbetenen und gnadenhaft unterlegten *„analogia regni"*[107] – in den Dienst dieser *„analogia pleromatis"* zu stellen ist im Horizont universaler Lebensfülle Aufgabe der Theologie als Lebenswissenschaft, die als solche ihrer Sendung gerecht wird, „Überbringerin von Leben"[108] zu sein.

---

[107] Ch. *Theobald*, Selon l'esprit de sainteté. Genèse d'une théologie systématique, Paris 2015, 441–486.
[108] Im Anschluss an *Papst Franziskus*, Evangelii gaudium (s. Anm. 102), Nr. 108.

„(Lebens-)Fülle" bei Ralf Miggelbrink und Charles Taylor[1]

Veronika Hoffmann

1. Einleitung

Die folgenden Überlegungen verstehen sich als eine Art „Seitenstück" zu Ralf Miggelbrinks Entwurf der „Lebensfülle". Zwei Spannungsverhältnisse interessieren mich dabei. Mit Blick auf Lebensfülle soll es 1. einerseits um keine rein jenseitige und keine rein geistige Fülle gehen. Die Suche nach Fülle-*Erfahrungen* ist deshalb wichtig, z. B. im Phänomen der Gabe. Andererseits meint diese Fülle kein unkritisches „Fülle ist alles, was mir guttut", sondern zeigt sich gerade kritisch gegenüber den Fülle-Verheißungen des Kapitalismus, die nicht ohne „Mangelobsession"[2] auskommen. 2. Miggelbrink versteht einerseits unumwunden „Gott als primordiale Fülle"[3]. Andererseits ist er weit davon entfernt, Fülle als gewissermaßen exklusives Angebot einer Glaubensgemeinschaft betrachten zu wollen. Er fordert vielmehr: „Wo Glaube statt als elitärer Besitz einer Traditionsgemeinde verstanden wird als göttlich ermöglichtes Wunder einer allen Menschen in ihren Lebenszusammenhängen angebotenen geheilten und heilenden Sicht des eigenen Lebens und der Welt, da bietet es sich in den Zeiten, in denen das Unheil in der Gestalt der Mangelobsession und seiner Allgegenwart auftritt, an, die Erfahrung

---

[1] Vortrag auf dem theologischen Symposion „Lebensfülle – experimentelle Erprobungen eines theologischen Leitbegriffs" (21.–23.03.19, Essen). Der Vortragsstil des Textes wurde nur geringfügig überarbeitet. Einige der folgenden Überlegungen finden sich ausführlicher, aber ohne Bezugnahme auf Ralf Miggelbrinks Ansatz in *V. Hoffmann*, Eine Leerstelle, die nur Gott füllen kann? Zur Frage nach der anthropologischen Relevanz des Glaubens angesichts religiöser Indifferenz, in: *J. Knop* (Hrsg.), Die Gottesfrage zwischen Umbruch und Abbruch. Theologie und Pastoral unter säkularen Bedingungen (Quaestiones disputatae 297), Freiburg i. Br. u. a. 2019, 145–160.
[2] *R. Miggelbrink*, Lebensfülle. Für die Wiederentdeckung einer theologischen Kategorie (Quaestiones disputatae 235), Freiburg i. Br. u. a. 2009, 22 u. ö.
[3] *R. Miggelbrink*, Lebensfülle (s. Anm. 2), 13.

göttlich ermöglichten Heils in den Kategorien einer lebensgeschichtlich wirksamen, unverfügbaren, heilvollen, sakramentalen Fülleerfahrung zu artikulieren."[4] An dieses doppelte Spannungsverhältnis will der folgende Blick auf Charles Taylors Begriff der Fülle anknüpfen, und zwar in umgekehrter Reihenfolge und ein wenig indirekt.

1. Bei Taylor bietet sich der Begriff der Fülle an, um über die Grenzen verschiedener Formen von Glauben und Nichtglauben hinaus die Grundsehnsucht, die Zielbestimmung des Menschen zu fassen. Mir scheint das ein interessantes Angebot zu sein, um aus folgender schlechter Alternative herauszukommen: Entweder suchen „eigentlich alle Menschen nach Gott", auch die, die es nicht wissen, und sogar diejenigen, die es ausdrücklich bestreiten. Denn Gott ist die Fülle und alle Menschen suchen nach der Fülle, ergo nach Gott. Oder aber der Gottesbezug ist nur eine unter anderen ebenso berechtigten Weisen, die Fülle des Menschseins zu verwirklichen.

2. Wenn nicht einfach alles Fülle-Erfahrung ist, was „mir guttut": Lassen sich dann Kriterien angeben für eine, wie Taylor es nennen würde, nichttriviale Orientierung an einem Ziel des Menschseins?[5]

2. „Fülle" als „anthropologische Richtungsangabe"

Die entsprechenden Überlegungen Taylors finden sich wesentlich in seinem monumentalen Werk *A Secular Age*, dessen deutsche Übersetzung *Ein säkulares Zeitalter* im gleichen Jahr erschienen ist wie Miggelbrinks *Lebensfülle*.[6] Taylor reflektiert in diesem Werk bekanntlich auf die großflächigen Veränderungen der letzten 500 Jahre in den „sozialen Vorstellungsschemata"[7] der westlichen Welt. Diese Veränderungen haben dazu geführt, dass sich die „Bedingungen des Glaubens" fundamental geändert haben: Der Glaube an Transzendenz ist von einer Selbstverständlichkeit zu einer Option unter ande-

---

[4] R. *Miggelbrink*, Lebensfülle (s. Anm. 2), 16.
[5] Vgl. C. *Taylor*, Das Unbehagen an der Moderne, Frankfurt a. M. 1995, 50 f.
[6] C. *Taylor*, A Secular Age, Cambridge, Mass 2007. Dt. Ein säkulares Zeitalter, Frankfurt a. M. 2009.
[7] „Social imaginary": C. *Taylor*, Secular Age (s. Anm. 6), 146 u. ö., dt. (s. Anm. 6) 252 u. ö. Vgl. auch C. *Taylor*, Afterword: Apologia pro Libro suo, in: *M. Warner/ J. VanAntwerpen/C. J. Calhoun* (Hrsg.), Varieties of Secularism in a Secular Age, Cambridge, Mass 2010, 300–321.

ren geworden, für nicht wenige Menschen sogar zu einer Option, die für sie keine Bedeutung hat.

Um diesen bereits viel dargestellten und diskutierten Hauptstrang der Überlegungen Taylors soll es hier jedoch nicht gehen,[8] sondern nur um die Idee der Fülle, die er in diesem Zusammenhang entwickelt. Taylor erhebt den Anspruch, in *Ein säkulares Zeitalter* keine Ideengeschichte zu betreiben. Vielmehr sucht er nach den „verschiedenen Formen des Erlebens …, die eine Rolle spielen, wenn man sein Leben auf die eine oder andere Weise begreift"[9], und orientiert diese Formen des Erlebens eben auf den Begriff der „Fülle" hin: Erfahrungen der Fülle (oder auch ihres Fehlens) tragen dazu bei, „unserem Leben eine Richtung zu geben"[10]. In dieser Fülle „ist das Leben voller, reicher, tiefer, lohnender, bewundernswerter und in höherem Maße das, was es sein sollte"[11]. Taylor skizziert diese bewusst sehr offen gehaltene Dimension, die man als „anthropologische Richtungsangabe" bezeichnen könnte, programmatisch in der Einleitung, kommt dann jedoch erst gegen Ende des Buches darauf zurück. Deshalb steht dieses Konzept der „Fülle", soweit ich sehen kann, in der Diskussion um Taylors Werk ein wenig am Rand. Man kann die Idee der „Fülle" jedoch als ein den Gang der Untersuchungen wesentlich steuerndes Element lesen – das ihn dementsprechend am Anfang und Ende umklammert. Denn wenn Taylor die Entstehung unseres „säkularen Zeitalters" nachzeichnet, dann versteht er darunter ein Zeitalter, in dem unselbstverständlich geworden ist, dass der Ort der Fülle „jenseits" der normalen Welt liegt. Säkularität ist der „Wandel in der Auffassung dessen, was in meiner Terminologie ‚Fülle' heißt: ein Wandel von einer Situation, in der unsere höchsten spiri-

---

[8] Aus der enormen Fülle der Literatur dazu sei nur beispielhaft genannt: *M. Kühnlein* (Hrsg.), Charles Taylor. Ein säkulares Zeitalter (Klassiker Auslegen 59), Berlin, Boston 2019; ders./*M. Lutz-Bachmann* (Hrsg.), Unerfüllte Moderne? Neue Perspektiven auf das Werk von Charles Taylor, Frankfurt a.M. 2011; *M. Warner/J. VanAntwerpen/C. J. Calhoun* (Hrsg.), Varieties of Secularism (s. Anm. 7); *V. Hoffmann*, Bedingungen des (Un-)Glaubens im „säkularen Zeitalter" (Ch. Taylor), in: ThG 59 (2016), 47–60.
[9] *C. Taylor*, Zeitalter (s. Anm. 6), 18.
[10] *C. Taylor*, Zeitalter (s. Anm. 6), 20. Die Suche nach der „Fülle" ist dabei nicht identisch mit der Frage nach „Sinn". Folgt man Taylor, taucht die Sinnfrage nur in spezifischen Kontexten auf, insbesondere angesichts des „Unbehagens an der Immanenz": vgl. ebd., 514–527.
[11] *C. Taylor*, Zeitalter (s. Anm. 6), 20.

tuellen und moralischen Bestrebungen unvermeidlich auf Gott verweisen und, wie man sagen könnte, ohne Gott keinen Sinn haben, hin zu einer Situation, in der es möglich ist, diese Bestrebungen mit einer Unmenge verschiedener Quellen in Verbindung zu bringen, und in der sie oft auf Quellen bezogen werden, die die Existenz Gottes bestreiten."[12]

Entscheidend ist für Taylor dabei nicht, dass die transzendente Verortung der Fülle in Frage gestellt wird, sondern dass es *Alternativen* gibt, die menschliche Fülle ganz und gar in der Immanenz verorten. Taylor nimmt also die Orientierung an der Fülle, die Suche nach ihr oder ihre Erfahrung *selbst* als *Konstante* in diesen Verschiebungen an: Verortung, Verständnis, Erfahrung der Fülle verändern sich, aber es gibt „nach meiner Überzeugung keine Möglichkeit, ohne die eine oder andere Form dessen, was ich ... als ‚Fülle' bezeichnet habe, auszukommen. Jede realisierbare Vorstellung vom menschlichen Leben muss ein Bild beinhalten, aus dessen Perspektive dieses Leben gut, unversehrt, richtig und angemessen erscheint."[13] Das heißt: „Fülle" ist in seinen Augen ein anthropologisches Universal, nicht jedoch ihre Verortung in der Transzendenz.[14] Auch wenn Taylor sich am Ende von *Ein säkulares Zeitalter* vorsichtig für ein transzendenzbezogenes Verständnis der Fülle ausspricht, heißt das gerade nicht, dass er unterstellte, wer nach der Fülle suche, suche „eigentlich" immer nach Gott. Vielmehr ist seines Erachtens die Diskussion zwischen Glaubenden und Nichtglaubenden, worin diese Fülle letztlich besteht, heute so unvermeidlich wie beide Seiten gute Argumente für ihre Sicht vorbringen können.

Was Taylors Überlegungen zusätzlich interessant macht, ist die Tatsache, dass er den Blick von der Kontroverse zwischen theoreti-

---

[12] *C. Taylor*, Zeitalter (s. Anm. 6), 52 f.
[13] *C. Taylor*, Zeitalter (s. Anm. 6), 1000. Eberhard Tiefensee hat m. E. zu Recht darauf hingewiesen, dass ein solcher Ausweis von etwas als einer anthropologischen Grunddimension nicht bedeutet, dass es bei *numerisch allen* Menschen auftreten müsse oder dass Menschen, bei denen es nicht auftritt, in geringerem Grade Mensch seien. Tiefensee führt als Beispiel die Rationalität an. Vgl. *E. Tiefensee*, Areligiosität denken, in: *J. Freitag u. a.* (Hrsg.), Christi Spuren im Umbruch der Zeiten. Festschrift für Bischof Joachim Wanke zum 65. Geburtstag (Erfurter Theologische Studien 88), Leipzig 2006, 39–60, 46 f.
[14] Vgl. *C. Taylor*, Afterword (s. Anm. 7); *G. Vanheeswijck*, Does history matter? Charles Taylor on the transcendental validity of social imaginaries, in: History and theory 54 (2015), 69–85.

schen Positionen weg- und auf die konkreten Formen menschlichen Erlebens hinlenken will. Wir dürfen „die Unterschiede zwischen diesen Optionen nicht nur im Sinne von Glaubensbekenntnissen verstehen, sondern wir müssen sie auch im Hinblick auf die Unterschiede in der Erfahrung und im Empfinden begreifen."[15] Entsprechend ist auch „Fülle" „nicht selbst ein Glaube, es ist die Wahrnehmung von etwas, das größer ist oder von tieferer Bedeutung und im Bezug worauf wir bestimmte Glaubensüberzeugungen haben".[16]

Dieser Begriff von Fülle könnte der eingangs zitierten von Miggelbrink erhobenen Forderung genügen, „Fülle" nicht von vornherein theologisch engzuführen. Vielmehr ließen sich dieser Begriff der „Fülle" wie insbesondere auch Erfahrungen von Fülle – oder ihrem Fehlen – als eine Basis für das Gespräch zwischen Glaubenden und Nichtglaubenden erproben, bei der nicht von vornherein unterstellt werden müsste, dass einer der Gesprächspartner seine eigenen Erfahrungen missversteht.

Dabei wäre aus christlicher Perspektive meines Erachtens durchaus daran festzuhalten, dass letztlich Gott selbst die Fülle ist (und zwar für *alle* Menschen). Vielleicht ließe sich genauer sagen: Er ist „die Fülle der Fülle", insofern er zumindest *auch* als Fülle in innerweltlichen Erfahrungen erfüllten Menschseins begegnet, ohne dass diese dadurch etwas von ihrer je eigenen „Fülle-Qualität" verlören. Die Suche nach der Fülle und die Erfahrungen, die zu ihr führen, sind dementsprechend Gestalten der Zuwendung Gottes. Aber gegenüber der Unterstellung „Alle Menschen suchen (‚eigentlich') nach Gott" scheint mir die Position einen doppelten Vorzug zu haben:
1. Man kann länger mit der Selbstbeschreibung auch von Menschen mitgehen, die die Fülle, aber ausdrücklich nicht Gott suchen.

---

[15] *C. Taylor*, Zeitalter (s. Anm. 6), 34. Hier wäre ausführlicher auf die Gestalt solcher Erfahrungen und das komplexe Verhältnis von Erfahrung und Deutung zu reflektieren. Vgl. dazu Joas' Rede von „Erfahrungen der Selbsttranszendenz" (auf den sich Taylor diesbezüglich beruft): *H. Joas*, Braucht der Mensch Religion? Über Erfahrungen der Selbsttranszendenz, Freiburg u. a. 2004; *ders.*, Glaube als Option. Zukunftsmöglichkeiten des Christentums, Freiburg u. a. 2012; *E. Tiefensee*, Theologie im Kontext religiöser Indifferenz, in: *J. Knop* (Hrsg.), Die Gottesfrage zwischen Umbruch und Abbruch. Theologie und Pastoral unter säkularen Bedingungen (Quaestiones disputatae 297), Freiburg i. Br. u. a. 2019, 130–144.
[16] „[N]ot in itself a belief, it is the sense of something larger or more deeply meaningful about which we may have beliefs." *C. Calhoun*, Book review: Charles Taylor, A Secular Age, in: European Journal of Sociology 49 (2008), 455–461, 457.

Man wird im Sinn einer christlich-theologischen „Erfahrungshermeneutik" eine andere Lesart des letzten Zieles ihrer Suche vertreten. Aber der Glaubende wird seine Perspektive weniger in der Form geltend machen: „Wenn du nach der Fülle suchst, suchst du eigentlich nach Gott", sondern eher in derjenigen von: „Du suchst nach der Fülle, wir Christen nennen die vollkommene Fülle ‚Gott' und glauben, dass er sich in der Fülle, die du suchst, verbirgt".

2. Damit wird zweitens die Unterscheidung zwischen den „Formen des Erlebens" und der Ebene des ausdrücklichen Bekenntnisses akzentuiert: Ob und wie ein Mensch die göttliche Zuwendung in den Erfahrungen der Fülle beantwortet, welche Bedeutung die Fülle für ihn und welche Gestalt seine tatsächliche Suche hat, ist nicht einfach an seinen expliziten Überzeugungen ablesbar. Etwas vereinfachend könnte man sagen: Erfahrungen der Fülle, der Suche nach ihr oder des Vermissens behalten den Vorrang gegenüber ihren Theoretisierungen.

3. Echte und unechte „Fülle"? Die Frage nach Kriterien

In Anlehnung an Taylor ließe sich folglich sagen: Nicht alle Menschen suchen („eigentlich") nach Gott, aber es gehört zum Menschsein, nach Gestalten der Fülle zu suchen. Daraus folgt jedoch nicht, dass allen diesen Fülle-Orientierungen die gleiche Dignität zuzusprechen wäre im Sinn des eingangs bereits ausgeschlossenen „Fülle ist alles, was mir guttut". Vielmehr stellt sich die Frage nach Kriterien. Nach dem Gesagten ist auch klar, dass diese Kriterien zwischen verschiedenen Gestalten der „Fülle-Orientierung" umstritten sein werden. Aber aus theologischer Perspektive lässt sich möglicherweise der eben vollzogene Doppelschritt wiederholen: Es wäre nach Kriterien Ausschau zu halten, die einerseits mit dem christlichen Verständnis von Fülle kongruent sind, die also von Gott selbst gewissermaßen in eminenter Weise erfüllt werden. Andererseits sollten sie nicht einlinig daraufhin angelegt sein, sondern sich in einer Weise lesen lassen, dass Glaubende und Nichtglaubende verschiedenster Couleur über sie ins Gespräch und gegebenenfalls sogar zu einem gewissen Einvernehmen kommen können.

Damit komme ich zu der zweiten Dimension meines „Seitenstücks", zum zweiten Spannungsverhältnis. Miggelbrink, so habe ich sehr verknappt skizziert, will Fülle nicht auf eine rein jenseitige Größe reduzieren, die innerweltlich höchstens in Erfahrungen des Vermissens zugänglich würde. Andererseits darf sie auch nicht unter der Hand mit kapitalismusförmiger Bedürfnisbefriedigung verwechselt werden. Lässt sich über eine solche grundsätzliche Abgrenzung hinaus hier wenigstens ansatzweise zu Kriterien kommen?

Taylor hat seinerseits zwei Kriterien verwendet, die sich möglicherweise fruchtbar zu Miggelbrinks Ansatz in Beziehung setzen ließen. Taylor selbst bezieht diese Kriterien zwar nicht ausdrücklich auf die Idee der „Fülle", sondern auf die Unterscheidung zwischen trivialen und nichttrivialen Formen von „Selbstverwirklichung" bzw. der Suche nach authentischem Menschsein.[17] Die Fragestellungen sind m. E. jedoch nah genug verwandt, dass die Überlegungen auch auf die „Fülle" Anwendung finden können.

1. Das erste Kriterium lautet: Mein Ideal, meine Fülle-Orientierung muss sich auf Wertvorstellungen und Ziele beziehen, die nicht beliebig gewählt sind, sondern die in einem weiteren Horizont von Bedeutung stehen. Denn es geht Taylor zufolge bei der Frage nach authentischem Menschsein zwar um die Frage, was *für mich* Bedeutung hat. Aber diese Bedeutung wird gerade verfehlt, wenn ich sie rein auf die *Wahl als solche* reduziere und völlig von ihrer Inhaltlichkeit absehe. Dann wäre nicht entscheidend, *was* ich wähle, sondern allein, *dass* ich wähle. Wenn der Inhalt der Wahlalternativen aber irrelevant ist, dann verliert auch die Wahl ihre Bedeutung. Sie wird so trivial wie die Frage nach der präferierten Farbe. Der entscheidende Schritt in Taylors Argumentation ist es deshalb, dass wir die Bedeutsamkeit unseres Ideals nicht *beschließen* können. Ihre Bedeutung erhalten Dinge nicht durch unsere Wahl, sondern nur in einem Kontext, den Taylor als „Horizont" bezeichnet und der wesentlich dadurch gekennzeichnet ist, dass er *außerhalb* meiner selbst liegt, oder präziser gesprochen: *größer* ist als die je eigene Wahl. „Wer als Handelnder im Leben nach etwas Bedeutsamem strebt und den Versuch macht, zu einer sinnvollen Selbstdefinition zu gelangen,

---

[17] Vgl. ausführlicher zu den im Folgenden extrem verknappt wiedergegebenen Überlegungen C. *Taylor*, Unbehagen (s. Anm. 5); *ders.*, Zeitalter (s. Anm. 6), 788–842; V. *Hoffmann*, Selbstverwirklichung, Selbstverleugnung: welches Selbst? Beobachtungen in Anlehnung an Charles Taylor und Lk 9,23–25, in: Theologie und Glaube 106 (2016), 1–15.

muss sein Dasein vor einem Horizont wichtiger Fragen führen … Nur wenn ich in einer Welt lebe, in der die Geschichte, die Forderungen der Natur, die Bedürfnisse meiner Mitmenschen, die Pflichten des Staatsbürgers, der Ruf Gottes oder sonst etwas von ähnlichem Rang eine ausschlaggebende Rolle spielt, kann ich die eigene Identität in einer Weise definieren, die nicht trivial ist."[18]

Im Blick auf Erfahrungen von Fülle, die mich tatsächlich orientieren, tragen, mein Menschsein vertiefen können, könnte man sagen: Sie lassen sich nicht erzeugen, sondern sie müssen auf mich zukommen. Das heißt nicht, dass sie sich völlig außerhalb unserer Reichweite befänden, wir schaffen schließlich in menschlichen Begegnungen, religiösen Vollzügen etc. bewusst Möglichkeiten solcher Fülle-Erfahrung. Aber solche Erfahrungen können nur dann wirklich tragende Fülle-Erfahrungen sein, wenn wir sie in irgendeinem Sinn als „größer" erleben als das, was wir selbst dazu beigetragen haben.[19] Das letzte Zitat von Taylor macht dabei zugleich noch einmal deutlich, dass dieses Kriterium sich genau auf der bereits beschriebenen Linie bewegt: Ein solcher als von mir nicht gemachter, sondern empfangen erlebter Horizont *kann* als Gottesbezug verstanden werden, aber das ist nicht die einzige mögliche und plausible Deutung.

2. Als zweites konstitutives Kriterium nennt Taylor die Bindung an andere, und zwar in einer Weise, die sie nicht für meine Zwecke instrumentalisiert. Die Entfaltung unserer Identität kann bekanntlich allein im Selbstbezug gar nicht geschehen. „Unsere eigene Identität wird … im Dialog mit anderen gebildet, in der Übereinstimmung oder Auseinandersetzung mit ihrer Anerkennung unserer eigenen Person."[20] Die Anerkennung des anderen und seine Anerkennung meiner Person, ohne dass jemand „Mittel zum Zweck meiner Fülle-Erfahrung" wird, sind deshalb entscheidend.

Taylors Doppelkriterium ließe sich also folgendermaßen zusammenfassen: 1. Es kann nicht um beliebige Wahlobjekte gehen. Auch wenn ich mich nur auf die Fülle hin orientieren kann, indem ich sie

---

[18] C. *Taylor*, Unbehagen (s. Anm. 5), 51.
[19] Vgl. auch H. *Rosa*, Zwischen Selbstthematisierungszwang und Artikulationsnot? Situative Identität als Fluchtpunkt von Individualisierung und Beschleunigung, in: *J. Straub* (Hrsg.), Transitorische Identität. Der Prozesscharakter des modernen Selbst, Frankfurt a. M. 2002, 267–302.
[20] C. *Taylor*, Unbehagen (s. Anm. 5), 55.

für mich als Orientierung *anerkenne*, so *wird* etwas dennoch nicht zur Erfüllung meines Menschseins dadurch, dass ich es wähle. Es braucht einen weiteren Horizont von Bedeutung. 2. Eine solche „Fülle" ist nie nur „Fülle für mich", sondern muss die konstitutive Bedeutung der Bindung an andere berücksichtigen. Beide Kriterien sind gewissermaßen „Außenverankerungen", die verhindern, dass sich die Suche nach der Fülle in sich selbst verkrümmt.[21]

Mir scheint, dass dieses Doppelkriterium zumindest einen ersten Schutzwall bieten kann gegen subjektivistisch verkürzte Perspektiven im Sinn von „alles, was mir guttut, ist Fülle-Erfahrung". Auf diese Weise ließe sich die anthropologische Dimension, in der sich die Begegnung mit Gott ereignet, offener über die Idee der „Fülle" beschreiben, ohne unkritisch alle möglichen Figuren zu akzeptieren, die irgendjemand als „erfülltes Menschsein" beschreiben würde.

Und wieder, wie im Blick auf das erste Spannungsverhältnis, scheint es mir geboten, von theologischer Seite mit der Selbstbeschreibung anderer, Glaubender wie Nichtglaubender, in einem sorgfältigen „einerseits – andererseits" umzugehen. Wieder ist die Selbstbeschreibung des jeweiligen Fülle-Suchenden zunächst zu achten, besitzt aber keine unhinterfragbare Normativität. Weder ist alles gutzuheißen, nur weil jemand es wählt, noch mag er immer wirklich „wissen, was er wählt". Im Sinn von Taylors Vorrang einer Erfahrungshermeneutik vor Theoretisierungen können sich kritische Fragen dabei auch an explizit Glaubende richten. Es kann beispielsweise sein, dass ein im ausdrücklichen Bekenntnis Glaubender in seiner tatsächlichen Erfahrungshermeneutik zwar die Fülle sucht, aber sie durchaus nicht bei Gott sucht.

---

[21] Möglicherweise ließe sich für das Gespräch über diejenigen Fülle-Konzepte, die eine Transzendenzdimension einschließen, ein Doppelkriterium ergänzen, das Jürgen Werbick aufgestellt hat und das man als „doppeltes Funktionalisierungsverbot" bezeichnen könnte: 1. Das Unbedingte muss als solches zur Geltung kommen, und es müssen 2. die von ihm Ergriffenen in diesem Ergriffensein als sie selbst vorkommen können – „ohne dass die Unbedingtheit des sie darin Angehenden dadurch widerrufen wäre": *J. Werbick*, Den Glauben verantworten. Eine Fundamentaltheologie, Freiburg u. a. ²2005, 71.

4. „Fülle" und „Leere"

Die skizzierten Spannungsverhältnisse führen schließlich zu einer weiteren interessanten Verbindungslinie zwischen Taylors und Miggelbrinks Überlegungen, die hier wiederum nur kurz von Taylor her angeschnitten werden soll. Der kriteriengesteuerte Umgang mit der Idee der Fülle soll ja eine Trivialisierung der Fülleorientierung verhindern. Man könnte nun noch weitergehend fragen: Muss ein christliches Verständnis der „Fülle" (und für viele anders religiös konnotierte Fülleverständnisse wäre Ähnliches zu sagen) nicht einen starken Akzent auf gewissermaßen der „Leere" integrieren: auf der Nachfolge Christi und dem Dienst am Reich Gottes, die nicht die Fülle des eigenen Lebens, sondern vielmehr den Anderen, insbesondere den notleidenden Anderen im Blick haben?

Bei Miggelbrink findet sich diese Frage in der Gestalt der Auseinandersetzung mit negativ-theologischen Figuren.[22] Bei Taylor deuten die vorgeschlagenen Kriterien bereits an, dass sich dieser Aspekt in das Konzept der Fülle eintragen lässt. In Taylors Augen gilt einerseits: „Im christlichen Verständnis will Gott, dass der Mensch sich entfaltet, aber ‚Dein Wille geschehe' lässt sich nicht reduzieren auf ‚lass Menschen sich entfalten' ... Christlicher Glaube kann ... als Forderung nach einer radikalen Dezentrierung des Selbst in Bezug auf Gott verstanden werden."[23] Auf der anderen Seite führt eine solche „Selbst-Dezentrierung", die wie ein Verzicht auf eine Suche nach der Fülle (zumindest für sich selbst) aussehen könnte, letztlich nicht von ihr weg, sondern zu ihr hin:

„Entsagung – auf ein Jenseits des Lebens zielen – führt nicht nur von der Entfaltung weg, sondern auch zurück zu ihr. Aus christlicher Perspektive gilt: Wenn Entsagung dich in Beziehung auf Gott dezentriert, dann ist es andererseits Gottes Wille, dass Menschen sich entfalten, und so wirst du zurückgeführt zu einer Bejahung dieser Entfaltung, die biblisch ‚agape' heißt."[24]

---

[22] Vgl. *R. Miggelbrink*, Lebensfülle (s. Anm. 2), 13–15.
[23] „For Christians, God wills human flourishing, but ‚thy will be done' doesn't reduce to ‚let human beings flourish.' ... Christian faith can be seen ... as a calling for a radical decentering of the self, in relation with God'": *C. Taylor*, A Catholic Modernity?, in: *ders.*, Dilemmas and connections. Selected essays, Cambridge 2011, 167–187, 173.
[24] „Renouncing – aiming beyond life – not only takes you away but also brings

Vermutlich wäre es nicht schwer, hier eine Verbindung zu Ricœurs Überlegungen zur „Agape" zu ziehen – der Agape, die die Gabe davor bewahrt, zu einer Quasi-Ökonomie zu werden, und ihr demgegenüber ein Element des Überschusses, der bleibenden Großzügigkeit verleiht.[25] Diese Überkreuzung zwischen Taylors Verständnis der Fülle und Ricœurs Konzept der Gabe wäre auch deshalb reizvoll zu beobachten, weil Miggelbrink sich gewissermaßen „im Fadenkreuz" der Überlegungen zu befinden scheint.[26] Aber das kann hier nicht weiter entfaltet werden, sondern muss Andeutung bleiben.

5. Fazit

Mir scheint, im Blick auf die Fülle lassen sich Charles Taylor und Ralf Miggelbrink ähnliche Grundintuitionen attestieren. Soweit ich sehen kann, gibt es jedoch bisher keine Rezeptionslinien. Das hat den Vorteil, dass auf diese Weise zwei ganz eigenständige Zugänge entstanden sind, die sich jetzt möglicherweise gegenseitig befruchten könnten. Taylors Überlegungen als „Seitenstück" an Miggelbrinks Entwurf „anzubauen", schiene mir insbesondere deshalb reizvoll, weil sie m. E. die Möglichkeit einer gemeinsamen Gesprächsbasis zwischen Glaubenden und Nichtglaubenden anbietet über das, was die Fülle des Menschseins ausmacht. Damit soll keineswegs gesagt sein, dass die Grundspannung schon aufgelöst wäre zwischen einem „nicht-elitären" Verständnis von Fülle einerseits: die wahre Fülle ist nicht exklusiver Besitz von Glaubenden; einem Festhalten daran andererseits, dass Gott selbst die „primordiale Fülle" ist; und, ergänzend, einer großen Zurückhaltung, Menschen zu unterstellen, dass sie ihre eigene Sehnsucht grundsätzlich missverstehen. Aber bei allen Fragen, die hier im Einzelnen noch weiterzuverfolgen wären, scheint

---

you back to flourishing. In Christian terms, if renunciation decenters you in relation with God, God's will is that humans flourish, and so you are taken back to an affirmation of this flourishing, which is biblically called *agape*.": C. *Taylor*, Catholic Modernity (s. Anm. 24), 174. Hervorhebung im Original.

[25] Vgl. P. *Ricœur*, The Golden Rule: Exegetical and Theological Perplexities, in: NTS 36 (1990), 392–397; ders., Wege der Anerkennung. Erkennen, Wiedererkennen, Anerkanntsein, Frankfurt a. M. 2006, Kap. V.

[26] Kaum zufällig spielt die Gabe auch in *Lebensfülle* eine wichtige Rolle; vgl. R. *Miggelbrink*, Lebensfülle (s. Anm. 2), v. a. 105–164.

mir das Konzept der Fülle mit seinen Balancen von innerweltlichen Erfahrungen und ausstehender letzter Erfüllung, von Vielfalt der Phänomene, aber keiner unkritisch-pauschalen Gutheißung von allem, was vordergründig gut zu tun scheint, ein verheißungsvoller Ansatzpunkt zu sein.

„Fülle des Lebens" (Joh 10,10) als hermeneutischer Schlüsselbegriff christlicher Existenz

Ralf Miggelbrink

1. „Fülle" – ein biblisch eschatologisches Konzept

Das Begriffsfeld „Fülle" steht im Johannesevangelium innerhalb eines dynamischen, eschatologischen Daseinskonzepts, wie es uns seit der Aufklärung fremd geworden ist. Die Aufklärung knüpft an die mittelalterliche Vorstellung der Welt als eines (diesseitigen) (Bewährungs-)Raumes an und erweitert sie um den neuen Gedanken der freien Gestaltbarkeit dieses Raumes. Das neuzeitliche Konzept des Zukunftsraumes beerbt insofern das mittelalterliche Weltbild der dreifachen räumlichen Trennung von Himmel, Hölle, Purgatorium und weiteren, kleineren eschatologischen Orten: Das Grundmodell bleibt dasjenige der Welt als eines Gestaltungs- und Bewährungsraumes.

Das johanneische Konzept der verändernden Präsenz Gottes, das Gegenwart und Zukunft verbunden sieht in einer von Gott ausgehenden eschatologischen Dynamik, ist der katholischen Systematik bis heute fremd und unheimlich.[1] Die Freiheitstheologen der Gegenwart opponieren im Anschluss an Hermann Krings und Thomas Pröpper im Interesse der menschlichen Freiheit, die sie in Konkurrenz zur göttlichen Freiheit bestimmen: Wenn Freiheit sich vollzieht als Verfügen gemäß eigenem Entschluss, dann führt diese univoke Anwendung dieses Freiheitsbegriffes auf Gott und Mensch die göttliche und die menschliche Freiheit in eine unausweichliche Konkurrenz, deren heilsgeschichtliche, in Jesus Christus offenbar gewordene Lösung Pröpper im göttlichen Freiheitsverzicht sieht: Gott – und das lässt sich nun wieder schön raummetaphorisch sagen – verzichtet um der menschlichen Freiheit willen auf die uneingeschränkte Entfaltung seiner göttlichen Freiheit, oder positiv formuliert: Gott be-

---

[1] Vgl. *T. Pröpper*, Theologische Anthropologie, Freiburg 2011, 494–500.

stimmt sich frei dazu, um der menschlichen Freiheit willen auf die eigene Freiheit zu verzichten.[2]

Charmant mag mancher finden, dass die seit der protestantischen Leben-Jesu-Forschung des 19. Jahrhunderts virulente Beunruhigung in der Theologie durch eine eschatologische Wende überwunden wird durch die Repristination einer Eschatologie der eschatologischen Orte. Die Entdeckung der präsentischen Eschatologie Jesu hatte das lokale eschatologische Denken des Mittelalters gründlich irritiert: Himmel, Hölle und Fegefeuer wurden fragwürdig nach der Entdeckung der Überzeugung des historischen Jesus von Nazareth, dass Gottes eschatologische Gegenwart machtvoll verwandelnd in die innerweltliche und geschichtliche Gegenwart hineinragt, dass mithin Gott sich nicht einordnen lässt in ein orakelnd unbestimmtes „Jenseits".

Das christentumsgeschichtlich so überaus dominante orthafte Konzept in der Eschatologie ist jedoch nicht das dominierende biblische. Vom historischen Jesus über die Synoptiker bis zum Johannesevangelium bezeugt Jesus einen in der Welt zu deren Heil präsentisch wirksamen Gott, dessen *dýnamis* verwandelnd in die Gegenwart hineinragt. Innerhalb dieser Grundidee ist das *plēroma*-Konzept zu verstehen. Wenn Johannes vom Ewigen Leben spricht, so meint er dezidiert keine jenseitige Größe, sondern gerade das Gegenteil: die präsentische *dýnamis* Gottes, mit der Gott als er selbst verwandelnd in die menschliche, soziale, politische Gegenwart eingreift, wo Menschen sich der Gegenwart Gottes öffnen, sich für sie sensibilisieren, sie zulassen.

2. Fülle – ein vorneuzeitliches Konzept?

Gegen diesen biblischen Gedanken verteidigt vor allem die Pröpper-Schule in der Gegenwart das Modell einer zukünftigen Eschatologie. Der Grund dafür ist nicht die seit Paulus immer wieder das christliche Denken bestimmende Furcht vor dem (korinthischen) Enthusiasmus, die in der Gegenwart die Gestalt der theologischen Abneigung gegen politische Theologien der eschatologisch orientierten

---

[2] Vgl. ebd., 602–613.

Geschichtsdeutung annimmt. Der Grund ist bei Pröpper die zugrundegelegte Konkurrenz von göttlicher und menschlicher Freiheit. Der Mensch kann nur frei sein, wo Gott ihm einen Raum der Freilassung gewährt. Göttliches Wirken in der Geschichte steht im Widerspruch zu dem Konzept einer Welt, die mit der Schöpfung dem Menschen als von ihm zu gestaltender Freiheitsraum überlassen wäre. Und dieser Gedanke ist für Pröpper entscheidend: Der Mensch darf von Gott her in der Welt frei schalten und walten und sich selbst so entwerfen als der Andere von Gott, den als solchen zu lieben der Inbegriff göttlicher Liebe und Allmacht ist. Mit dieser Emphase menschlicher Autonomie werde das Freiheitsbewusstsein der Neuzeit theologisch erreicht und affirmiert.[3] Anthropologisch setzt die Pröpper-Schule den absoluten Wert individueller menschlicher Freiheit voraus.

Eschatologisch wird zur Emphase menschlicher Freiheit ein raumhaftes Konzept von Eschatologie reaktiviert. Die Raummetapher widerstrebt schon bildlogisch der Füllemetapher. Das griechische *pleróein* hat seinen imaginativen Ursprung in der Erfahrung des vollgegossenen Schiffsrumpfes. Das Vollaufen steht in semantischer Spannung zum Bildgehalt des Vakuums, das die Metapher des zu gestaltenden Freiheitsraumes voraussetzt. Der Gottesbegriff muss innerhalb der Freiheitstheologie von einem Begrenzungskonzept her konzipiert werden: Nur als sich selbst Zurücknehmender lässt Gott der menschlichen Freiheit Raum. Als Zurückgenommener macht sich Gott offenbarend kenntlich, nicht aber, um in das Leben der Menschen inspirierend und motivierend hineinzuwirken, sondern um es als Ausdruck menschlicher Freiheit aus der Ferne seines göttlichen Andersseins gutzuheißen und mit dem trinitarischen Geheimnis seines innergöttlichen Lebens den innergöttlichen Grund dieser erlösenden Gutheißung zu offenbaren. Freiheit als Selbstbestimmung lässt sich schlecht vermitteln mit den normativen Gehalten eines emphatischen Lebensbegriffes.

---

[3] Vgl. ebd., 494–500.

3. Fülle zwischen Wollen und Erkennen

Was kann unter diesen Grundannahmen die johanneische Verheißung des „Lebens in Fülle" bedeuten? Wo menschliche Freiheit in Konkurrenz zu göttlicher Freiheit verstanden wird, wird der johanneische Lebensbegriff auf die innergöttliche Liebe bezogen. Die Theologie Thomas Pröppers und seiner Schüler tendiert dementsprechend zu einem tripersonalen Konzept in der Trinitätslehre. „Lebensfülle" ist die innergöttliche Fülle, die sich in der liebenden Affirmation des anderen realisiert: Der Vater liebt den Sohn und ist darin dessen Ursprung. Der Sohn liebt den Vater und stimmt ein in den Grundvollzug der Zustimmung zum anderen als dem Wesen der göttlichen Liebe, aus der der Mensch als das andere Gegenüber Gottes entspringt. Die Menschen werden zu Zeugen der geoffenbarten innergöttlichen Liebe als des transzendenten Geheimnisses ihrer eigenen Existenz. In Gott schaut der Mensch das tripersonale Geheimnis seines eigenen Aus-Liebe-für-Liebe-geschaffen-Seins.[4]

Das Freiheitskonzept ist darin am Ende überraschend intellektualistisch, ja nachgerade gnostisch: Erlösung besteht in der Erkenntnis des göttlichen Lebenssinns. Die freie Selbstsetzung des Menschen ist eschatologisch weitgehend bedeutungslos. Der betonte Voluntarismus der Pröpper-Schule verkehrt sich eschatologisch in einen von Balthasarschen Intellektualismus.

Das von mir vertretene Gegenkonzept steht in der Tradition des Thomas von Aquin: Thomas misst der Erkenntnis der Wahrheit für die Gestaltung der menschlichen Existenz die bedeutendere Rolle zu. Und Thomas bindet Wahrheit an sinnliche Erkenntnis der endlichen Welt *(conversio ad phantasma)*. Freiheit ist um der Wahrheit willen da.[5] Die Freiheit bringt das in Wahrheit Erkannte zur Geltung, indem sie sich der Wahrheit unterwirft. Diese Grundidee mag zynisch klingen, wo Wahrheit nur voluntaristisch gedacht wird, nämlich als

---

[4] Vgl. ebd., 1309–1314.
[5] Das ist die eigentliche Stoßrichtung der Erkenntnismetaphysik Karl Rahners, dessen grundlegendes Werk (*K. Rahner*, Geist in Welt. Zur Metaphysik der endlichen Erkenntnis bei Thomas von Aquin, München ²1957) nach eigenem Bekunden (vgl. ebd., 14) auch „*conversio ad phantasma*" hätte heißen können, weil die Bindung jeder metaphysischen Erkenntnis an den Vollzug der innerweltlichen Erkenntnis das eigentliche Argumentationsziel der Rahnerschen Arbeit am thomasischen Erkenntnisbegriff ist.

erhobener *Wahrheitsanspruch*, der in kirchlichen Kreisen die Gestalt der Forderung nach Unterwerfung und Gehorsam unter obrigkeitlichen Setzungen annehmen kann. Aber Wahrheit mit Unterwerfung unter Wahrheitsansprüche zu assoziieren, setzt eine Depravation des Wahrheitsbegriffes voraus. Philosophiegeschichtlich treten mit dem Wahrheitsbegriff die genaue Beobachtung und das Zutrauen zur Leistungsfähigkeit der Vernunft auf Seiten der Vorsokratiker gegen insbesondere religiösen Autoritarismus und Dogmatismus in den Ring. *Wahrheit ist als regulierender Begriff menschlichen Erkennens die Verheißung jenseits der Wahrheits-Ansprüche.*

Dann aber stellt sich die Frage: Gibt es für die suchende Vernunft in der sinnlich erfahrbaren Welt Anhaltspunkte für einen Fülle-Begriff in der eigenen Lebenswirklichkeit und Existenzerfahrung?

4. Fülle im ökonomischen Kontext

Diese Frage führt sofort in einen aktuellen anthropologisch-politischen Konflikt: Ist menschliches Leben unter Rückgriff auf Ideen, Symbole und Praxen der Fülle oder des Mangels zu deuten? Insbesondere der Evolutionismus ab dem 19. Jahrhundert fordert eine Deutung der Welt unter dem Mangel-Apriori als eine Grundvoraussetzung rationaler Weltsicht überhaupt:[6] Die Welt rational, das heißt am Ideal der Überlebenseffizienz orientiert, deuten, heißt: die Welt als lebensbedrohliche Mangelsituation deuten. Der Tor freut sich der Fülle des Sommers, erfriert und verhungert dann aber in dem Winter, auf den sich vorzubereiten er versäumte. Der Kluge baut vor und sieht in der heutigen Fülle den morgigen Mangel aufziehen. Er konsumiert nicht, was ihm gegeben ist, sondern nutzt es planvoll für die Vorsorge. Tief haben wir diese Erfahrung bei unserer Art, die Welt zu sehen und zu bewirtschaften, verinnerlicht. Je klüger wir sind, umso skeptischer sehen wir Glück und Erfüllung, desto gründlicher haben wir gelernt: Suche den verborgenen Mangel und beuge ihm vor!

Diese mangel-geprägte Weltsicht tendiert zum Atheismus, der im geflügelten Wort „Hilf dir selbst, dann hilft dir Gott!" nur scheinbar

---

[6] *M. Weber*, Wirtschaft und Gesellschaft 1927, § 10: „Rein technisch angesehen ist *Geld* das „vollkommenste" wirtschaftliche Rechnungsmittel, das heißt: das formal rationalste Mittel der Orientierung wirtschaftlichen Handelns."

vermieden wird. Die bittere Wahrheit lautet: „Es gibt kein Butterbrot umsonst.", wie Birgit Breuel sentenzenhaft titelte und sich empfahl als Chefin für die Umwandlung der DDR-Planwirtschaft in ein marktwirtschaftliches System.[7]

Birgit Breuel erhob mit dieser Sentenz das Handlungsmuster von Kaufen und Verkaufen zum Grundmuster aller menschlichen Interaktion. Damit stand sie nicht allein, sondern spiegelte das seit den neunziger Jahren etwas vermessen als „ökonomische Anthropologie" benannte Modell des *„homo oeconomicus"*. Dieses Modell war ursprünglich ein bloßes Theorem zur Benennung eines bestimmten Handlungstyps: ein Mensch, der in allem Handeln nach der Mehrung des eigenen geldwerten Vorteils strebt, ist der *homo oeconomicus*. Er trachtet danach, möglichst preiswert einzukaufen und möglichst gewinnsteigernd zu verkaufen. Der *homo oeconomicus* als Modell des Menschen passt scheinbar vorzüglich zu einem evolutiven Menschenbild: Überleben ist eine knappe Ressource, die jedes Lebewesen vorteilhaft sich anzueignen bemüht sein muss.[8]

Die Betrachtung von Mensch und Natur unter dem Apriori der Fülle erscheint unter den Bedingungen des *homo oeconomicus* als sträflicher Leichtsinn: Wer bei der Hochzeit im Überschwang die Mitgift verprasst, der kann die Kinder nicht mehr ernähren. Andererseits kam auch den Evolutionsbiologen in den Sinn, dass die überschwängliche Hochzeitsfeier ein ökonomisch erfolgreiches Handeln sein kann, wenn die Gäste unter dem Eindruck ihrer üppigen Bewirtung in der Folgezeit bereit sein werden, dem jungen Paar mit Rat und Tat zur Seite zu stehen und ihm in Notzeiten über die Runden zu helfen. Fülle-Simulation kann also im Mangelkosmos durchaus sinnvoll sein, muss aber strategisch immer an die nüchterne Wahrnehmung der Grundsituation des Mangels gebunden bleiben. Das üppige Fest kann auch im Mangelkosmos einer sinnvollen Strategie entsprechen. Es muss nur bewusst bleiben, dass es sich um eine *Strategie* handelt und nicht um das Abbild einer paradiesischen Lebenswelt.

---

[7] *B. Breuel*, Es gibt kein Butterbrot umsonst. Gedanken zur Krise, den Problemen und Chancen unserer Wirtschaft, Düsseldorf-Wien 1976.
[8] Vgl. *R. Miggelbrink*, Leben in der Mangelobsession, in: ders., Lebensfülle. Für die Wiederentdeckung einer theologischen Kategorie, Freiburg 2009, 22–42.

5. Fülle-Erfahrungen im Leben

Zwei Sinnspuren der alltäglichen Fülle lassen sich erkennen:

5.1 Gabe

Der Ethnologe Marcel Mauss beschreibt das Handeln der Gabe als universal menschliches Muster, mit dem Menschen soziale Kooperation erzeugen. Gabe ist mithin ein Kultur und Staaten ermöglichendes, evolutiv überaus bedeutsames Modell: Der Geber gibt ohne Zwang und Verpflichtung und der Beschenkte erwidert die Gabe zeitverzögert und wertdifferent.[9] Durch diese beiden Modifikationen wird das Missverständnis des sozialen Interaktionsmodells von Kaufen und Bezahlen vermieden, das in der Logik des *homo oeconomicus* nur da sinnvoll realisiert wird, wo der Preis gedrückt wird. Die Logik der Gabe funktioniert entgegengesetzt: Der Beschenkte drückt nicht den Preis, sondern erwidert die Gabe mit einer wertungleichen Gegengabe, deren Mehrwert gegenüber der ursprünglichen Gabe die symbolische Zurückweisung des Handlungsmusters von Kauf und Bezahlung impliziert. Damit lädt der Geber zur Orientierung an einem anderen Handlungsmuster als dem ökonomischen ein. Wer als Beschenkter das Geschenk annimmt und wertungleich und zeitversetzt erwidert, der nimmt ein Beziehungsangebot an und tritt in eine wechselseitige Verpflichtung ein.[10] Menschen, die Gaben annehmen, stimmen einer unabsehbaren wechselseitigen Verschuldung zu. Sie ersetzen das Handlungsmuster von Kauf und Bezahlung durch das Handlungsmuster der bleibenden wechselseitigen Verpflichtung. Unerwünscht ist dieses Beziehungsmuster als ein solches, das Individuen und Amtsträger verbinden soll, weshalb das Gabehandeln im Umgang mit Amtsträgern als Korruption missbilligt wird.

Der Wechsel des Handlungsmusters ist bedeutsam: Während der *homo oeconomicus* am Modell der ruhenden Entität festhält, zielt der

---

[9] Vgl. *M. Mauss*, Die Gabe. Form und Funktion des Austausches in archaischen Gesellschaften, Frankfurt a. M. 1990 (Original: *Essai sur le don*, Paris 1950), 27–49.
[10] Vgl. *V. Hoffmann*, Skizzen einer Theologie der Gabe. Rechtfertigung – Opfer – Eucharistie – Gottes- und Nächstenliebe, Freiburg 2012.

Schenkende auf eine bewegte Beziehung des Hin und Her der Gaben. Fülle ist in diesem Modell nicht als Masse denkbar, sondern als Bewegungsgeschwindigkeit. Fülle ist nicht aggregierbar, sondern nur erlebbar. Fülle manifestiert sich als das Leben einer durch Gabe und Gegengabe konstituierten Gemeinschaft wechselseitiger Verpflichtung, die in immer neuen Gabezusammenhängen eingelöst und überboten wird und so neue Gabeprozesse auslöst.

5.2 Subjekt-Perspektive

Die Logik des *homo oeconomicus* zielt darauf ab, menschliches Handeln in einer vermeintlichen Wissenschaftlichkeit der Perspektive zu erfassen, bei der es vor allem darum geht, Menschen und ihr Handeln *von außen* zu beschreiben, also in Analogie zu der Naturbeobachtung der Naturwissenschaften. Nicht die Erlebens- und Erfahrensperspektive wird eingenommen, sondern eine Perspektive, bei der menschliches Handeln in Analogie zu Beobachtungen im Tierreich gedeutet wird: Die Brutpflege bei Nistvögeln nimmt im Maße der Fremdkopulationen des Weibchens ab und ist ergo Ausdruck eines Genegoismus des Lebewesens, der sich damit auch als Erklärungsprinzip menschlicher Mitmenschlichkeit anbietet: Jeder Altruismus ist Schein-Altruismus, der als egoistische Strategie eines genetischen Individuums darauf abzielt, bei anderen Individuen die Bereitschaft zur Kooperation *einzukaufen*. Egoismus ist jedes auf den eigenen Überlebensvorteil ausgerichtete Denken und Handeln. Schon diese Definitionen aus der Perspektive der Soziobiologie befremden, weil ein vermeintlich natürliches Verhalten mit negativen ethischen Wertungswörtern beschrieben wird. Auf diese Weise wird ein Grundkonflikt zwischen beschreibender Naturwissenschaft und orientierender Ethik unvermeidlich. Darin liegt die ein Breitenpublikum adressierende durchaus intendierte Entlastungsfunktion soziobiologischer Theoriebildung: Du machst Dinge, die dein Gewissen missbilligt? Sorge dich nicht! Das ist ganz normal! Die vermeintlich wissenschaftliche Beschreibungsperspektive zielt somit auf eine Nivellierung der normengenerierenden Selbstbestimmungsperspektive da, wo diese den Grundkonflikt zwischen Sein und Sollen wahrnimmt. Das Sein soll als fraglose Norm des Sollens etabliert werden. Die Deutungsoffenheit des Seins in der Wahrnehmung eines sich selbst bestimmenden Subjekts wird auf der Grundlage vermeintlich wissenschaftlicher Objektivität geleugnet: Der Mensch ist scheinaltruistisch und das hat einen letztlich auf den eigenen Vorteil bezogenen Sinn. Sollen ist eine hinsichtlich ihres Erfolges empirisch messbare *in the long run* für die Gattung sinnvolle Strategie des Seins. Wo Kant noch die der Moralität gemäße Kausalität einer Obersten Natur postulieren musste,[11] da reicht dem Soziobiologen der Überlebensvorteil der genetischen Einheit im evolutiven Prozess.

Wer so interpretiert, traut nicht den eigenen menschlichen Erfahrungen. Freude und Hoffnung, Liebe und Kooperation sind ihm keine letzten Größen menschlicher Selbsterfahrung, sondern rekonstruierbar innerhalb einer *Metaphysik des Eigennutzes*. Mit Recht muss gefragt werden: Welchen (evolutiven) Vorteil bietet dieser Ausstieg aus der motivierenden Selbsterfahrung in die reflektierte Erfahrung des dekonstruierten Selbstlosigkeitsbewusstseins? Welchen Vorteil hat der, der zu wissen glaubt, dass nicht die Selbstlosigkeit, sondern die Konkurrenz um knappe Ressourcen das letzte Prinzip des Lebens ist? Der offensichtliche Vorteil ist das Wissen um die strategische Begrenztheit der Selbstlosigkeit: Wenn der Egoismus das Prinzip des Altruismus ist, dann kommt alles auf den richtigen Moment des Ausstieges aus der altruistischen Fiktion an, die eben nicht das Sein bestimmt, sondern lediglich den Augenblick.

Diese evolutionsbiologische Rechnung geht wegen der Sterblichkeit der strategisch-egoistischen Subjekte nur dann auf, wenn mittels der Vererbung eine leibliche Unsterblichkeit des einzelnen angenommen wird, dessen Gene in den eigenen Kindern und Kindeskindern so lange weiterleben, wie das eigene Handeln und das der Nachfahren ihnen einen Überlebensvorteil verschaffen. Diese vermeintlich objektive Perspektive sieht Leben und Lebenssinn *von außen* an, indem nämlich nicht das Empfinden und Erleben des denkenden Subjektes als Ausgangspunkt genommen wird für die intellektuelle Rekonstruktion menschlichen Handelns, sondern dieses rekonstruiert wird als Fall eines allgemeineren biologischen Prinzips, das allenthalben auch in der vorbewussten Natur obwaltet.

Mit dieser Perspektivwahl abstrahieren entsprechende Theorien von der unterscheidenden Selbsterfahrung menschlicher Intellektualität: Menschen sind auch als denkende und verstehende endliche Subjekte, die über ihre Lebenszeit frei verfügen, die sich selbst in

---

[11] Vgl. *I. Kant*, Kritik der praktischen Vernunft (Riga 1788), A 223–226.

ihrer Lebenszeit setzen und gestalten können. Die Erfahrungen von Freiheit und Endlichkeit des eigenen Sichsetzens in Bezug auf alles andere gehört zur menschlichen Erkenntnis dazu: Nie ist es ein unabweisbar objektiver Zusammenhang, als dessen Moment ich mich erkenne. Immer ist jede Aussage darüber, wie die Welt sei, ein Moment meines eigenen freien Michsetzens in Bezug zu Welt und Mitwelt. Menschen sind so sehr freie Wesen, dass es keinen Gebrauch der welterkennenden theoretischen Vernunft gibt, dem nicht innewohnte, dass Menschen sich unter dem Gesetz der praktischen Vernunft selbst setzen.

6. Fülle und Mangel als Momente der (freien) Selbstsetzung

6.1 Erfahrung und Theologie

Die Theologie hat im Begriff der Erfahrung diesen Zusammenhang über Jahrhunderte reflektiert: Mit dem Begriff der Erfahrung widersteht sie der Idee, die Unmittelbarkeit mit der ein beobachtender und denkender Mensch vermeintlich ganz beim Objekt seiner Beobachtung sei, bedeute tatsächlich, dass es in dieser Beobachtung keine Gegenwart des beobachtenden Subjekts gebe. Der Beobachtende wäre ganz *Realist*, ganz objektiv, ganz bei der Sache und von dieser bestimmt, vollkommen *„conversus ad phantasma"*, hingegeben an das erkannte Sinnenbild.

Wer so denkt, verkennt, in welchem Maße Fragen, Erwartung und Auswahl schon die Wahrnehmung lenken, wie stark die Wahrnehmung als begriffene und mitgeteilte durchformt wird durch einen Erkenntnisapparat, der einer Verstehensleistung zuarbeitet, die auf zahlreichen Vorerfahrungen des Subjekts basiert: Erfahren heißt immer *Wahrnehmen und Deuten* in einem. Erfahrung verknüpft immer das Sinnenwesen mit dem wissenden, erinnernden, deutenden intellektuellen Wesen. Erkenntnis ist gar nicht *subjektlos* zu gewinnen und betrifft als bewusst reflektierte immer auch das Subjekt in seiner freien Selbstsetzung. Interesselose Objektivität ist nicht eine natürliche Grundlinie menschlicher Wahrnehmung, sondern ein fernes Ideal naturwissenschaftlicher Abstraktion, das der lebensweltlichen Weltwahrnehmung fremd ist. Die Alltagswahrnehmung verwebt das sinnlich Wahrgenommene mit kollektiven und individuellen Gedächtnisleistungen. Erst so wird aus Wahrnehmungen menschliche Erkenntnis.[12]

Kollektive Gedächtnisinhalte sind im kulturellen und religiösen Gedächtnis von Traditionspopulationen gespeichert und werden von da zur Deutung der Wahrnehmungen mobilisiert. Erst in diesem Prozess werden aus Wahrnehmungen sprachlich und kulturell kommunizierbare Erfahrungen. Zu deren Konstruktion gehört allerdings auch, dass sich das erinnernde Subjekt der Wahrnehmungen zu seinen Wahrnehmungen in Beziehung setzt. Dieses Sich-in-Beziehung-Setzen kann in dem Maße frei gelingen, in dem die Traditionsgehalte selbst ein freies In-Beziehung-Treten von sich aus fordern. Eine solche Forderung impliziert in der christlichen Tradition der Begriff „Glaube". „Glaube" bezeichnet eine starke, freie Verfügung eines Subjekts in Bezug auf einen zu bejahenden oder abzulehnenden erkannten Gegenstand, mit der der Über-sich-Verfügende sich dauerhaft in ein sein ganzes Dasein prinzipiell bestimmendes Verhältnis setzt. Nichts anderes wird mit der Symbolik der neutestamentlichen Taufe ausgedrückt: Der alte Mensch (Adam) stirbt und öffnet sich einer über ihn verfügenden größeren, göttlichen Wirklichkeit, von der er im Akt seiner eigenen Hingabe neues Leben und Erfüllung erwartet.

„Glaube" in diesem Sinn ist deshalb eine *transzendentale Erfahrung*, weil durch den Akt des Glaubens das Erkenntnissubjekt in einer solchen Weise verändert wird, die jede weitere Wahrnehmung der Welt so sehr prägt, dass die transzendentale Erfahrung zur Möglichkeitsbedingung jeder weiteren Erfahrung wird. Jede Wahrnehmung steht danach unter dem *A-priori* des in der Taufe willentlich angenommenen neuen Welt- und Selbstverhältnisses. Glaube ist dann tatsächlich ein *transzendentales Apriori* der Gläubigen, die die Wahrnehmungen ihres Lebens dadurch zu *Erfahrungen* verwandeln,

---

[12] Die hier vorgeschlagene Theorie der Erfahrung folgt der Deutung religiöser Erfahrung von Eberhard Jüngel (vgl. *E. Jüngel*, Gott als Geheimnis der Welt. Zur Begründung der Theologie des Gekreuzigten im Streit zwischen Theismus und Atheismus, Tübingen ³1978, 40–44): Religiöse Gegenstände werden nicht erfahren, sind nicht erfahrbar. Gott wird nicht erfahren. Menschen machen aber „Erfahrungen mit der Erfahrung". In ihnen nehmen sie nicht Gott als Gegenstand wahr, sondern *erfahren*, wie sich ihr eigenes Leben verändert, wo sie sich zu der Grundoption (Liebe und Sein *versus* Nichts) verhalten, die mit dem Gottesgedanken so in das Leben tritt, dass Menschen sich ihr gegenüber verhalten können.

dass sie sie nicht mehr anders denn im Lichte der tradierten und akzeptierten Erfahrungen deuten, die in ihrer gemeindlichen Traditionsgemeinschaft überliefert, bekannt und gefeiert und bezeugt werden. Religiöse Erfahrung bedeutet nach dieser Interpretation die Deutung der wahrgenommenen Welt in einem solchen Prozess, für den religiösen Gehalten eine umso größere Bedeutung beigemessen wird, je entschiedener sich das religiöse Subjekt willentlich zu den entsprechenden Gehalten frei bekennt. In dieser Rekonstruktion wird verstehbar: Es gibt gar keine Weltwahrnehmung und -erfahrung, in der nicht der Wahrnehmende und Erfahrende zu sich selbst frei in Beziehung tritt. Es gibt keinen Gebrauch der theoretischen, weltwahrnehmenden Vernunft, der losgelöst wäre von der Freiheit des Vernunftsubjektes, sich zu sich selbst und der Welt frei zu verhalten. Weltwahrnehmung und Weltdeutung sind in der Einheit des Subjekts verbunden mit der Erfahrung von Freiheit und Selbstsetzung. Die theoretische Vernunft ist nicht erst in der Erfahrung des unbedingten Sollens gebunden an den Vollzug der praktischen Vernunft: Was Menschen sehen, hören, deuten und bewerten, das sehen, hören, deuten und bewerten sie im Horizont ihrer freien Selbstsetzung als die, als die sie sich wollen, entwerfen und gestalten, je auf eigentümliche Weise.

6.2 Fülle als biblische Programmatik

Die evolutionsbiologisch inspirierte Theorieentwicklung spricht der Mangelsensibilität eine zentrale Bedeutung für die erfolgreiche Entwicklung von Lebewesen zu. Mangelsensibilität ist in der Tradition Max Webers so sehr überlebensrelevantes, vernünftiges Verhalten, dass Weber Sparsamkeit mit Rationalität schlicht identifiziert.

Die Wahrnehmung der eigenen Welt aus der Perspektive eines Fülle-Apriori erscheint dagegen als vorzivilisatorische Obsession nach dem Muster des indianischen *Potlatsch*, von dem Marcel Mauss berichtet: In einem Überbietungswettkampf steigern sich zwei einander mit Gaben beschenkende Gruppen in ihrer Rivalität, bis die Präsentation der Gaben ins Aggressive umschlägt und schließlich die Vernichtung der Gaben zum sinnlosen Inhalt eines verzerrten Gabegeschehens wird, das sich schließlich in Agonie verzehrt.[13] Der

---

[13] Vgl. *M. Mauss*, Form und Funktion des Austausches (s. Anm. 9), 163 f.

Taumel der Fülleobsession steht in der Einschätzung des rationalen Menschen der nüchternen Wahrnehmung des allumfassenden Mangels entgegen, den nur Rausch und Trunkenheit vergessen machen können. „Fülle" als Apriori der Weltwahrnehmung erscheint so als intellektuelle und moralische Schwäche, bestenfalls als infantile Entwicklungsverzögerung. Denn die Kindheit des Kindes aus behüteten Verhältnissen ist getragen von dieser Erfahrung des voraussetzungslosen Wohlversorgtseins. Das Erwachsenwerden hängt an der Erkenntnis der Sorgebedürftigkeit der Versorgten.

Die Füllebilder der Bibel erscheinen in diesem Kontext bestenfalls als eschatologische Verheißungen aus einer *ganz anderen Welt*. Die hochmittelalterliche Transformation biblischer Eschatologie in eine Topographie jenseitiger Orte erscheint geradezu als Lösung des hermeneutischen Konfliktes um die Relevanz biblischer Füllebilder: Die künftige, jenseitige Fülle der kommenden Welt löst den diesseitigen Mangel dieser Welt „*dereinst*", wie man orakelnd zu sagen pflegt, ab. Der Preis, der für diese eschatologische Lösung des Problems zu zahlen ist, ist die Einsicht: Hier und im Diesseits leben Menschen in einer prinzipiellen und nur durch den Tod überwindbaren Trennung von ihrer eigentlichen, auf die Fülle Gottes selbst finalisierten Natur. Die so überaus beliebte Marienantiphon bringt diese Weltsicht in die griffige Formulierung vom diesseitigen *Jammertal*: „*Ad te clamamus exules filii Evae. Ad te suspiramus gementes et flentes in hac lacrimarum valle.*"

Wer allerdings Fülle und Mangel sauber entlang der eschatologischen Demarkationslinie von Diesseits und Jenseits verteilt auf die himmlische Fülle, der die mangelgeprägte Welt entgegensteht, der gewinnt nur vordergründig eine Plausibilität jenseitiger Fülle als Erfüllung diesseitiger Mangelgeprägtheit. Die Vordergründigkeit des Gewinns wird offenbar mit der Frage: Wie soll denn bedingungslose und unerschöpfliche Fülle einem ganz und gar auf Mangelbewältigung hin organisierten Lebewesen Erfüllung sein können? Wie soll denn ein erfüllender Himmel, in dem es nichts zu organisieren, zu managen und zu arbeiten gibt, auf etwas anderes als den Charakter- und Selbstbewusstsein zersetzenden Müßiggang der eschatologisch re-infantilisierten Vollendeten hinauslaufen? Wie soll eine solche „Vollendung" überhaupt einem fleißigen, klugen und sparsamen Menschen Vollendung sein können? Hier taucht eine Variation des Missbehagens auf, dessentwegen die fleißigen Knechte nach des

Tages Last und Hitze *murren (labóntes dè egóggyzon katà toû oikodespótou)*, da sie nicht *mehr* erhalten als den vereinbarten einen Denar, mit dem der großzügige Hausherr auch die in der letzten Stunde des Tages zur Arbeit angeworbenen Knechte entlohnt (Mt 20,11–13). Das Gleichnis von den Arbeitern im Weinberg fordert von diesen Arbeitern eine veränderte Sicht auf die eigene Leistung. Es gilt diese Leistung nicht vor dem Horizont der alles bestimmenden Mangelsituation zu gewichten. Vielmehr ist das zentrale Deutungswort der eschatologischen Vollendung *„agathós"*: „Darf ich mit dem, was mir gehört, nicht tun, was ich will? Oder bist du neidisch, weil ich gut *(agathós)* bin?" (Mt 20,15) Anders als der von der Einheitsübersetzung gewählte Begriff *„gütig"*, dessen Tendenz noch übertroffen wird durch die in der *New English Translation* gewählte Formulierung *„generous"*, kann *„gut"* nicht im Sinne einer charakterlichen Eigenart *(gütig, großzügig)* missverstanden werden. *„Agathós"* ist in der neuplatonisch geprägten Welt der Spätantike der Inbegriff des moralisch und ontologisch *Guten*, das als solches in Vollendung der Gottheit selbst entspricht. Es geht also nicht um ein irgendwie relativiertes, strategisch, charakterlich oder sonst in Bezug auf irgendeine andere Bezugsgröße herleitbares Gütig- oder gar Großzügigsein. Es geht um das von Gott her das Sein prinzipiell bestimmende Gutsein Gottes. Damit aber geht es bei dem Handeln des Weinbergbesitzers nicht um eine marktordnungswidrige charakterliche Eigenart, die sich der Reiche halt leisten kann, weil er eben reich ist, die aber auf Dauer ihm selbst und der Wirtschaftsordnung schwer schadet. Es wird vielmehr die Behauptung aufgestellt: Das eigentliche, tiefere, weil göttliche Gesetz des Lebens, des Daseins, der Schöpfung ist die fundamentale Güte Gottes, das Gut-Sein schlechthin, das sich auch als schenkende Großzügigkeit erweist. Weil Gott gut ist, ist seine Schöpfung auf sich verschenkender Güte aufgebaut, der Menschen frei entsprechen können, wo sie mitmenschlich großzügig, sozial gütig und wirtschaftlich so handeln, dass sie sich ausrichten *am größeren Nutzen aller am wirtschaftlichen Prozess Beteiligten*. Eine entsprechende Selbstsetzung in Orientierung an den biblischen Füllevorbildern ist mit den biblischen Texten Bestandteil des kollektiven Gedächtnisses christlicher Identität.

7. Biblische Fülle und ökonomischer Mangel angesichts der Endlichkeit des Lebens

Religionen bieten Orientierungen menschlicher Weltdeutung. Der ökonomische Materialismus bezeugt die eine so umfassende und das menschliche Streben so dramatisch erregende Weltdeutung, dass Walter Benjamin mit Recht in seinem berühmten Fragment „Kapitalismus als Religion"[14] eine religiöse Tiefenstruktur des Kapitalismus diagnostizierte. Der Gottesbegriff dieses Kapitalismus ist allerdings einseitig vom Gedanken der unüberbietbaren Größe hergeleitet.[15] Das *„id quo maius cogitari nequit"* des Geldes ist das Maximum des unverderblich angehorteten Vermögens, das allerdings schon begrifflich in einem Selbstwiderspruch befangen ist: Vermögen, dessen Größe und Bestand davon abhält, realisiert zu werden, ist streng genommen Unvermögen, worin schon Walter Benjamin Hinweise auf eine Art Geisteskrankheit erblickte.

Mit dieser Wertung steht Benjamin durchaus in Übereinstimmung mit der Gottesrede in Lk 12,20, wo der vermeintlich klug vorsorgende Kornbauer, der seine Scheune erweitert hat, um die reiche Ernte lagern zu können, hören muss: „Du Narr *(aphrōn)*! Noch in dieser Nacht wird man dein Leben von dir zurückfordern." Die Gottesrede überführt das Handeln des klugen Kornbauern, indem es dessen Kontextuierung problematisiert. Was unter den Bedingungen des normalen Wirtschaftslebens als klug erscheint, erscheint vor dem Horizont des Lebens als Ganzem närrisch.

Religion kann verstanden werden als die Perspektive, unter der Menschen eine möglichst umfassende Perspektive auf ihr Leben als Ganzes einzunehmen sich bemühen. Aus der Perspektive der Religion erscheint die Perspektive der Ökonomie als zu kurzsichtig. Das biblische Standardargument gegen den sich sicher wähnenden Reichen ist die ihm nicht verfügbare Lebenszeit. Die Soziobiologie wird entgegnen: Es geht den Hortenden nicht um einen für sie verfügbaren Wohlstand, sondern um das Wohlergehen der Ahnen. Aber auch dieser Wohlstand der Ahnen ist durch den Geist des Kapitalis-

---

[14] W. *Benjamin*, Kapitalismus als Religion, in: Dirk Baecker (Hrsg.), Kapitalismus als Religion, Berlin 2003, 15–18 (urspr. Berlin 1921).
[15] Vgl. *T. Ruster*, Der verwechselbare Gott. Theologie nach der Entflechtung von Christentum und Religion, Freiburg 2000, 126–142.

mus bedroht: Wo die Logik des exponentiellen Wachstums, die die Kapital- und Zinsmärkte leitet, auf die Grenzen des Realwachstums trifft, meldet sich eine ganz ähnliche Erfahrung wie beim reichen Kornbauern im Matthäusevangelium: „Du Narr, exponentielles Wachstum ist in der Natur nicht möglich! Heute noch wirst du alles verlieren!" So hörte sich die Schreckensbotschaft an in der Weltfinanzkrise der Jahre 2008–2009.

Religion zielt auf eine Integration des Todes in die menschliche Lebensplanung. Das klingt allerdings höchst missverständlich, denn die Grundvoraussetzung dieser Integration ist die Akzeptanz der Tatsache, dass sich der Tod nicht integrieren lässt in menschliches Planen und Verwalten, dass vielmehr menschliches Planen und Verwalten umfangen bleibt von einer Unverfügbarkeit. Religion bietet sich an als die Kunst, aus dem kulturellen Gedächtnis Ressourcen des Umgangs mit dieser *conditio humana* zu schöpfen.

Das Johannesevangelium mutet seinem Leser die für seine stilistische Eigenart[16] nicht ganz so befremdliche Montage zweier auf den ersten Blick nicht vereinbarer Wortfelder zu: Leben *(zoē)* und Fülle *(perissòn)*. Es weist damit scheinbar in die Richtung einer Deutung des Lebens entgegen den gerade hier ausgeführten Gedanken zu Sterblichkeit und Endlichkeit. Hier wurde ja gerade die Unvereinbarkeit des geldorientierten Füllegedankens mit der Lebenserfahrung betont. Muss man also nicht die Füllemetapher, deren griechische Semantik geprägt ist von der Lebenserfahrung des prall gefüllten Schiffsrumpfes, für die Erfahrung der *Lebenswirklichkeit* so sehr ablehnen, dass gar die Gefahr eines begrifflichen Widerspruches am Horizont auftaucht, wie ihn Nietzsche erkannt hat: Leben ist der kurze Taumel zwischen Geborenwerden und Sterben? Nichts ist ihm weniger gemäß, als verknüpft zu werden mit der Logik des sparsamen und hortenden Kaufmanns. Ist Leben nicht nur immer fragil, gefährdet und endlich, sondern in all dem eben wesentlich begrenzt und jedenfalls niemals „*perissòn*"?

---

[16] Johannes arbeitet ja durchgängig mit dem Stilmittel einer tieferen Einsicht, zu der der Glaubende gelangen muss, um die Dinge richtig zu sehen. Schnackenburg spricht in seinem Johanneskommentar von einer „[…] ‚kreisende[n]' wiederholende[n] und einschärfende[n], und doch zugleich voranschreitenden[n], erklärende[n] und höherführende[n] Gedankenbewegung […]" (*R. Schnackenburg*, Das Johannesevangelium HThK IV/1, Freiburg i. Br. 1972, 100).

Oder lassen wir uns mit dieser Zurückweisung zu sehr leiten von der Logik des Kapitalismus ebenso wie jenes ungeübt Fahrrad fahrende Kind, das sich so sehr vor der Hecke zu seiner Linken hütet, dass es am Ende unweigerlich hineinfährt, weil Hand, Auge und Gleichgewichtssinn dem entgegen neigen, womit der angstvolle Geist am meisten beschäftigt ist?

Die Tatsache, dass Ökonomen sich wegen Mt 13,12 auf das Matthäusevangelium berufen und gar von einem „*Matthäusprinzip*" sprechen, wo sie die Sentenz meinen „Wer hat, dem wird gegeben ...", müsste auch Theologen stutzig machen, die die Antwort auf die Mangelobsession der Gegenwart in einem schlichten Antikapitalismus sehen. Die Evangelien erscheinen im Gegenteil durchaus fasziniert vom Geld in dem Sinne, in dem auch Thomas von Aquin das Geld wertschätzt: Es erleichtert die Freigiebigkeit *(liberalitas)*.[17] Geld, das für Walter Benjamin zum Inbegriff der Hortbarkeit wurde, ist in seinem ursprünglichen Kontext die Ablösung der Verfügungsmacht von der Unverrückbarkeit der landwirtschaftlichen Immobilie. Geld ist gerade ursprünglich nicht der an einem Ort verwahrbare Schatz, sondern das Tauschmittel, das seinen Wert aus der Tauschfreudigkeit und -potenz der am Marktgeschehen Beteiligten zieht. Die Wahrheit des Kinderreims „Taler, Taler, Du musst wandern ..." liegt darin, dass der Wert des Talers und mithin sein tatsächliches Taler-Sein an dem Maß hängt, in dem der Taler als Zahlmittel, das als solches von Hand zu Hand wandert, gebraucht und dazu akzeptiert ist. Der Wert des Geldes – anders gesagt – hängt an der Tatsache seines Ausgegebenwerdens.

Der Wert des Geldes hängt, anders gesagt, an seiner funktionierenden Verbindung mit dem Leben der Menschen und ihrer wirtschaftlichen Tätigkeit.

8. „Fülle des Lebens" als hermeneutischer Schlüsselbegriff

Systematische Theologie muss daran interessiert sein, biblische Texte, die über ein gutes Jahrtausend hinweg entstanden sind, auf eine sie verbindende gemeinsame Aussage hin zu interpretieren. Das Johannesevangelium liefert dazu den entscheidenden Impuls, indem es

---

[17] Vgl. Sth II-II, q. 117, a. 2.

den Nazarener als den Logos, als die verbindende Sinnmitte der Schrift, als das Wort Gottes, das vom Herzen des Vaters ausgeht, behauptet.

Doch was sagt dieses Wort Gottes? Die gegenwärtige Systematische Theologie wird antworten: Die Selbstoffenbarung Gottes in seinem Logos ist die Offenbarung Gottes als die Liebe, die er in seinem eigenen trinitarischen Wesen ist. Je nach Schwerpunktsetzung kann dieses Votum eher als eines für die Barmherzigkeit Gottes erscheinen oder als eines für die von Gott gewollte Freiheit des Menschen.

Beide Voten können verstanden werden als zeitgenössische Adaptionen des Lutherschen Votums für die Rechtfertigung des Sünders als Sinnmitte der biblischen Überlieferung. Mit seinem Votum trat Luther im 16. Jahrhundert dem scholastischen Mainstream der katholischen Theologie entgegen, die dem Schöpfungs- und dem mit ihm verbundenen Ordnungsbegriff die systematische Zentralstelle im christlichen Sinnkosmos zusprach. Das scholastische Konzept löste mit seinem Interesse an der physischen Welt als Schöpfung den patristischen Platonismus ab, der eine ausgesprochen idealistische Deutung des Christentums als Hervortreten der reinen Wahrheit verfolgte. Mit ihm war eine massive Skepsis gegenüber der physischen Welt verbunden und ein so ausgesprochenes Interesse an der Stimmigkeit intellektueller Einsicht, dass gegenüber der inneren Wahrheit einer Aussage die äußere Wahrheit eines empirischen Sachverhaltes als vernachlässigbar erschien.

In all diesen nachvollziehbaren Adaptions- und Distanzierungsprozessen theologischen Denkens setzen sich Christen mit den Denksystemen ihrer gesellschaftlichen Mitwelt auseinander und begreifen diese als ihrer eigenen Intuition entsprechend, widersprechend oder differenzierungsbedürftig. Dabei spiegelt sich in diesen Rezeptionsprozessen immer auch die Auseinandersetzung mit den herrschenden gesellschaftlichen und politischen Zuständen. Wenn die Patristik durchgängig die Würde des Logos betont, so spiegelt sich in dieser auf Platon zurückgreifenden Wertschätzung von Wahrheit und Einsicht auch der gesellschaftliche Konflikt mit der gegenüber Wahrheit gleichgültigen Gewalt einer radikal ungleichen Sklavenhaltergesellschaft, der Christen mit ihrer Logos-Begeisterung die Überzeugung entgegenstellen: Nur die Wahrheit hat in sich Bestand! In der hochmittelalterlichen Aristoteles-Rezeption der Hochscholastik spiegelt sich die Faszination durch den schöpfungstheologisch entwickelten *ordo*-Begriff, mit dem der Wahrheitsgedanke auf die reale Welt und die gesellschaftliche Ordnung bezogen wurde.

Mit der Reformation wird eine im Christentum immer schon angelegte Verlagerung des Grundkonfliktes, entlang dessen die Botschaft des Christentums rekonstruiert wurde, in das seelische Innenleben des einzelnen hinein realisiert: Der Konflikt zwischen Wahrheit und Lüge, zwischen Ordnung und Chaos wandelt sich unter diesen Bedingungen zu einem solchen zwischen Gerechtigkeit und Sünde und das Proprium des Christentums wird in der von Gott her kommenden Gerechtigkeit, deren Macht die Sünde besiegt, ohne den Sünder zu zerstören, bezeugt.

Das evolutive Weltbild unserer Tage deutet Leben und dessen Sinn entlang der großen Erzählung vom Überlebenskampf der Gene. Mit dieser großen Erzählung ist eine Konkurrenzerzählung zur christlichen Sinnkonstruktion auf dem Spielplan der Geschichte erschienen und fordert zu einer theologischen Auseinandersetzung heraus: Lässt sich das Ganze des christlichen Glaubens erzählen mithilfe der Kategorien von Fülle und Mangel? Ist Fülle ein hermeneutischer Schlüsselbegriff zum zeitgemäßen Verständnis des christlichen Glaubens? Um diese Fragen mit ja beantworten zu können, müsste sich vom Begriff der Fülle her das Ganze der biblischen Botschaft in einem verstehbaren Gesamtzusammenhang darstellen lassen (1). Es müsste darüber hinaus der Begriff der *Fülle* sich in einer sinnvollen Weise beziehen auf das Ringen der gesellschaftlichen Gegenwart um ein Verständnis ihrer selbst (2). Es müsste schließlich gezeigt werden, dass mit dem Begriff der Fülle eine kriteriologische Kernaussage der biblischen Überlieferung gefunden ist (3). Alle drei Kriterien müssten erfüllt sein, um „Fülle" berechtigterweise als einen hermeneutischen Grundbegriff zu akzeptieren, der das Ganze der biblischen Botschaft verständig auf eine gesellschaftliche Gegenwart bezieht.

Praktisch-theologische und interkulturelle Perspektiven

Flüchtlingskrise und Supererogation

Kathrin Stepanow

1. Einleitung

Die Flüchtlingskrise hat widersprüchliche Reaktionen der Menschen in Europa hervorgerufen. Während sich die Einen für eine Willkommenskultur einsetzten, wollen Andere verhindern, dass Geflüchtete von den Schlepperbooten, mit denen sie vor Krieg und Unterdrückung fliehen und damit ihr Leben riskieren, an Land gelassen werden.

Papst Franziskus stellt vor diesem Hintergrund bei seinem Besuch auf Lampedusa im Jahr 2013 den Menschen eine Frage, die Gott bereits nach dem Sündenfall stellte: „Adam, wo bist du?" Er stellt diese Frage, weil Adam orientierungslos geworden ist, seinen Platz in der Schöpfung verloren hat. Er glaubt, alles beherrschen und wie Gott sein zu können. Damit ginge schließlich die Harmonie zu Bruch.[1] Franziskus sieht eine Wiederholung dieses Bruchs in der Flüchtlingskrise „in der Beziehung zum Anderen, der nicht mehr der zu liebende Bruder ist, sondern bloß der Andere, der mein Leben, mein Wohlbefinden stört."[2] Diese Frage Gottes, so Franziskus, „ertön[t] auch heute in all ihrer Kraft! [Wir] achten nicht mehr auf die Welt, in der wir leben, wir wahren und hüten nicht, was Gott für alle geschaffen hat, und wir sind nicht einmal mehr in der Lage, einander zu hüten."[3]

Bei seiner Botschaft auf Lampedusa im Jahr 2018 zum 104. Welttag des Migranten und Flüchtlings erinnert er an Lev 19,34 und fordert: „Der Fremde, der sich bei euch aufhält, soll euch wie ein Ein-

---

[1] Vgl. *Papst Franziskus*, Predigt beim Besuch auf der Flüchtlingsinsel Lampedusa, Sportplatz „Arena" in Salina Montag, 8. Juli 2013, 2. Quelle: http://w2.vatican.va/content/francesco/de/homilies/2013/documents/papa-francesco_20130708_omelia-lampedusa.html, zuletzt abgerufen am 31.03.2019.
[2] Ebd.
[3] Ebd.

heimischer gelten und du sollst ihn lieben wie dich selbst"[4]. Europa sei in der glücklichen Lage, auf ein großes kulturelles und religiöses Erbe zurückgreifen zu können und hätte vor diesem Hintergrund die Möglichkeit, Schutzsuchenden Zuflucht zu gewähren. Eine Abschottung als Reaktion auf Sorgen um das kulturelle oder soziale Gefüge seien inakzeptabel.[5] Auf die zahlreichen Herausforderungen, die durch die gegenwärtigen Flüchtlingsbewegungen evoziert wurden, hätte jeder gemäß seinen Möglichkeiten „mit Großzügigkeit, Engagement, Klugheit und Weitblick zu antworten"[6]. „Eine gerechte Politik", so Franziskus, „stellt sich in den Dienst am Menschen, sie dient allen betroffenen Personen; sie kümmert sich um geeignete Lösungen zur Gewährleistung der Sicherheit sowie der Achtung der Rechte und der Würde aller; sie versteht es, auf das Wohl des eigenen Landes zu schauen und zugleich das der anderen Länder zu berücksichtigen in einer untereinander immer mehr verbundenen Welt."[7]

Sind diese Forderungen keine Überforderung? Sind sie nicht politisch unklug und naiv? Stimmen wie die von Kramp-Karrenbauer betonen, dass selbst die Kirchen sich keinesfalls nur einseitig dazu geäußert hätten. „Denn auch sie wissen: Nur die Türen aufzumachen und alle Flüchtlinge herzuholen, kann keine verantwortliche Haltung sein. Gerade angesichts der großen Integrationsaufgabe darf sich eine Gesellschaft nicht überfordern."[8] Wenn aufgrund von Krieg und Klimawandel die Flüchtlingsströme größer werden, stoßen auch wir irgendwann an die Grenzen unserer Kapazitäten.

Wie aber ist die eindeutige Haltung von Franziskus angesichts dieser Sorgen zu verstehen? Mit den Begriffen der Supererogation und der Lebensfülle sollen in diesem Kurzvortrag leitende Ideen analysiert werden, vor deren Hintergrund die Forderung des Papstes nachvollziehbar werden können. Dazu wird im ersten Schritt in den Begriff der Supererogation eingeführt. Mit Auszügen aus den Reden

---

[4] *Papst Franziskus*, Botschaft zum 104. Welttag des Migranten und Flüchtlings 2018 [14. Januar 2018], 1, Quelle: http://w2.vatican.va/content/francesco/de/messages/migration/documents/papa-francesco_20170815_world-migrants-day-2018.html, zuletzt abgerufen am 31.03.2019.
[5] Vgl. *S. Orth*, Risslinien durch Europa, in: Herder Korrespondenz, 3/2016, 4–5.
[6] *Franziskus*, Botschaft zum 104. Welttag (s. Anm. 4), 2.
[7] *Franziskus*, Lampedusa (s. Anm. 1), 2.
[8] *V. Riesing*, „Das Kreuz muss bleiben", in: Herder Korrespondenz 9/2016, 17–21, hier 20.

von Franziskus zur Flüchtlingskrise soll deutlich werden, inwiefern die Handlungen, die seinen Forderungen folgen sollen, als supererogatorisch zu verstehen sind. Daran anschließend soll in einem zweiten Schritt aufgezeigt werden, inwiefern Supererogation von der Idee der Lebensfülle her motiviert ist.

2. Was ist Supererogation?

Der Begriff der Supererogation leitet sich ab aus dem lateinischen *super* (über, oberhalb) und *erogare* (verteilen, spenden) und bezeichnet Handlungen, mit denen über das Pflichtgemäße hinausgegangen wird. Es wird deshalb auch *überobligatorisches Verhalten* genannt.[9] Supererogatorisch handelt also jemand, der mehr gibt und tut als das notwendige Maß von ihm verlangt. Die Idee des supererogatorischen Handelns kommt aus der christlichen Theologie. Sie orientiert sich zunächst an Lk 10,24–37, also dem Gleichnis vom barmherzigen Samariter, genauer gesagt am Passus „Quodcumque supererogaveris" aus der Vulgata-Fassung.[10]

Das Gleichnis ist uns bekannt: Ein Mensch, der von Räubern niedergeschlagen und ausgeplündert am Straßenrand lag, erfuhr die Hilfe eines Samariters. Dieser verband seine Wunden, brachte ihn in eine Herberge und bezahlte die Pflege, um die er den Wirt bat. Darüber hinaus beauftragte der Samariter den Wirt, den Verletzten auch weiterhin zu umsorgen und versprach, zurückzukehren und für die entstehenden Kosten aufzukommen. Vor dem Hintergrund des Gleichnisses mit dem barmherzigen Samariter entwickelte die Theologie die Unterscheidung zwischen dem, was moralisch geleistet werden *muss* und dem, was *darüber hinausgeht*.

Schon an diesem Beispiel wird deutlich, dass mit supererogatorischem Handeln nicht *jegliches* „Transzendieren der rechtlichen oder moralischen Sollensanforderungen"[11] gemeint ist – sonst wäre auch eine rein *egoistisch* begründete Verhaltensweise, die ja auch über das Pflichtmäßige hinausgeht, als supererogatorisch zu begreifen. Statt-

---

[9] Vgl. *J. C. Joerden*, Art. „Supererogation", in: HWPh 10, Basel 1998, 631–634, hier 631.
[10] Vgl. ebd., 631.
[11] Ebd.

dessen ist für supererogatorisches Handeln kennzeichnend, dass die Handelnden ein Opfer zu eigenen Lasten erbringen und ein Dritter von diesem Verhalten einen Vorteil hat.[12]

Den deontologischen Status betreffend sind supererogatorische Handlungen nicht mit dem dreigliedrigen System zu erfassen, mit dem zwischen (1.) gebotenen, (2.) verbotenen und (3.) moralisch indifferenten Handlungen unterschieden wird. Vielmehr sind sie *angeraten*. Gestützt wird diese Idee der Supererogation durch die patristische Differenzierung zwischen „praecepta" (Vorschrift, Gebot) und „consilia" (Rat), bzw. „zwischen den göttlichen Gesetzen des ‚Dekalogs' und den göttlichen Seligkeitsanratungen, den ‚opera debita' und den ‚opera supererogationis'."[13] Supererogatorisches Handeln wäre demnach nicht verpflichtend. Es würde die bloße Pflicht übersteigen, wird aber angeraten.

Neben dem Gleichnis vom barmherzigen Samariter kennt die Bibel viele weitere Beispiele supererogatorischen Handelns. Viele moralische Sollenspflichten werden beispielsweise so formuliert, dass sie einen supererogatorischen Sinn erfüllen, wie auch die Antithesen der Bergpredigt zeigen. In Mt 5,27f heißt es beispielsweise: „Ihr habt gehört, dass gesagt worden ist: ‚Du sollst nicht ehebrechen'. Ich aber sage euch: Jeder, der eine Frau ansieht, um sie zu begehren, hat schon Ehebruch mit ihr begangen in seinem Herzen." Man könnte einwenden, dass diese Antithese nicht in erster Linie eine Anleitung zur Supererogation darstellen, sondern die Gesinnungsethik Jesu exemplifizieren soll. Denn entscheidend für den Ehebruch ist nicht der Blick allein, sondern die mit ihrer verbundenen Intention. Dennoch kommt in den Antithesen die eschatologische Ethik Jesu zum Ausdruck, die motiviert ist von der sich durchsetzen *basileia* her. Vor diesem Horizont erhält sie ihre wesentliche inhaltliche Bestimmung. Diese und andere Forderungen Jesu stehen „unter dem Vorzeichen der zuvorkommenden Liebe Gottes [...]. Das Verhalten der Menschen soll der Güte Gottes entsprechen."[14] Das Anbrechen der basileia „verändert die Gegenwart so sehr, dass ‚alte' Mechanismen des

---

[12] Vgl. ebd.
[13] Ebd.
[14] *LMU, Katholisch-Theologische Fakultät*, Themen des Kerncurriculums, Die Bergpredigt (insbesondere die Antithesen), 2, Quelle: https://www.kaththeol. uni-muenchen.de/lehrstuehle/bibl_einleitung/downloads/rep_grundwissen/ 5bergpredigt.pdf, zuletzt abgerufen am 31.03.2019.

Handelns überwunden"[15], bzw. supererogatorisch überstiegen werden müssen. Jesus fordert also seine Zuhörer dazu auf, die Gebote zu erfüllen, indem sie überstiegen werden.

Inwiefern ist nun das Handeln, zu dem Franziskus uns auffordert, supererogatorisch? In seiner Rede auf Lampedusa im Jahr 2013 orientierte sich Franziskus an den drei Worten, die das Arbeitsprogramm der Jesuiten und ihrer Mitarbeiter darstellen: dienen, begleiten und verteidigen. Bereits bei der Erklärung des ersten Begriffs wird deutlich, dass das Handeln, das Franziskus in dieser Situation für das einzig Richtige hält, über das Mindestmaß hinausgeht, das etwa in der Aufnahme Geflüchteter besteht: Dienen bedeute nämlich nicht nur, die Ankommenden aufzunehmen, sondern auch ohne Berechnung „an der Seite der Bedürftigsten zu arbeiten, mit ihnen vor allem menschliche Beziehungen aufzubauen, ihnen nahe zu sein, Bande der Solidarität zu knüpfen."[16] Mit „begleiten" meint Franziskus, dass wir den Ankommenden nicht nur Schlafplätze und Nahrung zur Verfügung stellen sollen, sondern, wie es beispielsweise das Flüchtlingszentrum Astalli, das er bei seiner Rede besucht, bereits getan hat, „die Menschen bei der Suche nach einer Arbeit und bei der sozialen Integration zu begleiten."[17] Er betont: „Aufnahme allein ist nicht ausreichend. Es reicht nicht, ein Sandwich zu verteilen, wenn es nicht von der Möglichkeit begleitet ist, auf eigenen Füßen zu stehen."[18] Aus dienen und begleiten folge schließlich auch das Verteidigen derer, die geflohen sind, indem wir uns auf die Seite eben dieser stellen, die schwächer sind.[19]

In seiner Botschaft zum 104. Welttag des Migranten und Flüchtlings 2018 bekräftigt er seine Haltung erneut anhand von vier Verben, die er „gemäß den Grundsätzen der Lehre der Kirche"[20] in der Situation der Flüchtlingskrise für handlungsleitend hält: „aufneh-

---

[15] Ebd.
[16] *Papst Franziskus*, Ansprache beim Besuch im römischen Flüchtlingszentrum „Astalli", 10. September 2013, 2, Quelle: https://w2.vatican.va/content/francesco/de/speeches/2013/september/documents/papa-francesco_20130910_centro-astalli.html, zuletzt abgerufen am 31.03.2019.
[17] Ebd., 3.
[18] Ebd.
[19] Vgl. ebd.
[20] *Franziskus*, Botschaft zum 104. Welttag (s. Anm. 4), 2.

men, schützen, fördern und integrieren."[21] Menschen aufzunehmen bedeute nicht nur, diejenigen aufzunehmen, die sich bereits in ihre Zielländer durchgekämpft haben, sondern auch Flüchtlingen eine sichere und legale Einreise in die Zielländer zu gewähren und ihnen eine anständige Unterkunft anzubieten.[22] Das zweite Verb, beschützen, drücke sich in vielen Maßnahmen aus, mit denen die Würde und Rechte aller Flüchtlinge verteidigt werden. Dieser Schutz beginne „in der Heimat und besteh[e] im Angebot von sicheren und bescheinigten Informationen vor der Abreise und in der Bewahrung vor Praktiken illegaler Anwerbung."[23] Mit der Forderung nach Förderung meint Franziskus, dass wir uns dafür einzusetzen haben, dass alle Geflohenen „wie auch die sie aufnehmende Gemeinschaften in die Lage versetzt werden, sich als Personen in allen Dimensionen, die das Menschsein ausmacht, wie es der Schöpfer gewollt hat, zu verwirklichen."[24] Die Förderung beinhalte beispielsweise, dass Geflohenen die Möglichkeit geboten wird, zu arbeiten und die Sprache des Ziellandes zu erlernen.[25] Damit greift er bereits die Integrationsaufgabe vorweg, die im letzten Verb zum Ausdruck kommt.

Die Fülle an Aufforderungen, die Franziskus an uns stellt, geht weit über das hinaus, was Viele als Mindestmaß an notwendiger Hilfestellung verstehen würden. Während die Flüchtlingskrise einige Menschen in unserer Gesellschaft fragen lässt, ob wir nicht genug getan hätten, mehr getan hätten als andere und die Befürchtung äußern, dass uns diese Krise überanstrengen könnte, äußert der Papst eine Position, der gemäß wir die Bedürftigen nicht als Zumutung sehen sollen, die man minimieren muss, sondern als Herausforderung, der wir in überbietender Weise zu entsprechen haben.

Insofern ist das Handeln, das Franziskus hier anzuregen versucht, als supererogatorisch zu charakterisieren. Wie aber ist zu verstehen, dass Menschen zu solch einem Handeln motiviert sind und damit von den Sorgen anderer, ihren eigenen Wohlstand und eine Überforderung zu riskieren, absehen?

---

[21] Ebd.
[22] Vgl. ebd.
[23] Ebd.
[24] Ebd., 3.
[25] Vgl. ebd.

3. Supererogation und Lebensfülle

Was unterscheidet die Position des Papstes von denjenigen, die – wie Kramp-Karrenbauer sagt – im Offenhalten der Türen für Flüchtlinge eine Überforderung der Gesellschaft sehen? Neben vielen Differenzen, die hier nicht diskutiert werden können, unterscheiden sie sich durch die normierende Idee, die ihren Einstellungen und Handlungen zugrunde liegt. Um diese zugrunde gelegte Idee genauer zu erfassen, ist eine Bezugnahme auf Ralf Miggelbrinks Begriff der Lebensfülle hilfreich.

Den Begriff der Lebensfülle bestimmt Ralf Miggelbrink über den Begriff des Mangels, der als sein Gegenteil zu erfassen ist. Beide Begriffe sind als ökonomische zu denken, wobei Mangel in einer Knappheitserfahrung an Ressourcen besteht, die aber prinzipiell erreichbar sind. Damit ist Mangel von Not abzugrenzen. Fülle auf der anderen Seite bezeichnet kein bloßes Vorhandensein von Gütern im Überschuss, sondern sie bezeichnet eine Wirklichkeit, die „aus einem Zusammenspiel zwischen objektiv vorhandenen Gütern und Ressourcen einerseits und menschlichen Empfindungen und Handlungsoptionen andererseits überhaupt erst entsteht."[26] Während Mangelorientierung konkurrierendes Begehren von knappen Gütern auslöst, werden diejenigen, die von einem Füllebewusstsein getragen sind, die Grundsituation der Konkurrenz zurückweisen und mit Benevolenz reagieren.[27]

Theologisch gebraucht Ralf Miggelbrink den Begriff der Lebensfülle um, „die transformierende Kraft der Gotteswirklichkeit im Leben der Menschen zu benennen."[28] Von diesem Begriff ausgehend kann verständlich werden, warum Menschen ihr Leben nicht „unter der Idee des ubiquitären Mangels"[29] deuten, der nicht nur zu Konkurrenz und Neid, sondern auch zu Angst, Verzweiflung und Gewalt führt. Im Fülledenken wird die Neid- und Konkurrenzgeprägtheit überwunden im Vertrauen darauf, dass sich die von Gott verheißene Fülle geschichtlich und eschatologisch durchsetzt.[30] Mit dem eigenen

---

[26] R. *Miggelbrink*, Lebensfülle. Für die Wiederentdeckung einer theologischen Kategorie, Freiburg im Breisgau 2009, 162.
[27] Vgl. ebd.
[28] Ebd., 11.
[29] Ebd., 18.
[30] Vgl. ebd.

Verhalten wird dieser anbrechenden Fülle entsprochen. Die Zurückweisung der Mangelorientierung impliziert demgemäß, dass Fülle nicht etwa als quantifizierbar verstanden wird oder als realisierbar durch die Multiplikation der eigenen Habe. Stattdessen wird mit dem normierenden Gedanken der Fülle die Zustimmung „zur Möglichkeit der geschichtlich sich durchsetzenden Lebensfülle Gottes"[31] zum Ausdruck gebracht. Die Welt, in der wir uns befinden, birgt nach dieser Überzeugung die Möglichkeit in sich, so schreibt Ralf Miggelbrink, „den göttlichen Sollensintentionen entsprechend zu werden, was sie von sich aus zunächst offensichtlich nicht ist: erfüllt nämlich von universaler Benevolenz aller Geschöpfe füreinander und so durchdrungen von universalem Frieden."[32] Dafür ist es notwendig, dass jede und jeder Einzelne mitwirkt.

Entsprechend bedeutet das nach Ralf Miggelbrink für kirchliches Handeln, wenn es sich von der Idee der Fülle leiten lässt, dass sich „die Kategorie der Fülle [...] gegen jeden Heilspartikularismus [zu] wenden [hat] und eine nicht-nivellierende Ekklesiologie der universalen werkzeughaften Heilssorge verfolgen"[33] muss. Die Erfahrung des Mangels kann dann „zum Schlüssel einer Überwindung des Mangels in der wechselseitigen Fürsorge"[34] werden, wenn im Erkennen der Not der Anderen die prinzipielle Gleichheit aller Individuen anerkannt wird und die Erkenntnis der Situation des Mangels zur gegenseitigen Hilfsbereitschaft anleitet. So kann „sich im Mangel die größere Fülle [erschließen], die [...] in der sogenannten sorgenden Bezogenheit aufeinander beschlossen ist."[35]

Der Begriff der Fülle als leitende Idee für menschliches Handeln hat seine Entsprechung auch im Reich-Gottes-Denken des Neuen Testaments. Mit dem Sämannsgleichnis in Mk 4,1–9 beispielsweise, der sein Saatgut verschwenderisch und unökonomisch auf Wege und Felsen verstreut, wird deutlich, dass das Reich Gottes nicht durch eine ökonomische Mangelverwaltung wächst, sondern, wie Ralf Miggelbrink schreibt, „aus der entgegengesetzten Logik einer Vergeudung des Überschusses."[36] Auch mit den Ermunterungen Jesu zur

---

[31] Ebd., 19.
[32] Ebd.
[33] Ebd., 18.
[34] Ebd., 115.
[35] Ebd.
[36] Ebd., 149.

habitualisierten Nachlässigkeit gegenüber ökonomischen Sorgen (Lk 12,22.34; parr.) wird ein Perspektivwechsel deutlich, der vorgenommen wird, sobald Menschen mit der Überzeugung handeln, dass das Reich Gottes angebrochen ist. Dieser Perspektivwechsel lässt es als klug erscheinen, Sicherheit und Wohlstand zu riskieren, um ein weitaus wertvolleres Gut zu erlangen.[37]

Der Gedanke der Lebensfülle, der zur normierenden Idee wird, fordert Menschen zu supererogatorischem Handeln heraus. Vor diesem Hintergrund wird verstehbar, wieso sie sich nicht um den vermeintlich bevorstehenden Verlust ihres Wohlhabens oder einer drohenden Überanstrengung sorgen – die ohnehin nicht in ein Verhältnis zu setzen ist zu dem Leid, das die Geflüchteten erfahren. Wenn der Papst also zu supererogatorischem Handeln aufruft, ist dieser Aufruf von dem Gedanken der göttlichen Fülle her zu verstehen – der Lebensfülle, die sich nicht durch eine Anhäufung materieller Gegenstände und Hortung der eigenen Habe realisiert, sondern im „Beziehungsereignis des Gebens und Nehmens."[38]

4. Zusammenfassung und Schlussfolgerungen

Die Reden des Papstes zur Flüchtlingskrise sowie die Handlungen, die den Aufforderungen nachkommen, die er in diesem Kontext gestellt hat, wurden als supererogatorisch erfasst. Supererogatorisches Handeln wurde bestimmt als die Übererfüllung ethischer Normen. In der Bibel findet die Supererogation ihre Entsprechung im Gleichnis des barmherzigen Samariters oder beispielsweise in den Antithesen der Bergpredigt, in denen Jesus seinen Zuhörern gebietet, die bestehenden Gesetze nicht nur zu erfüllen, sondern zu überbieten. Demnach enthält jedes Gebot die Chance, das Maß an Erfüllung in überschreitendem Erfüllen zu denken.

Die Forderungen des Papstes, die er während seiner Reden bei seinen Besuchen auf Lampedusa äußerte, sind ebenfalls als Aufforderung zur Übererfüllung dessen, was mindestens geboten ist, zu verstehen. In einer Gesellschaft, die stark durch eine Mangelobsession und durch ein damit verbundenes Konkurrenzverhalten cha-

---

[37] Vgl. ebd., 150.
[38] Ebd., 247.

rakterisiert ist, wird die Supererogation ethischer Grundnormen nur nachvollziehbar durch die normierende Idee der Lebensfülle. Sie ist zu verstehen als Gegenprogramm zu einem Minimalismus der Erfüllung von Geboten. Wer sein Leben von der Fülle her denkt, fürchtet nicht in erster Linie einen vermeintlichen Wohlstandsverlust, sondern setzt sich und seine Ressourcen im Vertrauen darauf ein, dass sich die verheißene göttliche Fülle geschichtlich und eschatologisch durchsetzt.

Nach Franziskus und entsprechend der Logik der Supererogation ist die Frage, ob wir im Kontext der Flüchtlingskrise genug getan haben und uns nicht bald überfordern, falsch gestellt. Wenn wir denken, dass wir schon genug getan haben, dann ist dies nach den Ideen der Supererogation und Lebensfülle erst der Anfang.

Abundance of Life and Igbo Spirituality

Henry Okeke

1. Introduction

The Igbo people of Nigeria are among the three largest ethnic groups in Nigeria. They belong to the black race in Africa. They have their own native language called Igbo. The Igbo have as their natural home the Igboland which is located in the southern part of Nigeria. The River Niger divides Igboland into two unequal parts with the overwhelming part lying in what was formerly called Eastern Region and the other part in the Western Region.

For us to understand Igbo spirituality, their views on the human person, their tradition and their philosophy of life, we have to look at their world-view, how they understand the world, how they see the world and how they interpret what they see around them. The Igbo traditional world-view includes the overall picture the Igbo have about reality, the universe, life and existence; their attitude to life and to things in general; what they do think of what life is, what things are worth striving to attain, man's place in the scheme of things; whether or not man has an immortal soul, whether or not life has meaning and purpose etc.

We often make use of or come across the phrase „world-view" in books. What does it actually mean? Onuoha defines it thus:

> „It is a conceptualization of the universe providing a structured and unified picture of the cosmos and defining man's place and role in it. It comprises a set of values, concepts, and images which guide man's perception and interpretation of facts and events. It is a mental map of the universe."[1]

Man's innate ability as a rational being is greatly manifested in his ability to assign meaning to his activities, and to events and things independent to him. Meaninglessness is a concept completely for-

---

[1] E. *Onuoha*, Four Contrasting World-Views, Enugu, Nigeria 1987, 26.

eign to the nature of man. In his day-to-day relations with the cosmos, he always strives, and often unconsciously, to have a base in the form of a unifying factor which is understood as *terminus a quo* (origin) and *terminus ad quem* (end). The result of his innate quest for explanation, for meaning in life, constitutes what is known as world-view.

The Igbo world-view can be resolved into three fundamental orders of existence: „*Muo*" – the spiritual order of the dead, „*Madu*" – the order of the living human beings and „*Ife*" – the material order of things. When we understand these orders of existence in Igbo world-view, it helps us to understand the concept of „*Madu*" (human being) in Igbo ontology when we shall be discussing it. The Igbo world-view is seen as a world in which the visible and the invisible forces, the living, the dead, and unborn interact. In the process of their interactions, they shape and improve our living. The Igbo people see reality in complementary duality of say „*nwoke na nwanyi*" (male and female), „*madu na mmuo*" (human being and spirit) and in general negative and positive. The traditional Igbo see objects and people, events and situations as existing and functioning in duality. They recognize that things may change their nature.

> „The Igbo world-view is enmeshed in the practical life of the people; in particular in their economic, political, social, artistic and religious life. It embraces the practical philosophies of life of the traditional Igbo as well as the theoretical expressions of that philosophy. In other words, we are referring to the fundamental principles and values that underlie their world outlook, as well as the way and manner they express them in their reasoning and language."[2]

1.1 Igbo traditional religion: Its redominant elements and its relationship with African traditional religion

The Igbo are truly religious people of whom it can be said as it has been said of the Hindus, that they eat religiously, drink religiously, bathe religiously, dress religiously and sin religiously. Religion of these natives is their existence and their existence is their religion.

> „We have three major objects of belief in Igbo Traditional Religion. Namely: (1) The Supreme Being – God, (2) the Non-human Spirit,

---

[2] T. U. *Nwala* (Hrsg.), Igbo Philosophy, Abuja, Nigeria 2010, 41.

(3) and the Ancestors. By objects of belief we mean the formation of beliefs among the Igbo. The Igbo believe that God created the world; the non-human spirits assist God in the preservation of the World; while the ancestors are left with the role of aiding and shaping of things and events of the world. They are capable of influencing the destinies and actions of mankind."[3]

The Igbo people do have their own religion that is original to them, that was not imported from outside Igboland and this is known as Igbo Traditional Religion. When we speak of Igbo Traditional Religion, we mean the indigenous religious beliefs and practices of the Igbo people. It is the religion which arose from the sustaining faith held by the forefathers of the Igbo. This religion is rooted basically in oral transmission. Its rituals, mode and canons are not written down on paper but in peoples' mind. This religion has no missionaries and does not have the intention of having any in future.

„Religion can be defined objectively and subjectively. Subjectively, religion is the consciousness of one's dependence on transcendent Being and the tendency to worship Him. Objectively, religion is the body of truths, laws and rites by which man is subordinated to the transcendent Being."[4]

1.2 The concept of „Madu" (Human being) in Igbo ontology

In Igbo ontology, man is said to be endowed with a dual nature, namely body and soul. The implication is that man as man is capable of higher metaphysical operations. He has rational knowledge and understanding characteristics which brute, inanimate and animate realities popularly classified as „Ihe" (things) do not possess. Body and spirit meet in the human self or person and in concrete human life. Neither the body nor the spirit can be present alone. The essence of living self or person is that he or she is made up of body and spirit. Only in this way, he or she is a living human person who belongs to the category „Madu" (human being).

In traditional Igbo thought, man is conceived as both spirit and non-spirit. Man possesses two main parts „muo" (spirit) and „ahu" (body). The Igbo people believe that man is one of God's creatures.

---

[3] *F. Arinze*, Sacrifice in Igbo Traditional Religion, Onitsha, Nigeria 2008, 14.
[4] Ebd.

Etymologically, the Igbo word for human being, „*Madu*", comes from two Igbo words – „*mma*" which means „beauty" and „*ndu*" which means „life". Therefore, the Igbo understand man (human being) as the beauty of life, „*mma-ndu*", in short form „*mmadu*", which means also the beauty of creation or the apex of creation. According to Okolo, human beings assume an enviable position in Igbo ontology. He says that man:

> „rightly claims a central and strategic position in the hierarchy of beings since the interactions and intercommunications between the visible created order and the invisible world of God, spirits, ancestors are only possible through him. He is therefore the ontological mean between beings existing above and below him. In this respect, man (human being) in the African (Igbo) world-view is the center of creation with intimate and personal relationships with beings above and below him."[5]

Man, in Igbo Traditional Religion is seen as a synthesis of all that is good in creation. Christians refer to human being as steward of creation, created by God in His own image and likeness. Man is superior to other created beings. Likewise, the Igbo believe in this idea of the superiority of man to other created beings.

2. Life (Ndu) as the ultimate good and goal of man in Ibo ontology

The Igbo generally see life as a continuous process, as a process which does not come to an end. Nwala defines „life" *(ndu)* from Igbo point of view as „a dynamic quality, reflecting material, social, moral and spiritual essence".[6] Igbo people cherish life. The Igbo say: „*ndu bu isi*" (life is supreme). „*Ndu ka aku*" (life is greater than wealth). „*Obu onye di ndu na acho ihe oga eme*" (it is the one who is alive that looks for something to do). „*Obu onye di ndu nwere nchekwube*" (it is the person that is alive that has hope).

This belief in the supremacy of life to other things is reflected or seen in all that the Igbo man does. It is reflected in his religion, in his

---

[5] C. B. *Okolo*, Problems of African Philosophy and other Essays, Enugu, Nigeria 1993, 23; in: *C. C. Mbaegbu*, Hermeneutics of God in Igbo Ontology, Awka, Nigeria 2012, 131; vgl. auch *ders.*, A Philosophical Investigation of the Nature of God in Igbo Ontology, in: Open Journal of Philosophy 5,2 (2015), 137–151.
[6] *T. U. Nwala* (Hrsg.), Igbo Philosophy (s. Anm. 1), 64.

security consciousness, in his social life even in the philosophy and culture of the Igbo. This is reflected also in Igbo idioms and proverbs.

For the Christians, the most general value or the highest good is union with God, for classical philosophers, it is wisdom. But for the Igbo traditionalists, it is „*ndu*" (life). Life has many dimensions. One can talk of the individual, communal, private, social, material, moral and spiritual life. When one talks about individual dimension of life, one refers not only to one's physical life, but this has to do with one's family, child or children, most especially male child, in the case of a man. When one does not have a child and dies in this condition, the Igbo believe that this person has not fulfilled the purpose for which he was created. It is an insult and a curse to say to someone in Igboland „*onu ama gi chie*". This literally means: „may your lineage ceases to exist". Or to say to a village or town: „*ka obodo unu chie*" (let your village ceases to exist).

Therefore, the moral and spiritual dimension of an individual's life *(ndu)*, is measured in terms of how well and effective he fulfills his role as a man, according to his age and status in life. Generally, a man is said to be alive *(o di ndu)*, if he has a family, is capable of taking care of his family, can have children, (is able to put his wife in the family way), has visible barn if he is a farmer, and is physically active in doing that for which he is known. Such a man is said to be alive *(o di ndu)*, or that he is a man *(o bu nwoke)*.

We have to note here that the Igbo people detest individualism. The Igbo say: „*ofu osisi adighi eme ofia*" (one tree does not make a forest). Therefore, the life of the group, however, is regarded as of prior importance to the life of an individual. This is mainly because the individual is part of the group and his survival depends on conditions which only the group can guarantee. Hence, the Igbo say: „*umunna bu ike*" (kinsmen are strength).

3. The concept of individual and community spirituality: Igbo perception

One of the characteristics of the Igbo people which remained resistant to eroding foreign influence is the sense of community and kinship. In Igboland, community is placed first before the individual. Without the community the individual has no meaning. It is the community that gives the individual his identity. In Igbo traditional setting, the individual does not and cannot exist alone except corporately. Therefore, the individual owes his existence to other people, including those of past generations and his contemporaries. He is simply part of the whole. The community must therefore make, create, or produce the individual; for the individual depends on the corporate group. Physical birth is not enough: the child must go through rites of incorporation so that it becomes fully integrated into the entire society. These rites continue throughout the physical life of the person, during which the individual passes from one stage of corporate existence to another. The final stage is reached when he dies and even then, he is ritually incorporated into the wider family of both the dead and the living.

The individual is only identified when he belongs to the community. Outside the community, the individual has no identity. Even when the individual is living abroad, outside his home town, he ought to identify himself with his kinsmen there and also at home. The individual becomes conscious of his being, his own duties, his privileges and responsibilities towards himself and towards other people only when he belongs to the community. Outside the community he would not be able to achieve these. The life of the individual is viewed as being pigeonholed into the life of the community, so that he is carried along by the community in whatever the community does. When the individual suffers, he does not suffer alone but with the corporate group; when he rejoices, he rejoices not alone but with his kinsmen, his neighbors and his relatives whether dead or living. When he gets married, he is not alone, neither does the wife ‚belong' to him alone. So also, the children belong to the corporate body of kinsmen. The interwoven relationship between the individual and the community can be summarized thus:

> „Whatever happens to the individual happens to the whole group, and whatever happens to the whole group happens to the individual. The individual can only say: ‚I am', because we are; and since we are, therefore I am."[7]

Explaining this further let us cite some examples in support of the above statements. When we look at the majority of the ceremonies performed in Igboland, the members of the kindred are always in-

---

[7] J. S. *Mbiti,* African Religions and Philosophy, Oxford 1997, 141.

volved. For example, one cannot perform traditional wedding ceremonies without involving his or her kindred. It is even unthinkable of performing funeral ceremonies without the knowledge of the kindred of the deceased. The members of the kindred normally participate in the preparation of the funeral ceremonies and play a major role during the burial ceremony.

When one wants to marry in Igbo traditional setting, one does not decide alone whom to marry without consulting his father or mother. When one's parents have passed on, one should express this spirit of brotherhood and community consciousness by consulting his relations. One has to do this because in Igboland, marriage is contracted between the kinsmen of the man involved and the kinsmen of the woman to be married. „For the Igbo, as for many Africans, to exist is to live in the group, to see things with the group, to do things with the group. Life is not an individual venture, each one for himself.

The Igbo are very conscious of social effects of sin. This is because when an individual in the community offends the gods, in many cases the anger of the gods extends to the whole community. Thus, everybody in the community ought to be the custodian of the norms, tradition, dos and don'ts of the community. So, one sees individual spirituality being pigeonholed in the community spirituality. What affects the individual affects the community and what affects the community affects the individual. Total individualism is abhorred in Igboland.

When a child is born into a community, the community rejoices and takes part in the naming ceremony. When a person dies, the community fully participates in the burial ceremony. The life of a member of the community is interwoven with those of the others through the common blood which they share and through the web of economic and social interdependence which practically exists in the community. Consequently, the being of the community is larger than and prior to that of any of its individual members, since the being of the community as a whole is identical with the being of the total personality of the ancestors. The unity that exists between the individual and the community is reflected in all aspects of the life of the Igbo. It is seen in their religion, in their economic activities, politics and social life, just to mention but a few.

The community is so concerned about crimes and moral offences because the ultimate powers that punish these wrongs – the ancestor and the spirit (especially the Earth deity) – can assign collective punishment to the entire community for the wrongs committed by individual members. Hence, it is said: *otu mkpisi aka ruta manu, ozuo oha onu* (when one finger touches oil, it soils the rest of the fingers). Individual wrongs may, therefore, hinder the attainment of the ideals which the community cherishes.[8] In the area of morality, it is not only a communally enjoined system of individual responsibilities; the community as a whole is held responsible for the conduct of each individual member. A community can suffer because of the bad conduct of anyone of its members; therefore, it is the responsibility of the whole community to control the conduct of its members.

4. Moral codes; ethical norms and conducts in Igbo traditional society

As we have affirmed earlier, Igbo Traditional Religion is originally African. Before the advent of Christianity to Igboland, the Igbo had already the sense of morality. They had already moral standards guiding them in the society. This means that these moral standards did not come from the western civilization. One presumes that once there is religion, then morality or moral codes are bond to exist.

> „Though attempts have been made to separate morality from religion, one cannot deny the influence of religion on social and moral behavior. The Igbo Traditional Religion sees morality as the fruit of religion. Social and moral patterns of behavior are reflections of this belief."[9]

For example, the Igbo man knows that murder is a serious crime. It is „*nso ala*" (an abomination). He did not learn it from the western culture or religion. He acquired it from nature. The traditional emphasis on good character shows that, contrary to some ideologies, God and good life are closely connected.

The ‚dos' and ‚don'ts' of the society come under ethics and taboos and these are religious, social, political and economic in content. On

---

[8] Vgl. *T. U. Nwala,* Igbo Philosophy (s. Anm. 1), 204.
[9] *T. N. O. Quarcoopome,* West African Traditional Religion, African Universities Press, Ibadan, Nigeria 1987, 159.

the whole, the taboos are stabilizing factors as they emphasize the role of religion in maintaining law and order in the society. It is clear to the Igbo mind that what it holds as moral standards ought not go contrary to God's commandments. West Africans (as well as the Igbo) strongly believe that:

> „Moral values are not invented by human beings but are the offspring of religion. This is so because God has put his laws into man and it is this which is referred to as conscience. Thus, man is expected to use this conscience to behave in a morally good way in order to avoid the ‚wrath' of God."[10]

5. Igbo cultural values pigeonholed in the community image and spirituality

5.1 Igbo sense of sacredness of life

The Igbo generally do not like violence and do not support it in any form. In Igboland, shedding of blood is abhorred. Life is sacred. Killing is only permitted when death sentence is passed on someone by the community or during wars. Thus:

> „people who were killed were those whose continued existence was a threat to the life of others and to the peace of the community. In such cases, the principle that it is better for one man to die than for all the community to perish, applied."[11]

War, be it tribal or inter-tribal, is not encouraged. War was only taken to as a last resort, that is, when all formal and normal courses of action to search for peace had failed. The killing of another human being especially a fellow villager or a known person whether accidentally or intentionally is forbidden in Igboland. To kill a fellow kinsman other than an enemy under any circumstance is an abomination against God and the earth goddess because life is a prerogative of God; when and how to terminate it should be determined only by Him. When a man consciously killed another person, his fellow kinsman, the consequences for this action were grave.

---

[10] Ebd.
[11] O. A. Onwubiko, Wisdom Lectures on African Thought and Culture, Totan Publishers, Owerri, Nigeria 1988, 29.

We have to state that before any capital punishment is given or carried out, the elders of the community have to pass judgment on the case. When death sentence was passed on a murderer, after the murderer had been executed, his family would have to perform sacrifices and rites to remove the stain of evil and ward off the anger of the gods. Life in its totality is regarded as being sacred. This sacredness of life applies to both the born and the unborn. „Unborn children are protected and abortion is tabooed. Sources of life are sacred. Trees and animals believed to facilitate reincarnation are also sacred."[12]

5.2 Igbo sense of religion

In traditional Igbo societies, there are no atheists. This is because religion in the indigenous African (Igbo) culture was not an independent institution. It was an integral and inseparable part of the entire culture. Mbiti describing how the African (Igbo) is intrinsically attached to his religion states:

> „Traditional religions permeate all the departments of life, there is no formal distinction between the sacred and the secular, between the religious and non-religious, between the spiritual and the material areas of life. Wherever the African (Igbo) is, there is his religion: he carries it to the fields where he is sowing seeds or harvesting a new crop; he takes it with him to party or to attend a funeral ceremony [...] religion accompanies the individual from long before his birth to long after his physical death."[13]

In Igbo traditional setting, morality and religion are interwoven. One cannot separate religion from morality. It is difficult to talk of morality outside religion. The traditional Igbo see custom, morality and religion as being interrelated. Custom laid down the code of law which established the nature of right-doings, it established penalties and taboos against malefactors. Moral sanctions were mainly religious sanctions.

---

[12] Ebd.
[13] *J. S. Mbiti*, African Religions and Philosophy, Oxford 1997, 2.

6. Igbo traditional political structures vis-à-vis modern democracy

For man to enjoy the peace and order that exist in the community, man ought to keep the moral codes, ethical norms and conducts that guide the community. Law and order are important in the society. It may be interesting for us to know how the Igbo traditional society reacted to the western modernization and political structures. The Igbo were originally democratic in their system of governance. They did not learn it from the western world. That was why the indirect rule applied by the colonial master in Igboland did not succeed. „So natural did it seem to find autocracy in some form or other wherever one went in Africa that it was impossible even to imagine a democracy as absolute as that of the Igbo."[14] Democracy, whether primary or representative, is hallmark of the Igbo traditional political systems. Within the village Republican Assemblies, all adult males participate on equal footing. When it becomes necessary to hold consultations in order to reach a consensus, the assembly may ask each family, kindred, various relevant groups (such as the youth, the titled men, etc.), to nominate their representatives to form a committee to deliberate and propose a consensus.

Unanimity or consensus becomes imperative since the Igbo conceive of politics and government not as a means whereby the stronger or the many impose their will on the rest, but as the process of regulating normal life among brothers and sisters. The democratic spirit checks the apparent or possible excesses of seniority, status, number and achievement. This is further strengthened by the Igbo principle of equality and equivalence. Power and Authority belong to all, but by virtue of seniority and ontological status, degree and capacity of knowledge, moral, spiritual, intellectual qualities and economic status, some members exercise greater authority and influence than the others. This was thought necessary in order to ensure an effective political system. We often hear the Igbo saying: „*onye obula bu eze n'obi ya*" (everyone is king in his compound or chamber) or „*Igbo enwe eze*" (the Igbo have no kings or rulers). These common expressions point to the republican nature of the traditional communal Igbo society. These expressions are most often mis-

---

[14] J. *Oguejiofor,* The Influence of Igbo traditional religion on the Socio-Political character of the Igbo, Nsukka, Nigeria 1996, 23.

understood and misinterpreted by others. This does not mean that the Igbo do not have rulers.

Almost all the towns in Igboland have their kings but their system of governance is democratic and not otherwise. Abiola agrees to the above assertions. He states:

> „The political system of this tribe (Igbo) was very subtle and complex, based on the principle of village ‚democracy'. It was decentralized. It is also democratic, for everyone had the right to contribute to decision taking. Each village was the architect of its own fortune. Members of each village were bound together in their strict belief in the common descendance from the same ancestor. These village members formed a type of government mainly concerned with their corporate existence. Laws and regulations were formulated to guide their standard of behavior."[15]

The Igbo's innate knowledge of democracy before the advent of the western civilization to Igboland, can be traced back to their traditional religion and spirituality. The Igbo strongly believe in „unity in diversity". The Igbo's conception of the Supreme Being (God) did not come to the Igbo traditionalists as a foreign concept. Although the Igbo traditionalists worship the Supreme Being (God) and believe in His existence, they see Him as being very far away from them and cannot be worshipped directly like the Christians do. They prefer to reach Him through the mediation of other gods *(alusi)*. This type of religious belief is what I called „mono-polytheism" – „unity in diversity". This belief is reflected in the Igbo traditional political structures even up till today.

7. The polygamous nature of Igbo traditional society and the male child syndrome

The process of evangelization and Christianization in Igboland brought Igbo and European culture into contact. Both cultures experienced reciprocal shocks. However, the Igbo culture has suffered greater disadvantages from this shock. The waves of missionary activities and westernization have cast a stifling shadow over some of

---

[15] E. O. *Abiola*, A Textbook of West African History (A.D. 1000 to the Present Day), Omolayo Standard Press and Bookshops Co. Ltd., Ado-Ekiti, Nigeria 1984, 170.

the cultural values of the Igbo. Some of these Igbo cultural values have refused to be suppressed by Christianity and the waves of westernization.

The Igbo traditional society allows the practice of polygamy. Christianity rejects polygamy and insists on monogamy. In Igbo society male children are valued more than the female ones. This may have its root from the patriarchal nature of the Igbo society. Children are so valued to the extent that childless couples suffer a lot of pressures from their parents and relations. Pressures are often more on the man, advising him to get another wife in order to beget children. Some Christians who found themselves in this problem have succumbed to the pressure of getting another wife which Christianity does not accept.

From the Igbo traditional background, a family without children has little or no meaning for the Igbo. „The Igbo have great love for children. In some areas of Igboland, the traditional number which will make a couple contented is nine (ten, for some people) children."[16] Some Igbo have found themselves in the situation of practicing two religions concurrently, these are, Christianity and Igbo Traditional Religion. The Igbo cultural values cannot be totally separated from the Igbo Traditional Religion. This is why some Igbo practice Christianity in the morning and in the evening Igbo Traditional Religion, especially when they are confronted with some problems that deal with cultural values which for them Christianity cannot give immediate solution to.

8. Conclusion

The Igbo people evaluate life not only from the spiritual point of view or moral, but also from the material point of view. The material and moral conditions of a person determine whether he has a good life or not. If a person is able to fulfill his moral obligations as well as material obligations, then, he has a good life. When a man fails in these areas, the goodness of his life is in question. However, a man is blameworthy in this way if he is lazy, unambitious, does not strive to better his lot. If the failure is not his fault, then, he deserves sympa-

---

[16] F. *Arinze*, Sacrifice in Igbo Traditional Religion, Onitsha, Nigeria 2008.

thy. His kinsmen will ask the elders of the land to seek the help of diviners to find out the cause and how to overcome it. Meanwhile, he would deserve all the support he needs, the welfare support of modern decent societies from his kinsmen.

The Igbo abhor suffering. Suffering is not a positive value in Igbo traditional ethics. The Igbo people strive to possess the basic material necessities of life as well as to attain a good measure of social wellbeing. This does not amount to pleasure-loving or hedonism. On the other hand, individual achievements must be enjoyed by one's kinsmen. That is to say, one's individual achievements must have communal significance. This is all the more reasonable since the wealth of a person in such an extended family system must have been created through communal labour.

Moral obligations are summarized in the Igbo proverb that says: „*onye ya ana chi ya di na mma, ugbo ya na eme ofuma*" (when a man is at peace with the gods and his ancestors, his harvest will be always rich).

To be at peace with the gods and the ancestors, entails living an upright life, fulfilling one's religious obligations, respecting and observing the social values as enjoined by the community and as enshrined in „*omenala*" (tradition).

Autor*innenverzeichnis

Rainer Bolle, geb. 1960, Dr. phil., Professor für Allgemeine Pädagogik an der PH Karlsruhe

Kathrin Gies, geb. 1979, PD Dr. theol., O.St. i. H. an der Universität Duisburg-Essen

Astrid Heidemann, geb. 1979, Dr. theol. Dipl.-Bio., Akademische Rätin an der Bergischen Universität Wuppertal

Christian Hengstermann, geb. 1979, Dr. theol., Fellow des Cambridge Centre for the Study of Platonism und Lehrer für die Fächer Kath. Religionslehre, Englisch, Philosophie und Latein am Gymnasium Essen-Werden

Veronika Hoffmann, geb. 1974, Dr. theol., Professorin für Dogmatik an der Universität Fribourg/CH

Ulrike Link-Wieczorek, geb. 1955, Dr. theol., Professorin für Systematische Theologie und Religionspädagogik an der Carl-von-Ossietzky Universität Oldenburg

Ralf Miggelbrink, geb. 1959, Dr. theol., Professor für Systematische Theologie an der Universität Duisburg-Essen

Józéf Niewiadomski, geb. 1951, Dr. theol., Professor für Dogmatik an der Katholisch-Theologischen Fakultät der Universität Innsbruck

Henry Okeke, geb. 1965, Dr. phil., katholischer Priester, Bistum Münster

Michael Quisinsky, geb. 1976, Dr. theol., Professor für Systematische Theologie an der Katholischen Hochschule Freiburg i. Br.

Roman Siebenrock, geb. 1957, Dr. theol., Professor für Dogmatik an der Katholisch-Theologischen Fakultät der Universität Innsbruck

Kathrin Stepanow, geb. 1988, Dr. phil., Leitung Unternehmenskommunikation und Marketing der Stiftung Krankenhaus Bethanien Moers, ehemals Doktorandin bei Ralf Miggelbrink, Universität Duisburg-Essen

Katharina Sternberg, geb. 1995, Studentin (Katholischen Theologie, Philosophie und Französisch) an der Universität Duisburg-Essen

Markus Tiwald, geb. 1966, Dr. theol., Professor für Neues Testament an der Katholisch-Theologischen Fakultät der Universität Wien